Q版
FB歷史
三國
其實很
熱鬧
…丁振宇 著

前言

微歷史也即是用「微博體」和Facebook的形式來記錄歷史。微博和Facebook的特點是短小、及時，適於傳播。近年來，微博和Facebook成爲國內一種最便捷的交流方式，對於記錄歷史來講，它同樣也是一個好工具。

微歷史的出現，除了順應「微時代」自身的推動之外，更滿足了民眾自身的一種訴求。因爲它將微博體與歷史事實進行了有機的結合，在有限的字數裏，以精當的內容濃縮精華，言簡意賅、字字珠璣，的確爲廣大讀者提供了一種新的解讀歷史的可能性。無須持久集中的閱讀時間和專注嚴肅的閱讀態度，無需專門的歷史或理論素養，茶餘飯後，公車上，花費五分鐘翻閱一下，你就會有良多收穫。

東漢末年，天下大亂。你可以說它是群雄並起，也可以說它是群魔亂舞，不管怎樣，它的精彩度都不會因此而降低。

張角發動了起義，卻由於缺乏軍事素養，幾十萬兵力被打得落花流水；何進要誅

殺宦豎，不過手起刀落的事，竟搬請董卓助力，結果不明不白地被太監所殺；董卓進入京都，原本可以挽天下大勢於將頹，卻擅自廢立，穢亂宮廷，成爲眾矢之的，死在最信任的人手中；王允殺了董卓，正可實施仁政，延長東漢政權，卻因爲器量狹小，不給董卓部下留後路，於是被董卓部下送上了死路。

放在其他時代，這些風光一時的梟雄也許可以成事，然而三國是一個英雄輩出的時代，能經受歷史考驗的人必然是非同凡響的真英雄真豪傑。曹操是身經百戰的混世英雄，劉備是屢敗屢戰的孤膽英雄，孫權是根深蒂固的世家英雄。歷史爲三國揀選了三位骨灰級的英雄，只見他們，彼此合作著，但也彼此爭鬥著，誰能笑傲到最後，誰能射中那隻左奔右突的白鹿，一場場異彩紛呈、鬥智鬥勇、窮盡謀略的角逐，正等待著他們去激情演繹，盡展風采。

《微歷史》系列自從出版以來，就深受廣大讀者的喜愛，尤其是深受年輕讀者的熱捧。本系列各書在編寫上，遵循既嚴肅認真又不失生動活潑的原則，本著引導廣大讀者在輕鬆快意的閱讀中獲取歷史知識的宗旨，在選材上，以正史爲主、野史爲輔，在筆法上力求做到短小精悍，生動幽默，靈活流暢，妙趣橫生。令閱讀者徜徉歷史海洋時興致盎然，回味無窮。

版下乃歷史 三國其實很熱鬧

目錄
CONTENTS

第一章

三國豈只一個熱鬧了得？

話說天下大勢，合久必分，分久必合。光武帝劉秀辛辛苦苦從王莽手中奪過來的政權並沒有得到兒孫們的充分重視。從建武元年（廿五年）劉秀稱帝算起，到黃初元年（二二〇年）曹丕以魏代漢截止，總共一百九十六年。實際上，從漢靈帝中平六年（一八九年）董卓入京開始，東漢已經名存實亡，所以東漢王朝的壽命實際只有一百六十五年。

東漢的外戚專權現象非常普遍，只要皇帝娶了哪個女子當老婆，然後女方那邊就會立刻舉行「一人得道，雞犬升天」的儀式。

東漢第一位專權的外戚是大將軍竇憲。漢章帝死後，年僅十歲的和帝劉肇即位，小娃娃什麼都不會，於是他的老媽竇太后就垂簾聽政，並重用她的哥哥竇憲，皇權自然就落到了竇氏一門的手中。

東漢宦官干涉朝政開始於鄭眾。竇憲專權，和帝就利用宦官鄭眾掌握的禁軍力量，滅了竇氏的勢力，成功奪回政權。也就是說，宦官的崛起是皇帝與外戚貴族權力鬥爭的產物。而且，與外戚相比，宦官可稱得上是中國古代政壇上更爲腐朽的力量。

鄭眾在和帝登基後，就任皇家花園管理員，他雖然是個太監，但爲人很有氣度，才謀兼備，更重要的是，他與皇帝劉肇一樣，對外戚掌權很不滿。於是兩人一合計，就把竇憲處理了。劉肇事後把鄭眾升爲大長秋，官位不高，權勢卻不小，皇帝下達的

任何詔書都得經鄭眾之手。但這人居功不傲，和帝一樂，就又加封他為鄛鄉侯，從此開創了宦官封侯的先例。

永康元年（一六七年）十二月，漢桓帝劉志死於德陽前殿。桓帝荒淫了一輩子，卻沒留下一個兒子。劉志的諡號為「桓」，《諡法》上說：「克敵服遠曰桓。」這個諡號放在春秋五霸之一的齊桓公身上，當之無愧，而放在劉志身上，卻是有些誇張。事實上，漢桓帝劉志不僅不能克敵服遠，甚至連守邊安內都沒有做到。

劉宏是漢章帝的玄孫，劉宏的曾祖父是河間王劉開，父親解瀆亭侯劉萇與桓帝劉志是堂兄弟，劉宏是桓帝的親堂侄，當時只有十二歲。建寧元年（一六八年）正月，劉宏來到夏門亭，竇武親自持節，用青蓋車把他迎入殿內。第二天，劉宏登基稱帝，改元為「建寧」。因靈帝年幼，就由竇太后輔政。

劉宏的運氣確實不好，本來他老爸好歹也是個「侯」，自己在家也是有吃有喝沒煩惱，哪知現在卻從漢桓帝手中接了個爛山芋。當時的社會已經被桓帝攪和得不像樣子了：外戚躍躍欲試地準備統理朝政，宦官虎視眈眈地覬覦著皇權，士人的不平之鳴，遍野的饑民之聲，合奏成一曲悲哀的末世之歌。劉志一拍屁股：「太坑人了！我也不管了！」

漢靈帝劉宏是歷史上出名的昏君，他的荒淫無恥罄竹難書。隨著竇武、陳蕃誅殺宦官的失敗，他的生命也完全被宦官所控制。也正是因爲經歷了那場宮廷政變，他才明白了自己所處的位置——要想保全性命與地位，就必須要取悅宦官。所以，他立刻就選好了自己的立場：積極維護宦官。他甚至還對人說：「張常侍（張讓）是我父，趙常侍（趙忠）是我母。」

東漢桓帝、靈帝時，當權者分爲宦官、外戚兩派，交替專權。宦官黨敗壞朝政，搶佔土地，貪污斂財；相對而言，外戚一黨的竇武等人卻很清正。因此貴族李膺、太學生郭泰、賈彪等人與外戚一黨聯合，對宦官集團進行激烈地抨擊。

建寧二年（一六九年），士大夫張儉揭發宦官爲非作歹，宦官反倒打一耙，並趁機大興黨獄，李膺等一百多人遭牽連被捕，死於獄中。張儉四處流亡，在路途上，看見人家就前往投宿（望門投止），沒有不願意冒滅門之禍而不收留他的，張儉在眾人的幫助下，得以逃到塞外。因爲收留他而被追究滅門的，前後有數十家之多，郡縣也因此殘破。

八年之後的熹平五年（一七六年）閏五月，永昌太守曹鸞上書爲「黨人」鳴冤，要求解除禁錮，靈帝不但沒有聽從，反而收捕並處死曹鸞，是爲第二次「黨錮之禍」。「黨錮之禍」是因宦官以「黨人」罪名禁錮士人終身而得名，以宦官誅殺士大夫一黨幾盡而結束。桓帝與靈帝的這兩次「黨錮之禍」，算是將他們劉家的江山給顛

覆了。

宦官專權後，在全國實行獨裁統治，狂妄的程度簡直可以和螃蟹相媲美——走路都是橫著的，看誰不順眼就揍誰，揍不過的就來誣告陷害，被陷害的人，輕則遭到罷官入獄，重則面臨殺身滅族的危險。在經濟上，他們兼併土地，恨不得將天下所有的良田美地、山林湖澤都占爲己有。在生活上，他們腐化糜爛，揮金如土。切，狂成這樣，不滅你們對得起誰？

Q 到底靈不靈？

靈帝擱在現代，就是一個標準的「宅男」，整天深居內宮，變著法的玩。內宮無驢，立刻就有太監從外地精心挑選了四頭驢進宮。靈帝見後，樂得嘴都歪了，每天駕著小車在宮內轉著玩。起初，還找人駕著車，後來，乾脆親自上陣。皇帝駕驢車的消息很快就傳到了宮外，於是，京城許多官僚士大夫競相模仿，一時民間驢價暴漲。

一天，靈帝正在朝堂上偷偷地打瞌睡，心裏直嚷嚷著無聊呢，忽聽一陣騷動，睜眼一看，原來是有個宦官別出心裁，將狗打扮一番，戴賢冠、穿朝服、佩綬帶，搖搖擺擺上了朝。等到靈帝認出這是一隻狗時，不禁拍掌大笑，讚道：「好一個狗官！」

滿朝文武大臣登時臉都綠了，感到受了奇恥大辱，但皇上罵人，你敢回麼?忍著吧!

靈帝的夢想不是當皇帝，而是做商人。他在後宮仿造民間的街市，再讓一部分宮女嬪妃扮成各種商人在叫賣，另一部分扮成買東西的客人，還有的扮成賣唱的、耍猴的等。而他自己則穿上商人的衣服，在這人造的集市上走來走去，玩得不亦樂乎。這些貨物都是搜刮來的珍奇異寶，很多都被貪心的宮女妃嬪們陸續偷走，她們甚至爲了各自偷得多少而暗地裏爭鬥不休，靈帝卻一點也不知道。

公開賣官從光和元年（一七八年）一直持續到中平六年（一八四年），賣官的規定是：地方官比朝官價格高一倍，縣官則價格不一；官吏的升遷也必須按價納錢。求官的人可以估價投標，出價最高的人就可得標上任。除固定的價格外，還根據求官人的身價和擁有的財產隨時增減，而賣官所得錢款都流入了靈帝自己的腰包。靈帝實乃一經商之天才!

一般來說，官位的標價是以官吏的年俸計算的，如年俸四百石的官位，標價是四百萬錢，也就是說，官位的價格是官吏年收入的一萬倍。以後官吏的調遷、晉升或新官上任，都必須支付三分之一或四分之一的官位標價，也就是說，官員上任要先支付相當他廿五年以上的合法收入。許多官吏都因無法交納如此高額的「做官費」，而嚇得棄官而走。

新任鉅鹿郡太守司馬直，因清廉有名，靈帝就把他的「做官費」打了個折，降了三百萬。司馬直生氣地說：「當官不爲民做主，不如回家賣紅薯，我不幹了！」漢靈帝卻說：「這哪行，你不去，我怎麼賺錢啊！不准！」於是，司馬直被迫上任，在上任途中，他寫了一篇批評時政的遺書，服毒自殺了。貪財的皇帝歷史上也有，但漢靈帝，你算是排行榜上的No.1了。

太平道不太平

劉秀建立東漢王朝後，爲鞏固自己的地位，大力提倡妖妄的讖緯之學，所以在東漢，妖術盛行。後來，方士們把神仙之術與《老子》書中，如「穀神不死」、「玄牝之門」等玄而又玄的話結合起來，產生了道教的雛形，方士也改稱爲道士，而哲學家老子則被奉爲道教之主。由於東漢皇帝推崇老莊哲學，因此打著老子旗號的道教，自然得到了統治階級的認可。

《太平經》是一部以天人感應、陰陽五行學說爲主要內容的書籍。這本書中不僅教人如何修仙，更描述了一個太平社會：「天下人共有財富」、「人無貴賤皆天所生」等等，這種思想剛好符合了當時廣大農民的要求和願望，所以張角利用《太平經》創立了太平道教，教派的最高神靈稱為「中黃太一神」，他自稱「大賢良師」，開始了他的傳道生涯。

張角以治病為途徑，使太平道教很快為廣大人民所接受。張角治病的方法很簡單：他先讓跪拜在中黃太一神前的病人懺悔自己的過錯，再讓徒弟們給病人念咒語、撒符水。可能是精神作用，許多病人經過他的「治療」竟然真好了！於是，千千萬萬掙扎在苦難中的同胞都像看到了救命的稻草，紛紛加入太平道教。

太平道教宣傳的重點是揭露現在社會的黑暗和描述未來社會的光明：現在社會有的人霸佔著大量良田美業，聚集了天底下的金銀財物，自己用不完，就是讓其腐爛也不施給窮人，簡直就是倉庫中的大老鼠。他們描寫的未來太平社會非常誘人：沒有天災，沒有人禍，陰陽協調；沒有帝王，沒有盜賊，百姓安居樂業。

很多老百姓變賣家產，千里迢迢去投奔張角，有的甚至懷揣著希望死在了半路上，這樣的人竟多達幾萬。靈帝不清楚張角的真實目的，反而以為他是在引導人民向善。楊賜曾上書請求趁早處死張角等人，結果不久就被革職了。劉陶後來也上書要求滅了太平道教，可靈帝對此完全不在意，反而說：「陶子，你好像很閒，那就先整理一下《春秋條例》吧！」

在太平道教的洗腦下，老百姓們意識到，只有推翻漢靈帝的統治，太平盛世才會到來。他們紛紛去投奔張角，甚至還有人把家產都賣了好湊路費！

張角提出了「蒼天已死，黃天當立，歲在甲子，天下大吉」的口號，簡稱為「黃天泰平」。所謂「蒼天」是指東漢的統治，「黃天」是太平道的至上神，也稱之為黃神，「甲子」年就是一八四年（靈帝中平元年）。張角之所以要選定甲子年起事，是由於甲子是天干地支的第一位，意指從甲子年起，換了天地，天下從此開始進入大吉的時代。

張角起義的時間是甲子年（一八四年）三月五日，但他千算萬算，沒算到自己的隊伍裏出現了叛徒，就在起義前的一個月，唐周向朝廷告密，起義計畫洩漏，馬元義在洛陽被捕，更有一千多名教徒被處死。張角急了，一跺腳，怒道：「此時不反，更待何時！」於是，張角提前在二月起義，因其頭上裹著黃色頭巾，所以，人稱「黃巾軍」。

張角這十幾年的準備可不是白做的，他們的起義之火迅速燃遍了大江南北，直朝劉宏的皇宮搗去。劉宏這位「淡定帝」終於慌了，他急忙派盧植率軍去圍攻張角，皇甫嵩、朱儁等人去鎮壓潁川的起義軍。其實，朝廷與起義軍雙方各有千秋，但也各有缺陷：起義軍精神亢奮，但沒有打仗經驗，官兵雖有經驗，但宦官老在後方鬧事。

漢靈帝爲了將張角一黨滅了，不惜連血本都押上了。他不僅將牢中的黨人全部放出來重新啓用，還將自己私人所有的中藏府錢財以及西園廄中的良馬，都賞賜給了出征的將士。靈帝對著將要出戰的將士們喊道：「爲了讓你們早日取勝，朕自願做你們堅強的後勤力量！」其實，他的心中可是疼得要死：「我的鈔票，我的寶馬……」

皇甫嵩與朱儁在潁川碰到的對手是波才，名字很噴飯，但實力很強大。剛開仗，這位菠菜老兄就把皇甫嵩和朱儁逼到了長社（今河南長葛縣）。波才率軍包圍長社，可惜他軍事經驗不足，讓部隊駐紮在了草木叢生的地方。皇甫嵩在城內笑道：「此人太菜，要是能來點風，我燒死他！」天遂人願，當晚就刮起了大風，結果波才等人差點被烤成乳豬。

張角領導黃巾軍佔領了冀州的大部分地區，但自從盧植來到冀州後，張角就遇到了勁敵，連吃敗仗，損失了不少兵馬。但百足之蟲死而不僵，何況這蟲還沒死呢！盧植用了三個月都沒有將張角滅掉。於是，一些宦官就趕緊在靈帝耳邊吹風，說盧植根本就沒出力。於是，這昏君就將盧植用囚車押回京師問罪，又換上了一個猛人——董卓，掌管冀州軍事。

董卓，人雖勇，但完全無謀，碰上張角這樣的老江湖，光有猛勁是不管用的。因此，他剛到冀州沒幾天，就被張角領著人打得鼻青臉腫、慘不忍睹，在軍中更是抬不

起頭來。靈帝知道後鼻子都氣歪了，一腳就把董卓踢下臺，又換了個人──皇甫嵩。所謂一物降一物，皇甫嵩剛到冀州，就把張角給剋死了，黃巾軍的起義之火因此很快就被掐滅。

董卓把持政權，朱儁是功高望重的將領，董卓表面與他稱兄道弟，客套有加，內心則對他頗爲忌憚。

後董卓被誅，李傕、郭汜爲亂。朱儁當時還在中牟。陶謙認爲朱儁是名臣宿將，屢立戰功，可以委以大任，於是和諸豪傑共同推舉他爲太師，並傳檄給各州牧伯，同討李傕，奉迎天子。正好李傕也聽從太尉周忠、尚書賈詡的計策，派人以天子詔書徵召朱儁入朝。朱儁知道李、郭二人成不了大器，就決定奉詔入京，出任太僕，陶謙只好作罷。

李傕，原是董卓的部將，董卓死後，他想遣散自己的部下，逃回家鄉。賈詡勸他說：「如果你放棄軍隊，隻身逃命，小小一個亭長就可以將你捉到，倒不如齊心合力攻打長安，給董卓報仇。若成功，可擁戴皇帝匡正天下；若不成功，再逃也不遲。」於是，李傕率數千士兵向長安進發。一路上招兵買馬，到達長安時，軍隊已達十餘萬，對著長安城虎視眈眈。

李傕、郭汜是董卓麾下最重要的兩名青年將領，雖然當時官位只是個校尉，但董卓的猛勁他們可是得到了真傳。此時城中只有呂布一員大將，根本不是人家的對手。果然，呂布很快就被打得大開城門，把李、郭二人請了進來，王允被抓住殺害，李傕等人控制了漢獻帝。唉，可憐了劉協這孩子，敢情他生下來就是當人質的。

賈詡是個人精，李傕掌握政權後，想封他做大官，但他知道進攻長安於理不合，加官晉爵無疑會加重自己的罪孽，如今政局不穩，世事多變，還是低調爲人，給自己準備一條後路爲好。因此，當李傕又想讓賈詡出任尙書僕射時，賈詡再次婉拒，最後，只做了個尙書，負責起草詔書、人事調動之類的事情。

自古一山不容二虎，李傕與郭汜的掐架是必然中的必然。一次，李傕請郭汜吃飯，郭汜喝得大醉，他懷疑酒中有毒，急忙喝糞汁將酒飯嘔吐出來。從此，李郭鬧翻，派兵相互攻擊。儘管獻帝派侍中、尙書從中調和，仍無濟於事。三月，李傕派兵包圍皇宮，劫持獻帝到自己軍營中；郭汜則扣壓朝廷大臣。在以後數月當中，雙方不停地互鬥，死了不少人。

李傕與郭汜翻臉，就把漢獻帝劫持到他的軍營中，借機掌握主動權。獻帝命朱儁和太尉楊彪等十餘人去說服郭汜，讓他與李傕和解。郭汜不肯，並扣留朱儁、楊彪等爲人質。朱儁素性剛猛，哪受得了這氣，不久就積鬱成疾而死。朱儁鎭壓黃巾的手段或許過於血腥，但他誓死不與董卓同流合污的氣節，卻是值得我們讚揚的。

東漢末年黃巾大起義，經過了十幾年的秘密準備，但起義後僅歷經九個月的時間，主力就遭到徹底打擊，但卻爲後人留下了豐富的農民革命遺產，更是打開了三國的大門，爲群雄割據局面的形成起到了拋磚引玉的作用。自此以後，在三國這個群魔亂舞的舞臺上，我們將會一再驚嘆人類是如何利用智慧的力量，一次又一次地改變時局，扭轉乾坤。

Q 外戚宦官爭霸賽

何皇后初入宮爲貴人，這位何貴人雖天生麗質，但因是屠夫之女，出身低微，本來並無應選後宮的資格，可是他的爸爸何真爲了改變現狀，把心一橫，賄賂負責詔選秀女的官員，結果何氏得以進宮。

好色的靈帝對美豔動人的何氏自是寵愛有加，何氏進宮不久，便爲靈帝誕下皇子劉辯。靈帝雖曾得數名皇子，可是都先後夭折，爲怕皇子劉辯早逝，把他寄養於道士家，同時把何氏封爲貴人。後來何貴人母以子貴得封皇后。本爲屠夫的爸爸何真獲封午陽宣德侯，而終日無所事事的哥哥何進，亦因而獲得官職。

中平六年（一八九年）三月，漢靈帝死，皇子劉辯即位，是爲少帝。少帝當時只有十四歲，於是，其生母何皇后被尊爲皇太后，臨朝聽政，與其兄大將軍何進形成外戚何氏專權之局。靈帝在世時，本來想讓皇子劉協繼位，臨死前把劉協託付給了宦官蹇碩。靈帝死後，蹇碩就想殺了何進，立劉協爲帝，卻被何進先下手給殺了，劉協被封爲陳留王。

中平六年七月，何進決定將這麼多年的外戚宦官爭霸賽畫個句號，就與袁紹密謀把宮裏的宦官全給幹掉，省得以後鬥個沒完沒了。何進進宮與太后商量，沒想到這個一直與他站在同一戰線的妹妹竟然不同意。袁紹就建議何進廣招四方猛將豪傑進京，到時候威逼利誘，還怕太后不同意麼?兩人一拍即合。

何進本來與袁紹定好了計畫，可他卻在關鍵時刻猶豫不決起來。這下好了，全國人民都知道他何進要對太監下手，那張讓等人也不是好惹的，自然不會伸著脖子等著何進去砍。於是，張讓假傳太后懿旨把何進騙進了宮，然後直接把他送到閻王爺那兒報到去了，真是殺太監不成賠條命啊!

中平六年七月，董卓接受何進的「邀請」，準備進京共圖大業。鬱悶的是，他還沒到洛陽就聽說何進死了，連皇帝都被人架走了。董卓別的不愛，就愛趁亂湊熱鬧，於是，他快馬加鞭地率著弟兄們往洛陽趕去。在路上又得知少帝在北芒（今河南洛陽北），就前去迎接，保護少帝回宮。

董卓其實也是個「富二代」，從小就養尊處優，驕縱跋扈，野蠻兇狠。他也算是個「文武雙全」的人，不過，文采不精，武藝倒學得不錯，騎在馬上能左右開弓，當地人見到他都是繞著走的。他沒事還喜歡到羌人住的地方轉著玩，仗著自己雄厚的背景和大把的鈔票，他順利地籠絡了一批羌人親信，更廣結天下無賴之徒，說他們是「犯罪集團」都是誇獎。

董卓是改變漢末政治格局的一個關鍵人物。在他進京、把持朝權之前，東漢朝廷雖然已從骨子裏腐敗不堪，但總還能硬撐著，使門面不倒。而經過董卓之變後，國家終於分崩離析，天下成爲群雄角逐的戰場。皇帝也是只留了個名號，完全沒有人身自由，而是成爲權臣、軍閥們掌中的傀儡。

董卓進京後，將何進及其弟車騎將軍何苗所統部眾都據爲己有，又誘使呂布殺了自己的老大丁原歸附於他。董卓憑著自己強大的軍事力量，罷黜少帝劉辯，改立劉協爲帝，是爲漢獻帝。不久，他又逼殺太后，以相國之職獨攬大權。他雖然名義上是相國，但實際上卻遠遠超越皇帝，享有「贊拜不名、入朝不趨、劍履上殿」等特權。

劉辯是靈帝長子，何皇后生；劉協是靈帝次子，王美人生，何皇后忌妒王美人受寵，在劉協出生不久後，就把王美人毒死了。董卓曾問少帝劉辯對於朝中局勢的看法，已經十四歲的劉辯卻說不出個樣來，董卓當時腦子裏就蹦出一個詞——昏君。倒是只有九歲的劉協，講話很有條理，於是，「廢少立獻」的戲很自然地就上演了。

漢獻帝的悲劇在於他本人並不是一個低能兒，只可惜他沒有實權。如興平元年（一九四年）大旱，長安城內糧價暴漲，很多老百姓都買不起糧食，竟出現了人吃人的恐怖局面。漢獻帝就命令侍御史侯汶開倉濟民，但仍然不見好轉。他懷疑侯汶作弊，於是親自檢驗，果然發現了侯汶的假公濟私，一怒之下賞了侯汶一頓板子，這才了事。

董卓雖然有點文化，但他那點墨水要是能用來治國，連他自己都不信。於是他徵用了許多才學與名望兼備的人才爲官，例如蔡邕、周毖、鄭泰等，以求鞏固自己地位。但他忘了，這些人的好名聲可不是自己吹出來的，而他董卓顯然不是和人家一道的。所以，儘管董卓對士大夫十分優待，但他任命的這些人後來大都成了他的敵人。

皇甫嵩是漢末救國救民的英雄人物。他爲人仁愛謹慎，盡忠職守，有謀略，有膽識。平定黃巾之亂後，他請求朝廷減免冀州一年田稅，贏得了老百姓的稱讚。在他任職期間，上表陳辭、勸諫一共五百多次，每次都親手書寫，而且毀掉草稿，一點也不宣露於外。

在軍旅中，皇甫嵩體恤士卒，甚得眾情。每次部隊停頓、宿營，他都要等到營幔修立妥當，才回自己的軍帳。將士們全部吃完飯後，他才吃飯。部下吏士有接受賄賂的，皇甫嵩也不責怪他們，而是再賜給他錢物，讓接受賄賂的人深感慚愧，有的竟羞愧自殺。皇甫嵩還折節下士，門無留客，當時人稱揚他，紛紛歸附。

董卓不顧朝臣反對，脅迫獻帝將都城從洛陽西遷長安。還在自己的封地修築了與長安城牆規模相當的塢堡，高達七丈，明目張膽地用「萬歲塢」來命名，並規定，任何官員經過他的封地時，都必須下馬，恭恭敬敬地對他行大禮。董卓這是在爲他的野心做準備呢，用他自己的話說，就是「事成，雄踞天下；不成，守此足以畢老」。

初平二年（一九一年）四月，董卓到長安，公卿百官都前來迎接。董卓暗示御史中丞以下官員都迎拜車下，想借這一招來屈降皇甫嵩意氣。然後，他拉著皇甫嵩的手問：「義真，你害怕了沒有？」皇甫嵩回答：「倘若您用盛德輔佐朝廷，大的祥慶正將到來，有什麼可害怕的？倘若您濫用刑罰，逞其私志，那麼天下都要恐懼，不單我一個人！」

袁紹，字本初，是袁逢的庶子，因袁逢的哥哥袁成早逝，袁逢就將袁紹過繼給袁成，因此，袁紹、袁術是同父異母的親兄弟。何進死後，袁紹率兵入宮，來了個「關門打狗」，大殺宦官，趙忠等人被殺，張讓溜得快，沒被逮到，還順便與段珪一起綁架了少帝、太后以及陳留王劉協，東漢以來猖獗近百年的宦官集團就這樣玩完了。

袁術，字公路，是袁逢的嫡子。據說袁術出生時，神仙托夢給他的媽媽，說她懷中的孩子有一段天命在身，從此，全家對於這個「寶貝」是疼愛有加。袁術的高祖父袁安是東漢的司徒，袁安的次子袁敞做過司空，袁安的長子袁京雖只做到蜀郡太守，但袁京的兒子袁湯卻官至太尉，並且袁湯的第三子袁逢、第四子袁隗也都位至三公，號稱「四世三公」。

可以說，古往今來，像袁家這樣的望族簡直是鳳毛麟角。洛陽城內的士族官員中，就屬袁家的勢力最大。董卓曾找袁紹談論廢帝的事。袁紹可是何進的人，支持的是少帝劉辯，自然搖頭不同意。董卓一聽就惱了，熊掌往桌子上一拍，說道：「我來只是通知你一聲，並不是跟你商量！」袁紹也不是好惹的，大手一揮，騎馬就跑出了京城，之後，袁術、曹操也走了，董卓的威望頓時減了不少。

初平元年（一九〇年）二月，董卓部屬的羌兵在陽城搶劫正在鄉社集會的老百姓。士兵們殺死全部男子，兇殘地割下他們的頭顱，血淋淋地並排在車轅上，令人觸目驚心。此外，他們還趁機擄走大批婦女和大量財物。回到洛陽後，他的手下將領把頭顱集中起來加以焚燒，而把婦女和財物賞賜給士兵，卻對外人宣稱是戰勝敵人所得。

一次，董卓請朝中大臣們到他家赴宴，大家都莫名其妙，納悶董卓的葫蘆裏賣的是什麼藥。酒過三巡後，董卓突然說道：「爲了給大家助酒興，我將爲各位獻上一個精彩的節目，請欣賞！」接著，他命人把抓來的百名俘虜押了上來，先剪掉他們的舌頭，再斬斷手腳，挖掉眼睛。把在場的官員嚇得筷子都掉了，吃的東西也全吐了出來。

遷都長安時，爲了防止官員和人民逃回故都洛陽，董卓將整個洛陽城以及附近兩百里內的宮殿、宗廟、府庫等大批建築物全部放火燒毀。天下老百姓對董卓非常痛恨，當時，京都到處傳唱著《千里草》的童謠：「千里草，何青青，十日卜，不得生。」「千里草」即董，「十日卜」即卓，「青青」是說董卓權勢暴盛，「不得生」是說他很快就會家破人亡。

許多公卿大臣都想除掉董卓。衛尉張溫曾謀劃誅殺董卓，但事情被洩露，張溫被殺。之後，越騎校尉伍孚又策劃殺董卓，他把刀藏在袖子裏去找董卓裝作聊天，談話結束後，董卓起身送他時，伍孚突然拔出刀刺向董卓，但沒能刺中，結果被董卓的親信砍倒在地。伍孚忍著劇痛，大聲喊道：「我恨不得將你這奸賊斬成數段，以謝天下！」說完氣絕身亡。

李傕，原是董卓的部將，董卓死後，他想遣散自己的部下，逃回家鄉。賈詡勸他說：「如果你放棄軍隊，隻身逃命，小小一個亭長就可以將你捉到，倒不如齊心合力攻打長安，給董卓報仇。若成功，可擁戴皇帝匡正天下；若不成功，再逃也不遲。」於是，李傕率數千士兵向長安進發。一路上招兵買馬，到達長安時，軍隊已達十餘萬，對著長安城虎視眈眈。

李傕、郭汜是董卓麾下最重要的兩名青年將領，雖然當時官位只是個校尉，但董卓的猛勁他們可是得到了真傳。此時城中只有呂布一員大將，根本不是人家的對手。果然，呂布很快就被打得大開城門，把人家李郭二人請了進來，王允被抓住殺害，李傕等人控制了漢獻帝。唉，可憐了劉協這孩子，敢情他生下來就是當人質的。

賈詡是個人精，李傕掌握政權後，想封他做大官，但他知道進攻長安於理不合，加官晉爵無疑會加重自己的罪孽，如今政局不穩，世事多變，還是低調爲人，給自己準備一條後路爲好。因此，當李傕又想讓賈詡出任尚書僕射時，賈詡再次婉拒，最後，只做了個尚書，負責起草詔書、人事調動之類的事情。

自古一山不容二虎，李傕與郭汜的掐架是必然中的必然。一次，李傕請郭汜吃飯，郭汜喝得大醉，他懷疑酒中有毒，急忙喝糞汁將酒飯嘔吐出來。從此，李郭鬧翻，派兵相互攻擊。儘管獻帝派侍中、尚書從中調和，仍無濟於事。三月，李傕派兵包圍皇宮，劫持獻帝到自己軍營中；郭汜則扣押朝廷大臣。在以後數月當中，雙方不停地掐架，死了不少人。

王允，出身官宦世家，年輕時也是懷抱著一腔熱血，立志要為國家建功立業的，但董卓的攪局無異於一盆涼水徹底毀了他的美夢，因此，他對董卓是恨得牙癢癢。但他知道自己是一介文官，勢單力薄，必須有幫手。他一邊對董卓阿諛奉承，取得他的信任，一邊找幫手。後來，終於選中頭腦簡單、四肢發達的倒楣孩子呂布為幫手。

呂布善於騎射，膂力過人，號稱飛將。董卓十分寵信呂布，認他做了義子。董卓知道很多人想殺他，所以出門都會帶上呂布保護他。但是董卓脾氣暴躁，呂布難免會挨打受訓，心裏肯定有氣。一次，呂布就這些事向王允發牢騷，王允趕緊趁機煽風點火，讓呂布將董卓殺了，為朝廷立功。王允連董卓都能哄得團團轉，呂布哪能玩得過他，於是，點頭同意。

初平三年（一九二年）四月，漢獻帝大病初癒，百官進宮朝賀，董卓自然也不例外。可當他剛進皇宮，就發現情形不對，他趕緊大喊：「呂布在哪裡？」這時，呂布手裏捧著聖旨站了出來，說道：「奉旨殺賊。」董卓一見這情形，氣得大罵呂布：「你這叛徒，竟然敢做這種大逆不道的事！」話音剛落，呂布已用長矛制住了董卓，命令士兵砍下了董卓的頭顱。

董卓被殺的當天，滿朝文武和所有士兵都高呼萬歲！長安老百姓更是高興得在大街小巷載歌載舞，共同慶祝奸賊被誅。據說董卓死後，被暴屍東市，守屍官把點燃的捻子插入董卓的肚臍眼中，點起天燈。因爲董卓肥胖脂厚，「光明達曙，如是積日」。

綜觀東漢一朝的權臣，沒有人比董卓的機會好。而他偏要把局面弄糟，把自己弄臭。他常以伊尹、霍光自居，而給人的印象卻是「又出一個王莽」。他還做了不必要的廢立，殺害了無辜的何太后與少帝，引起全中國有識之士的不平，就他這樣的人，你說，不殺他，對得起誰？

王允是實力很強的文人，看不起呂布那樣的武夫，呂布是武功高強的大將，肯定也看不慣王允整天的「之乎者也」，於是，董卓死後，兩人立馬分道揚鑣。王允感覺自己立了大功，漸漸有些飄飄然了，在公共場合，總是一副唯我獨尊的樣子，後來還冤死了蔡邕，之後，部下都慢慢疏遠他了。

＊微歷史大事記＊

永康元年（一六七年）十二月，漢桓帝劉志死於德陽前殿。

建寧元年（一六八年）正月，漢桓帝的親堂侄劉宏即位，改元為「建寧」，即漢靈帝，由竇太后輔政。

建寧二年（一六九年），士大夫張儉揭發宦官為非作歹，宦官反倒打一耙，並趁機大興黨獄，是為第一次「黨錮之禍」。

熹平五年（一七六年）閏五月，永昌太守曹鸞上書為「黨人」鳴冤，要求解除禁錮，漢靈帝處死曹鸞，是為第二次「黨錮之禍」。

中平元年（一八四年）春二月，爆發黃巾起義。

中平六年（一八九年）三月，漢靈帝劉宏駕崩，皇子劉辯即位，是為少帝，何太后臨朝主政。七月，何進死，董卓入京。廢少帝劉辯，改立劉協為帝，是為漢獻帝，董卓以相國之職，獨攬大權。十二月，曹操號召各鎮諸侯共起討伐董卓。

初平元年（一九〇年）正月，各路諸侯起兵反董卓。二月，董卓焚洛陽，遷都長安，洛陽古都殘破。

初平三年（一九二年），王允設計，用呂布斬殺董卓。六月，李傕、郭汜圍長安，殺王允，敗呂布。獻帝落入李傕、郭汜手中。

第二章

英雄出亂世，三國群英傳

軍事天才夠堅強

孫堅，字文台，是春秋著名軍事家孫武的後代。但孫堅的爸爸孫鐘卻不是舞刀弄劍的兵法大師，而是一個道地的瓜農。而孫堅倒像孫武一些，他的天地顯然不在瓜地裏，年紀輕輕就表現出了超出一般人的勇敢與武略。孫堅年輕時，被郡府徵召爲臨時的代理武官，雖然只是臨時工，但他從此就由瓜地裏走出來了。

孫堅十七歲那年，與爸爸坐船到錢塘，正好碰上海盜胡玉等人搶劫分贓，孫堅看不過去，就對他老爸說：「爸，讓我去練練手吧！」孫鐘卻說：「小孩子湊啥熱鬧！」哪知孫堅不是和他商量的，只是通知他一聲。孫堅提把刀就竄了出去，回來時手中多了個強盜的腦袋，把孫鐘和一船人都嚇了一大跳。從此，孫堅名聲大震。

中平三年（一八六年），朝廷表彰戰功，孫堅由於參與鎮壓黃巾起義被封爲烏程侯。這一年，孫堅三十二歲，與曹操同歲。這時曹操也只是東郡太守，十年之後的建安元年，曹操才被批准繼承父親的亭侯。而劉備，本來因功也算是當上了一個小官縣尉，但沒多久就被「裁員」給裁下去了。這三人中，孫堅可謂成績最好。

一次，張溫以詔書召見董卓，過了老半天才見董卓慢吞吞地過來，張溫很生氣。

恰巧孫堅也在場，他向前悄悄地對張溫說：「您親領皇家軍隊，威震四海，為什麼還依賴董卓？看今天的情形，他並不聽您的話，應該趁早斬草除根啊！」張溫因一時的婦人之仁，沒有動手，只對孫堅說：「你暫時回營，免得董卓起疑心。」於是孫堅摸摸鼻子撤了。

董卓專權後，橫行天下，各州郡紛紛起兵討伐，孫堅也率兵北上，大軍到達南陽後，隊伍擴充到了幾萬人。孫堅行到魯陽時，碰見了袁術。袁術好歹也是一位名人，號召力怎麼樣也比他孫堅強一點，於是，他就跟著袁術混了。袁術也很欣賞孫堅的能力，就給他封了個官當當。

王睿曾和孫堅一起平定零陵、桂陽。因為孫堅是武官，王睿總是瞧不起他，所以孫堅早就心存不滿。孫堅舉兵討伐董卓，要王睿出兵。王睿與武陵太守曹寅不合，要孫堅先替他殺了曹寅，孫堅同意。曹寅害怕被殺，就假冒光祿大夫溫毅的檄文，下達給孫堅，檄文中數說王睿的罪過，命令孫堅將他處死。孫堅領受檄文，回頭去找王睿去了。

王睿看到孫堅的部隊又回來了，就派人去問原因，孫堅沒露面，他的手下回答：「打仗的日子不好過啊，所得的賞賜，還不夠做衣服呢！這次來，不過是想請您開恩，再賞些財物。」王睿還真相信了，他袖袍一揮，笑道：「這有何難！我做刺史的，哪能那麼小氣啊！」當下傳令打開庫藏，讓士兵們自己進去挑，需要什麼，隨便拿。

孫堅的部隊到達城樓下的時候，王睿才發現孫堅也在裏頭，隱約感覺到了不對勁，就問孫堅：「士兵們自己來請求賞賜就可以了，孫府君怎麼也在這裏？」孫堅大嘴一咧，陰森的笑道：「奉案行使者檄文，特來取你的首級。」王睿就問：「我犯了什麼罪？」孫堅這哥們兒回答「我也不知道！」王睿頓覺天雷滾滾，知道自己非死不可，就自殺了。

袁術表薦孫堅爲假中郎將，「假」就是代理，職位僅次將軍。有了這個身分，孫堅就可以去長沙郡之外的地盤上耍威風，而且所到之處，地方官都有義務提供便利，供應軍糧。孫堅到南陽後，下公文給南陽太守張咨，請他供應軍糧。張咨不給，孫堅就把他殺了，南陽郡府官員大受驚嚇，從此，孫堅的部隊想要什麼，就有什麼。

初平元年（一九〇年）冬，孫堅與部下在魯陽會合，突然發現董卓的軍隊逼近，情況十分危急。孫堅卻鎮靜自若，命軍隊原地待命。後來，董卓的騎兵越來越多，孫堅才慢慢起身，率軍隊入城。將領們問他原由，他說：「我之所以剛才不立即起身，是怕引起部隊慌亂，相互擁擠，使大家都無法入城。」董卓的騎兵看孫堅如此淡定，心裏就發虛，領著人撤退了。

Q 時尚潮人是怎麼死的？

孫堅是帥哥，更是一個潮人，因爲他作戰的時候，不像其他的人戴頭盔，而是帶紅頭巾。初平二年（一九一年）二月，孫堅被董卓軍隊包圍，他讓副將祖茂戴上自己的紅頭巾，自己從小路逃脫。董卓的騎兵看見紅頭巾追了過去，祖茂被逼得走投無路，就把紅頭巾放在墳墓的燒柱上，自己藏起來。董卓騎兵走近一看，才發現中計了，孫堅卻得意地邊跑邊笑。

孫堅在軍事上不斷獲勝，使他的名聲威振四海。有人就對袁術說：「小心孫堅功高震主，到時您可就控制不住他了。」袁術果然聽信此話，就斷了孫堅的後勤供給。孫堅知道後，連夜去見袁術，說道：「我這樣奮不顧身，上爲國家討伐逆賊，下爲您報家門私仇，您怎能聽信旁人的挑撥猜疑我呢？」袁術被問得啞口無言，深感慚愧，重新下令恢復調撥軍糧。

董卓想拉攏孫堅這個人才，曾派李傕等請孫堅前來和親，並用高官厚祿引誘他。孫堅說：「董卓大逆不道，顛覆漢室，我要不誅他三族，死了都閉不上眼，怎麼還能與他和親？這簡直是天下超級無敵的大笑話！」這一帥氣無比的回話，立刻又吸引了無數熱血沸騰的青年前來加入討伐董卓的隊伍，董卓卻在那頭氣得牙齒都咬得咯咯響。

靈帝時，袁紹看宦官當政，沒自己的表現機會，就借著隱居的旗號，暗地裏聯繫了不少俠士，如張邈、許攸等。他還與曹操等人結成了一個政治集團，以反宦官專政爲目的。惹得中常侍趙忠怒道：「袁本初抬高身價，無視朝廷辟召，專養亡命徒，他到底想幹什麼！」袁隗聽到風聲，趕緊對袁紹說：「小子，你要敢敗壞咱袁家名聲，我劈了你！」

初平元年（一九〇年）正月，關東州郡起兵，推舉袁紹爲盟主。袁紹自號車騎將軍，與河內太守王匡屯河內，韓馥留鄴供應軍糧。豫州刺史孔仙屯潁川，兗州刺史劉岱、陳留太守張邈、廣陵太守張超、東郡太守橋瑁、山陽太守袁遺、濟北相鮑信與曹操屯酸棗，後將軍袁術屯魯陽，各自統領著數萬人馬。這樣的分佈也爲以後的軍閥割據埋下了伏筆。

在聯兵征討董卓時，袁紹曾問曹操：「如果大事不能順利達成，何地可以據守呢？」曹操反問道：「足下的意思怎樣呢？」袁紹答道：「我南據黃河，北守燕、代，兼有烏桓、鮮卑之眾，進而向南發兵爭奪天下，也許這是良策吧！」袁紹所謂南據黃河，北守燕、代，其中間廣大地區正是物產豐富、人口眾多的冀州。

最初眾人對袁紹寄予厚望，但很快人們便對他失望了。作爲盟主，他既不率先殺敵，也無力指揮這支兵力數十萬的大軍。各州郡長官各懷異心，拖延時日，保存實力。駐軍酸棗的將領每日大擺酒宴，誰也不肯與董卓的軍隊交鋒，甚至還縱兵搶掠，百姓死傷無數。酸棗糧草用盡，諸軍紛紛散去，一場討伐不了了之。

董卓把都城遷到長安，等孫堅到洛陽後，看到的只是一座廢城，孫堅頓時淚如雨下。孫堅命人打掃天子宗廟，祭祀禱告，結果手下在洛陽城南甄官井裏找到一塊方圓四寸的石頭，上面刻著：「受命於天，即壽永昌」。孫堅，乃至當時的全中國人都知道，這不是一塊普通的石頭，這是帝王玉璽。

孫堅已經是個強人，又得到了玉璽，就想：「這是不是象徵著我要做皇帝了？」孫堅有理由這樣想，畢竟現在世道已經亂了，皇帝已經被董卓掌控，基本上可以無視了。孫堅把這塊寶貝石頭交給老婆吳氏管著，自己則更加熱血沸騰，他現在是要徹底甩開膀子大幹了。

初平三年（一九二年），袁術與劉表爭奪荆州，命孫堅爲先鋒，劉表則派部將黃祖迎戰。雙方在樊、鄧之間展開激戰。三月，孫堅打敗黃祖，黃祖退守襄陽。孫堅這時候殺人殺得正過癮呢，哪肯停手，所以，領著手下就追了過去，將襄陽圍了個裏三層外三層。可惜，他卻忘了，兔子急了還咬人呢，何況是黃祖。

孫堅單槍匹馬追殺黃祖的時候，黃祖的士兵就埋伏在竹林之中，他們本來不認識孫堅，但是卻認得紅頭巾。他們一看見紅頭巾，就像看見了放箭的信號燈，頓時，箭如雨下，孫堅瞬間就被戳成了刺蝟。這一年，孫堅三十七歲。要是孫堅不戴紅頭巾的話，也許會有不同的結局，所以，有人說孫堅是帥死的。

江東小霸王

孫策，字伯符，是孫堅的長子，孫權的哥哥。孫堅死後，孫策把老母幼弟託付給朋友，自己帶上二弟孫權，徑直去找袁術，要求率領父親的遺兵前去攻打黃祖，為父報仇。袁術原以為孫策不過是個不明世事的青年，沒想到他竟然有如此膽識，大為賞識，常對人說：「如果我有孫策這樣的兒子，即使死了也沒什麼遺憾啊！」

袁術將孫策留在身邊，並把孫堅的一些遺兵交給他。憑著這點力量，孫策當然無法為父報仇，更談不上繼承父親的事業，只好暫時屈居袁術帳下，等待時機。袁術雖然賞識孫策，但更顧忌孫氏在江東的影響，所以對他一邊倚重一邊壓制，多次對孫策許願封官，到了事後卻不兌現，孫策漸漸有了脫離袁術的打算。

袁術雖然器重孫策，但不肯將孫堅舊部下交給他。後來，袁術的部下吳景、孫賁

在江東一再受挫，孫策向袁術提出去幫助這二位穩住陣腳，袁術答應了孫策的請求。第二年，孫策帶著一千多人的隊伍，返回江東。孫策在江東素有「小霸王」的美稱，打起仗來「莫敢當其鋒」，很有爸爸孫堅當年的威風。

史書上說孫策「美姿顏，好笑語」，「性闊達」，就是長得帥，喜歡說笑話，爲人大度。有本事，外表美，性格好，這樣的人在今天也是人見人愛、花見花開的偶像級人物，當年更是「士民見者，莫不盡心，樂爲致死」，就是士人也好，老百姓也好，都非常喜歡孫策，願意爲他去死。這樣一來，他的招兵工作自然紅紅火火。

孫策部下有一騎兵，犯罪後爲逃避責罰，逃進了袁術的軍營，藏到馬棚裏面。孫策派人追捕，直衝袁術營中，將罪犯搜出，就地斬首。事情結束後，孫策才去拜見袁術，說明情況，向他道歉。袁術說：「士兵裏經常有反叛的事情，你就應當這樣做，何罪之有？」這件事進一步提高了孫策的聲譽，而軍中對孫策也更加敬畏。

袁術爲人反覆無常，言而無信，起初他許諾任用孫策爲九江太守，結果又改用自己的親信陳紀。袁術攻打徐州時，向陳紀要糧遭到拒絕。袁術就對孫策說：「以前我錯用陳紀，現在很後悔，你這回要能打敗陸康那傢伙，廬江就歸你。」結果孫策輕鬆拿下廬江，哪知袁術出爾反爾，又讓部下劉勳當了廬江太守，孫策被騙，心中相當惱火。

陸康，字季寧，是陸遜的從祖父（爺爺的兄弟），陸遜曾依附陸康，在廬江讀書。孫策攻廬江，陸康將兒子陸績和從孫陸遜送回老家吳郡避戰，自己在廬江守城，城破一個月後病死。

呂範原來是袁術的部下，但看孫策比袁術有前途，就決定換個老大。他對孫策說：「您手下的兵雖多，紀律卻不怎地，要不我幫你整治一下？」孫策說：「您老都是老資格了，怎能委屈幹這種小事？」呂範說：「將軍此話差矣。我大老遠來投奔你，不是為了享福，是要為國效力，幫你也是幫我啊！」於是，孫策留下了他，從此，軍中紀律嚴明，法令整齊。

建安二年（一九七年）二月，袁術公然稱帝，孫策斷絕了和袁術的關係，這說明孫策是很有政治頭腦的。此外，孫策還大氣聰明，善於用人。孫策手下有很多人才，有一些是他父親留下來的，如程普、黃蓋，但他自己也招募了一些，比如周瑜、張昭。

張昭，字子布。他出身士族，曾跟隨白侯子安學習《左氏春秋》，博覽群書，還擅長隸書，與琅琊人趙昱、東海人王朗同時聞名於世，又互為好友。二十歲時，因為文才過人，被薦舉為孝廉。後來徐州刺史陶謙舉他為茂才，他竟然不去，陶謙大怒，

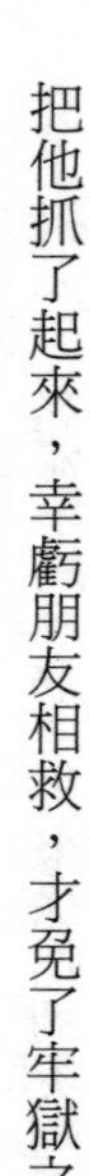

把他抓了起來，幸虧朋友相救，才免了牢獄之災。

孫策創建東吳基業，將張昭招了進去。張昭有文采，有才幹，寫得一手好字，孫策就讓他當秘書長，軍務政務都交給張昭處理，以至於北方那些文人知道江東有張昭，卻不知江東有孫策，給江東寫信時總是一再讚譽張昭。張昭接到信就感覺非常爲難，在人手下幹事的最怕功高蓋主，搶了老板風頭。老板因此嫉妒，給雙小鞋穿穿，那也是司空見慣的事。

孫策給張昭講了齊桓公的故事：齊桓公當年就是把所有的軍政事務都交給管仲，手下的人只要到齊桓公那裏去請示工作，齊桓公都讓他去問仲父，於是就有人說齊桓公，你這國君當得太容易了吧？齊桓公回答說，這個國君說容易也容易，說難也難，沒有仲父之前我很難，有了仲父我就很容易了，國君的辛苦就在於尋找人才，一旦找到人才，他就安逸了。

孫策深諳用人之理，知道要想讓人才全心全意地輔佐自己，就必須解除他們的心理負擔，所以孫策告訴大家，你們在我這裏不用害怕風頭壓過我，你們也壓不過我的風頭。他對張昭說：「齊桓公在仲父的輔助下成就了霸業，我有了張昭，難道我就沒有功勞名聲嗎？」說完，又是哈哈大笑。

太史慈，字子義，劉繇部下的一員猛將。有一次，太史慈只帶一名騎兵外出巡查，與孫策在神亭相遇。當時，孫策身邊有十幾名騎士。太史慈眼都沒眨，迎面就朝孫策刺了過去。孫策急忙閃過，一個回馬槍，正中太史慈的坐騎。在兩騎相錯時，孫策奪下太史慈的手戟，而太史慈也搶到孫策的頭盔。恰巧當時雙方的援軍趕來，兩人這才停手。

劉繇是漢朝皇室的遠親（齊悼惠王劉肥之孫牟平侯劉渫的後代），根據《三國志》與《資治通鑑》的資料顯示，劉繇在十九歲時，因爲堂叔劉韙被強盜抓走當了人質，劉繇爲搭救他的堂叔，結集十幾個人混進賊窩，用計將強盜頭目的腦袋砍了下來，救走了堂叔，劉繇也因此一舉成名，後被朝廷任用。

劉繇因鐵面無私，爲官清廉，而深受廣大老百姓的好評，甚至當時的民間還流傳著只要能得到劉岱與劉繇兄弟，就等同得到了龍與麒麟一樣的說法。也因爲劉繇的功績不凡，朝廷給與了高度重視，命他接任由於前任太守死亡而空缺的揚州刺史。爲了統領揚州，他定壽春爲根據地，但當時政局混亂，淮南一帶已是袁術的勢力範圍，於是劉繇只好撤到曲阿。

劉繇的三個兒子都很優秀，但他們卻都是在父親的仇敵孫吳政權中效力。三兄弟中，以老大劉基成就最大。據說劉基是個典型的美男子，深得孫權的寵愛。孫權稱帝後，任命劉基爲光祿勳，成爲吳國最高決策層的成員。劉基的一個女兒，還嫁給孫權

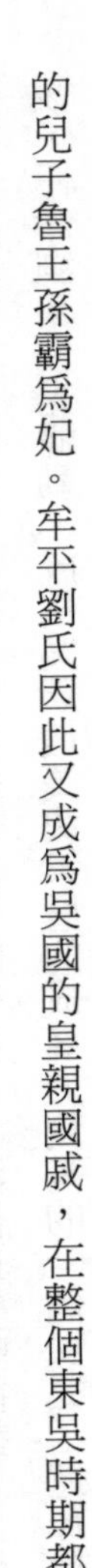

的兒子魯王孫霸爲妃。牟平劉氏因此又成爲吳國的皇親國戚，在整個東吳時期都擁有顯赫的地位。

劉繇與孫策在曲阿交戰失利，太史慈被俘，孫策見到他後問：「還記得神亭一戰嗎？如果那時候你真逮到我了，會怎麼做？」太史慈搖了搖頭，實話實說：「那可不好說！」孫策聽後哈哈大笑，說道：「從今以後，這前路就讓咱倆一起闖吧！」於是，孫策收太史慈做了他的部下，委以重任。

建安二年（一九七年），劉繇病死於豫章，孫策命太史慈去把他留下的數萬名部下領回來。有人勸孫策說：「太史慈這一去，怕是肉包子打狗，有去無回啊！」孫策卻信心滿滿地說：「不會。他若離開了我，還能投奔誰呢？」臨行之日，孫策把他送出老遠，分別時還拉著他的手問道：「子義，你啥時候回來啊？」把太史慈感動得稀哩嘩啦，到豫章領著人就趕緊回來了。

太史慈在劉繇手下時，有人曾勸劉繇重用太史慈，劉繇卻笑著擺了擺手，說：「我若用他，許子將會笑我不識用人的。」而孫策卻是太史慈的伯樂，因此，他對孫策及其後代都是相當的忠心。建安十一年（二〇六年）太史慈逝世，死前還發出「大丈夫生於亂世，當帶三尺劍立不世之功」的豪邁遺言，實在是想讓人不佩服都難。

小巫見大巫

張紘，字子綱，和張昭一起合稱「二張」。張紘曾經遊學京都，後回到家鄉，被薦舉爲秀才，官府多次召他做官，他一概拒絕，後來到江東逃避戰亂時，孫策正創建基業，張紘便投靠了孫策。張紘和建安七子之一的陳琳見過一面，張紘稱陳琳的文章寫得好，陳琳說：「我的文章比起你的來，就好比小巫見到大巫。」成語「小巫見大巫」也由此而來。

張紘跟隨孫策征伐丹陽。孫策親自披掛上陣，張紘勸道：「主將是統籌規劃的角色，三軍命運全依託於您，不可草率出動。希望您好好把握上天賦於您的才幹，體恤天下蒼生，不讓全國上下爲您的安危而擔驚受怕。」建安四年（一九九年），孫策派遣張紘奉獻奏章到許昌皇宮中，張紘被留在那兒擔任侍御史，少府孔融等都和他相處和睦。

皇帝陛下大概是這個時代最矛盾的人了。他是天下之共主，卻幾乎沒人在乎他；普天之下莫非王土，他卻沒有立錐之地，但他偏偏還代表著最高的權威。從董卓亂政到王允跋扈再到李傕、郭汜奪權，皇帝還是那個皇帝，可皇帝又早已不是那個皇帝，成了這撥人手中的傀儡，誰上臺誰提線，誰厲害誰掌控。

黃河這邊，關東諸侯看了半天的戲，本來就缺少討伐亂賊的膽，現在更沒了效忠皇上的心，於是乾脆改了主意，黃河那邊你們愛怎麼鬧怎麼鬧去，黃河這邊我們要重起爐灶新開張。聯軍之後，關東諸侯大致分成兩派，袁紹、袁術兄弟倆各自領導一派。袁紹身邊有韓遂等人，袁術手下以孫堅爲主。

韓遂，字文約，本名韓約，他的爸爸與曹操爲同年孝廉。他曾進京勸何進誅殺宦官，何進不聽，韓約怕自己被宦官暗殺，就想趕緊回家。正趕上涼州李文侯、北宮玉等人造反，殺了金城太守陳懿，劫持了韓約、邊允，並推舉他們做首領，韓約還沒答應，就遭到了朝廷的出賞金追殺。韓約沒想到自己躺著也能中槍，乾脆牙一咬，改名爲韓遂，舉起了反漢大旗。

韓遂以誅殺宦官爲口號，迅速征服了西州諸郡，聚眾十萬，天下騷動，又先後擊敗了名將蓋勳和皇甫嵩，後因天降隕石，軍心不穩的原因爲張溫所破，敗走榆中。次年韓遂殺了北宮玉、李文侯和邊章，併吞了他們的所有軍隊，再次聚眾十萬，進圍隴西，朝廷派耿鄙率兵討伐，結果耿鄙被殺。

韓遂殺了耿鄙後，又得到耿鄙的軍司馬馬騰以及漢陽豪強王國的回應，攻下漢陽，韓遂、馬騰等人又推舉王國為首領，進攻陳倉，結果被皇甫嵩打敗，被砍了萬把名兄弟。事後追究責任，韓遂、馬騰殺了王國，又劫持了漢陽名士閻忠為首領，閻忠不從。不久，韓遂等人為了爭奪領導權發生了內訌，西州叛亂軍就此分裂。

閻忠是東漢時期的名士，他心思細膩，善於察人。賈詡年少時並不出名，大家對他也是平眼看待，只有閻忠看出賈詡不同尋常，說賈詡「有良（張良）、平（陳平）之奇」。中平元年（一八四年），皇甫嵩平定黃巾起義軍，閻忠曾勸他趁機政變，皇甫嵩不同意，閻忠就逃走了。中平六年（一八九年），閻忠被韓遂劫去當叛軍首領，閻忠不從，憤恨而死。

董卓入關後，邀請韓遂、馬騰等老冤家共謀山東，韓遂接受了董卓的招安，被封為鎮西將軍。後董卓被殺，李、郭攻破京師。馬騰有私事求李傕幫忙，李傕不答應，馬騰就率眾攻打長安。韓遂就主動提出前去勸和。結果他和馬騰一見面就馬上變卦，站到了馬騰這邊。李傕氣得直咬牙：「你個大騙子！敢誆我！」

樊稠是董卓的部下，董卓死後，樊稠等人無所依託，於是就同李傕、郭汜、張濟會合，一起圍攻長安，十日後城陷，與呂布展開巷戰，結果呂布被打跑，王允被殺。李傕等人縱兵劫掠，百姓、官員死傷不計其數。樊稠與李傕、郭汜三人共同把持朝政，但他們對政事一竅不通，任免官員也完全隨自己喜好而定，長安城頓時亂成了一

鍋粥。

李傕派樊稠、郭汜以及侄子李利攻打韓遂，戰於長平觀，結果韓遂大敗，退回涼州。因韓遂與樊稠是老鄉，所以在樊稠追上韓遂時，韓遂就故意與他套起了交情，樊稠心一軟，就把韓遂給放了。卻沒想到這件事遭到了李傕的猜忌，以爲他與韓遂有所勾結，最終導致樊稠被殺。

韓遂與馬騰撤到涼州後，拜把子成了兄弟。後來因產生矛盾，馬騰就先率兵打了韓遂，韓遂也不示弱，糾集兄弟們把馬騰狠揍一頓，把他攆出了涼州。兩人從此水火不容，後來在鍾繇和韋端的勸說下才有所好轉。曹袁相爭時，韓遂在楊阜的勸說下決意助曹，馬騰被曹操封爲衛尉，全族遷到了鄴城，只留下兒子馬超統領他的部曲，韓遂從此開始和馬超打交道。

Q 袁來是一家

袁術早期的仕途可謂是一帆風順，仗著家族的背景，年輕時便舉孝廉爲郎，史書上說他「歷職內外」，在很多職位上有過歷練，後來又擔任過折衝校尉、虎賁中郎將等職務。董卓專權時期，爲了拉攏袁術，還特意任命他爲後將軍。袁術的頭腦這時倒是十分清醒，看出了董卓的狼子野心，便和袁紹一樣，借機逃出洛陽，並迅速組織各大割據勢力聯合討董。

袁術勢力不斷壯大，以後將軍的身分領南陽太守。於是，我們便看到了這樣的情景：家世顯赫的袁術逢此亂世，可謂得天時；喜獲孫堅爲前驅，可謂有人和；兼跨荆、豫二州，可謂得地利，此時的袁術，已經大有天下誰與爭鋒之勢了。正因如此，在其他諸侯戰事不利的情況下，孫堅卻能在袁術的支持之下，逼走董卓，一路殺進洛陽。

袁術先後佔領了揚州、豫州、司隸和荊州一部，儼然成爲南方霸主。這時的他開始沾沾自喜，不但忘了槍打出頭鳥的道理，還擺出了一副群雄領袖的臭架子，到處煽風點火，製造出各種事端，弄了個損人不利己，不但和袁紹反目成仇，又同近鄰劉表翻了臉。樹敵過多過快，是袁術的一大敗筆。

建安元年（一九六年）春天，袁術打算自立爲皇帝。孫策聽到消息之後，寫信責備袁術不該如此。袁術自以爲孫策一定會擁戴他爲皇帝，沒想到竟然遭到反對，頓時更加生氣，也不管孫策的勸阻，執意稱帝。孫策知道後，一拍桌子，怒道：「這沒腦子的蠢貨！真是自掘死路！」從此，孫策就與袁術斷絕往來了。

袁術與孫策絕交後，怕孫策和他作對，於是就聯合力量限制孫策。他任命周瑜

爲居巢縣長，臨淮人魯肅爲東城縣長。卻沒想到周瑜和魯肅都認爲袁術目光短淺，難成大事，推辭不去上任，並渡江投奔孫策。孫策樂了，袁術卻怒了，但他卻更鬱悶：「你們這些以貌取人的傢伙，孫策不就比我帥那麼一點點麼，值得都往那裏跑啊！」

袁術派人秘密聯絡丹陽豪強祖郎等人，讓他們鼓動山越人與孫策作對。孫策得知後，立刻率軍征討祖郎，將他活捉。孫策對祖郎說：「你以前襲擊我，曾砍中我的馬鞍，如今我正建功立業，想拋棄舊怨，唯才是用，希望你不要害怕。」祖郎連忙謝罪，孫策親自爲祖郎鬆綁，將他封爲門下賊曹。袁術知道後，氣得差點口吐白沫。

袁術死後，袁術部下大將張勳、楊弘等人想率領自己的部隊投奔孫策，廬江太守劉勳在半路上截擊，並將他們全部俘獲，並收繳了他們所帶的財物。孫策聽說了，就裝作要和他結盟，還忽悠他去攻打豫章上繚。劉勳出兵後，孫策就領著人佔領廬江，劉勳的軍隊全部投降，劉勳只帶著幾百個部下歸降曹操。孫策收編了劉勳的軍隊，實力大增。

曹操與袁紹小時候經常聚一塊兒搗蛋。一天，有人結婚，曹操提議去偷新娘子，袁紹同意了。晚上賓客們正在喝酒，曹操大喊：「有賊啊！」然後趁大家都衝出去抓賊的空隙，進屋裏把新娘背跑了。結果袁紹被院裏的灌木叢鉤到衣服動不了了，曹操眼珠子一轉，指著袁紹大叫：「賊在這裏！」袁紹一急，噌地一下就竄了出來。果然，人的潛力是無窮的！

一次酒後，袁紹吐露了自己的理想，並邀請兒時玩伴加盟。曹操當時的反應是呵呵地笑著耍起了酒瘋：「我才不聽你的呢。」笑容背後，曹操在內心已與這位昔日一起偷新娘子的玩伴徹底決裂。因爲，他已經將袁紹看得無比清楚。袁紹顯然將竊國等同於偷新娘子，意識不到自己已經走到懸崖的邊緣。

當王允正在設計殺董卓的時候，黃巾軍卻趁機發展壯大了。初平三年（一九二年），黃巾軍攻佔兗州，刺史劉岱被殺，鮑信和陳宮就請來曹操代理兗州牧。曹操上任後，就與黃巾軍開戰，黃巾軍大敗，投降曹操，曹操將他們編成了青州軍。這一仗真是老天成全曹操，從此他有了根據地——兗州，有了軍事力量——青州軍。

挾天子以令諸侯

毛玠，字孝先，年輕時作過縣吏，以清廉公正得到人們的讚許，後來打算去荆州避亂，還未到達，聽說劉表政令不夠嚴明，便前往魯陽縣。曹操正擔任兗州牧，就聘請毛玠作治中從事，毛玠逐漸成爲他的資深謀士。

毛玠向曹操分析天下形勢：天下大亂，四分五裂，皇帝被迫遷來徙去，經濟崩潰，行業盡廢，天災四起，老百姓不能安居樂業。袁紹和劉表雖然人多勢眾，卻缺乏遠大的理想，不足以成事。打仗作戰，正義的軍隊一定能夠取勝，保持地位憑藉的是財力。您應當遵奉天子，並以他的名義號令不履行臣子義務的地方諸侯；發展農業生產，積儲軍用物資，這樣霸業與王道才可以成功。

「奉天子以令不臣」，就是曹操對待皇帝的態度。相對袁紹和袁術來說，曹操的頭腦最冷靜。他明白，即便獻帝被迫四處遷移，狼狽不堪，他依然是國家的元首、國家的象徵，另立皇帝也好，自立皇帝也罷，都是自撼根基的行爲，失去道義的支持，必然陷入敗境。

一九六年，董卓既死，漢獻帝就帶著大臣返回洛陽。一路顛沛流離，漢獻帝吃盡苦頭，天子的威儀都幾乎難保。君君臣臣地每天也上朝，就找個農家小院一坐，行禮的行禮，受拜的受拜。不同的是，多了一大群看熱鬧的，西北軍的軍官、士兵趴在院牆邊好奇地看熱鬧。噢，皇帝上朝原來是這樣的啊！

曹操採納了毛玠的建議，將獻帝從洛陽接到自己的根據地許縣。曹操將皇帝的生活安排地妥妥貼貼，讓他住好吃好，還送來了一大堆生活用品。但會做人情的曹操沒有說「送」字，而用了「還」字。他說，這些器皿都是當年先帝賜給臣祖父和父親的，臣的祖父和父親感激先帝的恩德，把這些器物供奉在家裏，沒敢用過，現在正好，由臣來還給皇上。

漢獻帝被曹操的一連串「體貼」感動得熱淚盈眶，感嘆他是難得的忠臣，馬上任命他為大將軍，還在許縣修建了皇家祠堂，打算在此定居。從此，曹操扛著這杆正義的旗幟，不論是打擊敵人，還是拉攏盟友，都師出有名，讓人無法抗拒，而他的政敵在政治上全都矮了一頭，因為他們目前仍是漢王朝的人。

袁紹眼紅了，於是也提出迎奉皇帝。他上書說許縣地勢低，氣候潮濕，不適合皇上居住，皇上應該搬到甄城來。曹操就以皇帝的名義給袁紹下了一道詔書：你那兒確實好，你也確實有實力，可是朕四處流離的時候，怎麼不見你來勤王啊？你對大漢的忠心到底何在？袁紹清楚這詔書就是曹操寫的，但畢竟蓋了皇帝的大印，只好寫了一封檢討信呈上去。

袁紹的謀士沮授也曾在漢獻帝流浪的時候向袁紹建議：「現在朝廷動盪，諸侯雖然號稱忠義救國，其實上不敬天子，下不撫萬民，現在冀州初步平定，應當趁機請天子大駕至鄴城，這樣就可以一面挾天子而令諸侯，一面招兵買馬來討伐反叛，天下又會有誰是您的對手？現在不去，一定會有別人去，到時候就晚了。」而袁紹卻猶豫不決。

袁紹的其他手下反對沮授的建議，說：「如今正是逐鹿中原的時候，把皇帝接

來，到底聽不聽他的？不聽是抗旨，聽了我們又不自在，這不是好主意。」袁紹這位仁兄就聽信這話，沒有採納沮授的建議。其實皇帝到底聽誰的，從董卓到李傕、郭汜，不言自明，袁紹就這樣把這個好機會白白地讓給了曹操，就是腸子悔到青也不虧！

在孫策的領導下，江東基業發展很快。但他雖然是一個優秀的英雄，卻也有缺點，那就是愛殺人，好面子。正是這兩個缺點，最後葬送了孫策。

孫策是小項羽、小霸王的話，是許貢最先說出來的。許貢特意給朝廷上書，先是盛讚了一番孫策，接著話鋒一轉，說這樣的人必須控制，建議朝廷把孫策召到京城裏去監控起來，以免他在外面爲非作歹。

孫策知道許貢在他的背後煽風點火，揪他小辮子的時候，揮刀就把許貢殺了。許貢死後，他的門客自然要爲主人報仇。建安五年（二〇〇年），曹操與袁紹在官渡作戰，頗有政治頭腦的孫策打算借機襲擊許都，效仿曹操來個挾天子以令諸侯。不料還沒有來得及行動，一次單騎出行時，孫策就被許貢的刺客所傷。

據史書記載，孫策只是被刺客劃破了臉，沒有生命危險，大夫給他貼了塊膏藥，說只要靜養百日就可痊癒。然而孫策是個帥哥，很注重自己的形象，大夫走後，他拿過鏡子一照，看到臉上黑呼呼的膏藥，就大吼：「我的臉都變成這樣了，還提什麼建功立業啊？」這一聲大吼，傷口綻開，血流不止，當晚就死了。死要面子，就是死了還得要面子！孫策和他老爸一樣，也是帥死的！

孫策如果按照計畫，成功襲擊許都的話，那麼挾天子以令諸侯的就當是孫策，天下興許就大不同了。遺憾的是，出師未捷身先死，孫策去世時，比自己的父親還年輕，年僅廿六歲。然而，他雖然繼承父業不過八年，卻一手爲江東基業夯實了基礎。連陳壽在《三國志》中都評價說：「割據江東，策之基兆也。」

孫策還爲江東基業選拔了一個合適的接班人。孫策有三個弟弟，其中老三孫翊「驍悍果烈，有兄策風」，最像孫策。按照中國人的傳統，選擇接班人的時候，都會選擇一個像自己的，延續自己的執政風格，所以大家都以爲孫策會挑選孫翊爲自己的接班人，沒想到他挑選了孫權。

傷口爆裂的這天晚上，孫策預感到自己命在旦夕，於是召來張昭等人，對他們說：「中原正在大亂，而我們這個地方卻可稍獲安寧，以觀天下成敗，請諸公好好地輔佐我的弟弟。」這番說辭，事實上定下了江東集團的執政方略，那就是「守」。

孫策是一個很有遠見的領導，他意識到對於江東集團來說，打江山的時代已經過去了，依照當今天下的形勢，江東的歷史使命應該易攻爲守，而守江山則需要弟弟孫

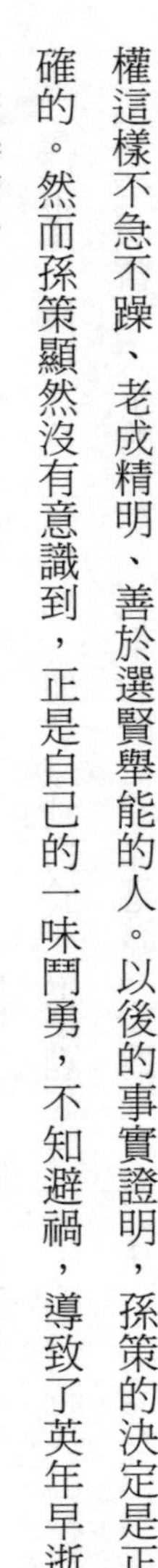

權這樣不急不躁、老成精明、善於選賢舉能的人。以後的事實證明，孫策的決定是正確的。然而孫策顯然沒有意識到，正是自己的一味鬥勇，不知避禍，導致了英年早逝的悲慘結局。

Q 英雄不怕出身低

劉備，是三國時期的一朵奇葩，他既沒有曹操、孫權那樣的家庭背景與人脈基礎，也沒有官場打拼的經驗，白手起家的程度與草根皇帝朱元璋有得一拼。當曹操在誅宦的中央政治鬥爭中嶄露頭角的時候，劉備還是一介布衣；當曹操、孫堅起兵討伐董卓的時候，劉備還是一個小小的縣令；當曹操平定北方、孫權虎踞江東的時候，劉備還依附在劉表的手下。

《三國志》的作者陳壽評價劉備說：「先主之弘毅寬厚，知人待士，蓋有高祖之風，英雄之器焉。」所謂弘毅是指既有遠大的理想，又有堅忍的意志。如果說劉備、曹操、孫權是馬拉松比賽的三名選手，那麼在起跑線上，劉備出發已經晚了半個時辰，能撐起自己的一片天地，他憑藉的就是這份「弘毅」。

官渡之戰後，劉備逃到荊州，投奔劉表，劉表撥給他一些人馬，讓他駐在新野，這一駐就停駐了七年。在荊州的七年漫長光陰，對於常人來說是多麼閒暇安逸的日子，然而對於心懷大志的劉備來說，卻是度日如年的蹉跎。劉備每天聽著曹操、孫權他們，昨天攻了哪座城，今天新收了哪員大將，哪個謀士，直覺得自己這時間，浪費得心疼。

一次，劉表宴請劉備，席間劉備起身上廁所，回來後就坐在位子上哭了起來，劉表奇怪地詢問原因，劉備欷歔不已地說：「我以前經常打仗，每天不離開馬鞍，大腿上的肉很結實。現在過著清閒的生活，大腿的肉又長肥了，日子像流水般過去，人也快老了，卻仍沒幹成什麼大事業，怎麼會不悲從心起呢！」

不放棄自己的人，上天也不會放棄他。就在劉備的前途最是撲朔迷離、晦暗莫辨的時候，一個重要人物來到了他的生命中，為他的事業發展指引了全新的方向。這個人就是諸葛亮。諸葛亮是中國最富傳奇色彩的歷史人物，他完美地實現了中國文人「修身、齊家、治國、平天下」的理想，成為歷代知識分子心中的偶像。

在劉備請諸葛亮出山前，諸葛亮一直隱居在隆中的山林裏。陳壽在《三國志》中這樣形容諸葛亮：「亮少有逸群之才，英霸之器，身長八尺，容貌甚偉，時人異焉。」既是一個少年天才，又是一個俊朗帥哥，然而，這樣一個偶像級別的人物既不為官，也不應酬，卻整日躲在遠離塵世的山林中閒散度日，不得不說這哥哥的個性相當非主流。

諸葛亮，字孔明，號臥龍。關於諸葛亮的身世，人們也所知不多，只知道他是個孤兒，隨叔父諸葛玄長大，後來又隨叔父來到荊州，住在隆中。在隆中，諸葛亮過著簡單的耕讀生活。

諸葛亮的心中懷著悲憫眾生的情懷和濟世救人的壯志。在和朋友的閒談中，諸葛亮就曾自比過管仲、樂毅。隱居山林絕非他心甘情願的歸宿，但荊州劉表卻不是諸葛亮這匹「千里馬」的「伯樂」，諸葛亮滿腹才華沒有施展之地，難怪諸葛亮將一腔豪情只能寄託在嘯歌之中。

劉備曾向「水鏡先生」司馬徽請教天下大事，司馬徽對劉備說：「臥龍鳳雛，得一而可安天下也！」當今能夠平定天下的人才有兩個，一個是鳳雛龐統，另一個就是臥龍諸葛亮。隨後，名士徐庶又向劉備力薦諸葛亮，說他學問淵博、見解獨到，是世不二出的人才。劉備遂有了求才之心，這就有了「三顧茅廬」的故事。

劉備第一次去隆中找諸葛亮，看到一些農民在田間唱歌，就上前去問：「這歌是誰寫的？」農民說是孔明先生，劉備就向他們打聽諸葛亮的住處。劉備到了諸葛亮的家門前，只有一個小孩兒在看門，一問，那小孩卻說：「孔明先生早上出去了，不知到哪裡去了。」劉備只好悻悻回去了。

在劉備三顧茅廬的路上，他見到諸葛亮的兩個朋友，一個白面長鬚，一個容貌清奇。到了諸葛亮門前，看到一個少年抱膝而歌，帥比超級男聲，連忙上前行禮，竟是諸葛亮的弟弟，再出來一個老者，也是一副世外高人的模樣，是諸葛亮岳父。雖然又沒見到諸葛亮本人，但配角都如此了得，主角更別提了，劉備對諸葛亮的敬仰之情頓時如黃河之水滔滔不絕。

劉備吃了三天素之後，準備再去請諸葛亮。關羽說諸葛亮也許是徒有虛名，未必有真才實學，不用去了。張飛卻主張由他一個人去叫，若他不來，就用繩子把他捆來。劉備把張飛責備了一頓，又和他倆第三次請諸葛亮。當他們到諸葛亮家門前，已經是中午，諸葛亮正在睡覺。劉備不敢驚動他，一直站到諸葛亮醒來，這才終於見到臥龍先生的真面目。

見到諸葛亮後，劉備把關羽、張飛留在外面，自己和諸葛亮走入小屋，開始了一場意義重大的密談。劉備問：「漢室衰落，大權落在奸臣曹操的手裏，我雖然能力不夠，卻很想挽回這個局面，只是想不出好辦法，先生看該如何是好呢？」諸葛亮答：「自從董卓以後，各路諸侯紛紛起來，分封割據，搶佔地盤。」這第一句話，就戳到正寄人籬下的劉備的心窩上了。

劉備勢單力孤，想要在群狼般的諸侯手中獲得一塊地盤談何容易！諸葛亮給他打氣說：「曹操和袁紹比，名聲不大，人馬不多，但曹操依然在官渡之戰中打敗了袁紹，這是什麼原因呢？天時和人謀！機遇不可少，謀略也很重要。既然曹操能夠通過謀略，以弱勝強，你劉備也可以這麼做，化弱勢爲強勢啊！」劉備狂點頭，他現在正需要「智囊袋」啊。

勵志課上完後，諸葛亮開始介紹時政情況道：「現在曹操戰勝袁紹，擁有了一百萬兵力，而且他又挾持天子發號施令，這是一張無法挑戰的王牌，這就不能僅憑武力和他爭勝負了。而孫權那邊呢，他們父子三代佔據江東一帶，江東地勢險要，百姓也歸附於他，還有一批有才能的人爲他效力，也不能打他的主意，只能和他聯合。」劉備點頭贊同。

諸葛亮分析了荊州和益州的形勢：「荊州是一個軍事要地，但劉表沒有能力守住這個地方；益州土地肥沃，向來有『天府之國』之稱，可是那裏的劉璋也是個懦弱無能的人，大家對他不滿意。而將軍您是皇室後代，天下聞名，如果您能夠佔領荊州、益州兩個地方，對外聯合孫權，對內整頓政治，一旦機會來臨，您不僅可以成就功業，漢室也可以得到恢復。」

諸葛亮作爲一個身居鄉下的廿六歲宅男，在沒有報紙雜誌，沒有手機電話，更沒有電腦的時代，竟然還能對天下時局了然於胸，甚至預見了後來「天下三分」的政治

局面，不得不說，這是一個千年難見的鬼才。劉備徹底被諸葛亮所折服，當下邀請他出山相助，而諸葛亮也感嘆終於找到自己的伯樂，於是，欣然同意。

＊微歷史大事記＊

初平二年（一九一年），孫堅破董卓。袁紹奪州牧韓馥的冀州，自領州牧。

初平四年（一九三年），曹操東征徐州，大敗陶謙。

興平元年（一九四年），呂布攻擊曹操，陶謙病亡，劉備領徐州牧。

興平二年（一九五年），李傕、郭汜內訌，李傕將劉協劫走，長安城被焚燒成廢墟。

建安元年（一九六年）七月，獻帝在楊奉等人護送下回長安。曹操始興屯田，迎獻帝，並遷都許昌，「挾天子以令諸侯」。

建安二年（一九七年），袁術在壽春稱帝。曹操討伐張繡失敗。袁紹佔領冀、幽、青、並四州。

建安三年（一九八年）九月，呂布攻打劉備，破小沛。十二月，曹操擒殺呂布。

建安四年（一九九年）十一月，張繡投降曹操。劉備討伐袁術，袁術病死。

建安五年（二〇〇年），孫策遇刺身亡，孫權繼位。

第三章

混世英雄：說曹操，曹操就到！

一代梟雄曹孟德

曹操的身世很特別，他的老爸曹嵩是太監曹騰的養子。東漢的好宦官不多，曹騰絕對算一個。曹騰侍奉過四位皇帝，從漢順帝到漢桓帝，他一直謹慎小心，從沒犯過大錯，因此有一定的名望。但實在是因爲那時候宦官的名聲太壞了，所以，像曹操這樣的出身，自然是被那些自命清高的人士瞧不起的。

曹騰這人很有度量，當時的蜀郡太守派人送禮物賄賂曹騰，被益州刺史種暠舉報，請漢桓帝治曹騰的罪，但漢桓帝知道書信是由外頭來的，所以沒有怪罪曹騰。對於種暠的彈劾，曹騰並不記恨，反而誇讚種暠是個能幹的官，因此受到人們的讚美。曹騰一生舉薦過無數賢臣，像南陽的延固、弘農的張奐等，都是當時的知名人士。

魏明帝曹睿即位後，追尊其高祖曹騰爲高皇帝，直到西晉代魏，這個稱號都一直保存著。曹騰也成爲曹魏王朝六個擁有帝號的人物之一（魏高皇帝曹騰、魏太皇帝曹嵩、魏武皇帝曹操、魏文皇帝曹丕、魏明皇帝曹睿、魏元帝曹奐）。在中國歷史上，被正式授予正統王朝皇帝稱號的宦官，僅此一人。

曹操在年少時期雖然機靈聰明，但因爲家教不嚴，所以並沒有怎麼好好讀書，還有一大堆「不良嗜好」，放蕩不羈、遊手好閒、不修品行，還和一群紈褲子弟瞎混，所以當時很多人都認爲他不會有啥出息，但也有慧眼識英雄的，就如梁國的橋玄等人就認爲他不平凡，橋玄曾對曹操說：「天下將要大亂，只有優秀的人才能夠平定叛亂，我看這個人就是你！」

曹操的叔叔看不慣他的吊兒郎噹樣兒，就常向曹嵩告狀，曹操因此可是挨了不少打。一天，曹操在路上碰到這個叔叔，立刻眼一斜嘴一歪躺在地上。叔叔以爲他中風了，就趕緊跑去找曹嵩，曹嵩來一看，兒子活蹦亂跳的。曹操就借機對老爸說，這個叔叔不喜歡他，故意詆毀他的。從此，曹操的叔叔再說曹操什麼壞話，曹嵩都不信了。

陳宮，字公台，爲人性情剛直，足智多謀，年少時喜歡與海內知名之士相互結交。曹操獻刀行刺董卓失敗而逃走，在逃到中牟時被官兵捉住，陳宮是當地的縣令，他在審問曹操的過程中，被曹操的一番大義救國的演講所折服，最後，他頭腦一熱，不但放了曹操，連縣令也不當了，和曹操一起「共謀大事」去了，因此陳宮對曹操有救命之恩。

曹操與陳宮逃到了呂伯奢的家中，呂伯奢熱情款待，吩咐家人要好好做頓大餐，自己就出去買酒去了。曹操疑心有詐，恰巧聽見院中有人說：「把他綁住殺了，怎麼樣？」曹操一驚，與陳宮拔劍就把呂家八口人殺了，一扭臉，看到廚房裏綁著一頭豬時才知道殺錯了。倆人一見闖禍，趕緊騎著馬逃出呂家。

曹操與陳宮在半道上碰到打酒回來的呂伯奢。渾然不知道自己全家上下八口已經全被殺死的呂老頭，見到曹操連夜離去，自然是好奇不已，心想，你小子不想留宿就索性不來，既然來了又何必走呢？老頭子我都已經把酒打來了！只是呂伯奢還沒開口說些什麼，曹操就已經謊稱後方有人，趁著呂伯奢回頭看的空隙，把他也給砍了！

曹操錯殺呂伯奢一家，又說出了「寧教我負天下人，休教天下人負我」的話，這讓陳宮察覺到其實曹操也是狼心之徒，留著他，必有後患，想殺他又感覺不義，只得離開曹操而投東郡。後來，陳宮便一直輔佐呂布。呂布聽從陳宮的計謀，在濮陽大敗曹操，但可惜，對於陳宮的建議，呂布卻是基本上不怎麼聽的。

陳宮在三國歷史上，雖然聲名不及周瑜、諸葛亮響亮，但謀略並不在二人之下。作爲一個謀士，他盡到了爲主公效力的職責。他對曹操的奸詐的蔑視，更是凸顯出自己光明磊落的人格，既忠於一主，便鞠躬盡瘁死而後已。呂布被曹操殺死，陳宮被俘。曹操念在往日恩情上本想放他一馬，哪知陳宮卻慷慨赴死。陳宮死後，曹操就把他的家人接到許都照顧了起來。

初平三年（一九二年），曹操入駐兗州，征服了黃巾軍，將黃巾軍收編爲青州

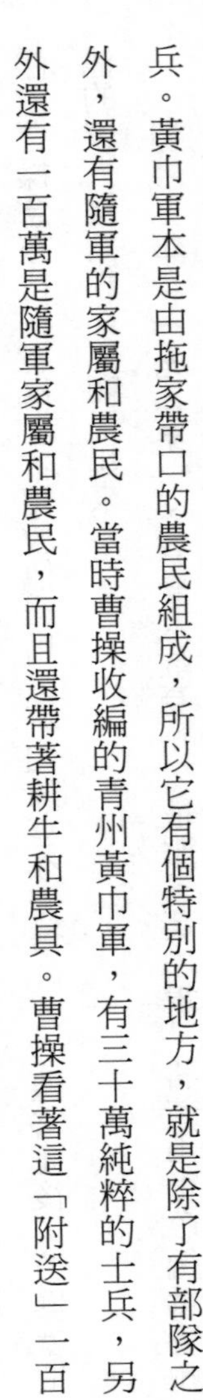

兵。黃巾軍本是由拖家帶口的農民組成，所以它有個特別的地方，就是除了有部隊之外，還有隨軍的家屬和農民。當時曹操收編的青州黃巾軍，有三十萬純粹的士兵，另外還有一百萬是隨軍家屬和農民，而且還帶著耕牛和農具。曹操看著這「附送」一百萬農民，簡直是樂壞了。

兵荒馬亂的歲月，把農民們攆得暈頭轉向，哪還有時間與精力種田呀，因此糧食極度匱乏，有些地方甚至出現了人吃人的情況。所謂「兵馬未動，糧草先行」，英雄們打仗的最大困難不是沒士兵，而是沒吃的。想當年，他在征陶謙討呂布時，正打得過癮時，後勤報告沒糧食了，曹操才被迫撤兵，因此，他對缺糧可是有著切膚之痛啊。

一九六年，漢獻帝改元建安，他從李傕、郭汜等人的手中逃出，回到洛陽，然而，當他看到昔日繁華的都城如今已變得殘破不堪時，心中再一次將罪魁禍首董卓的祖宗十八輩好好「問候」了一遍。直到二二〇年，這二十五年的政治大權完全操縱在曹操手裏。建安是在漢末歷史中最精彩的一個時期，曹、劉、孫三足定鼎的戰役也都發生在這一時期。

許多人都熱衷於爭奪獻帝的原因，是控制了獻帝，便可以獲得政治上的主動權。袁紹的謀士沮授曾建議袁紹挾持獻帝，以號令諸侯。奈何袁紹這貨猶豫不決，當他決

定出手時，人已經被曹操接到軍營中了。袁紹終於意識到，如今的曹阿瞞已經不再是當初一起玩的同伴了，阿瞞終於長大了。

建安元年（一九六年），曹操開始著手於農業改革。他將因戰爭廢棄的無主之地收歸國有，然後把這些田地拿出來，一部分交給自己的軍隊去耕種，這叫軍屯，另一部分招募流浪的農民來耕種，這叫民屯。曹操實行居住方式軍事化、耕作方式集體化的管理方式，軍營裏的人平時扛著鋤頭下地耕田，戰時就握著刀槍上陣拼殺，這人才，真是物盡其用了。

屯田制的實行，說明了曹操不愧是一位深謀遠慮的政治家。他在《屯田令》裏也曾這樣說過：「定國之術，在於強兵足食。」魏武在瀟灑揮鞭之前，先老老實實地揮了幾年鋤頭。屯田制的成功，也使曹操的兵營變成了農場，處處出現「農官兵田，雞犬之聲，阡陌相屬」的欣欣向榮景象。

曹操的軍隊最高指揮機關叫「霸府」，軍隊分三部分：中央軍、地方軍、屯田軍。地方軍是州郡的守軍，屯田軍是邊防軍。中央軍分內外兩軍，外軍駐守在外，但受曹操直接指揮，中軍稱武衛營，中軍的中軍就是虎豹騎，是最核心的精銳，一部分保衛曹操及霸府，一部分常年留守皇宮，多由曹操親屬統領，稱領軍將軍，曹仁、曹純都當過虎豹騎的領軍將軍。

袁紹自從在迎接獻帝上輸於曹操以後，就一步輸，步步輸，在政治上永遠的矮曹操一個頭。而袁術也沒好到哪兒去。建安二年（一九七年），袁術在淮南正式稱帝，可笑的是，這個皇帝只是他自己封的，沒有得到任何人的支持。他的一個部下甚至還問他：「當年周文王擁有三分之二的天下，還在服侍殷紂王，您難道比得上周文王嗎？」一句話就把袁術噎個半死。

袁術派使者和呂布和談，要與呂布結爲兒女親家，這樣一來，呂布就是皇親國戚，她的女兒也就成皇妃了。呂布一聽就想：這樣的好事還用商量麼，當然同意了。但把女兒送出去後，呂布又感覺他袁術既然稱帝，那就是反賊了，他可沒那個膽公然與反賊結親啊，於是又把女兒追回來，還把袁術的使者用一輛囚車送到許昌，交給曹操處理了。

袁術當年欺騙人家孫策的事情，已經讓他的部下們相當鄙視他了，現在，出身袁氏「四世三公」的他不念皇恩，報效祖國就算了，竟然還敢稱帝，真是白眼狼啊！因此，當他派楊奉、韓暹等人去攻打呂布時，人家直接就和呂布握上了手，甚至還和呂布一起反過來將他收拾了一頓，呂布的幾千人馬將袁術的幾萬大軍打了個落花流水，袁術是欲哭無淚啊！

身體是革命的本錢，袁術也懂這個道理，但關鍵是沒有食物啊！他不惜啃樹皮嚼樹根地度過了兩個年頭後，眼睜睜地看著自己從大塊頭退化為小身板，最後他決定去投奔他哥袁紹。沒想到曹操早就料到他這點本事，已經派劉備在下邳守株待兔，就等他落網呢。袁術看著有家不能回，有親人不敢找，鬱結於心的他在安徽壽春附近被病魔撂倒了。

有一次，袁紹忽然接到久無往來的袁術的一封來信，袁術在信上把他誇得天花亂墜，並「慷慨」地表示願意把自己的帝號讓給他。心有靈犀一點通，袁紹見信雖然不敢聲張，心裏卻是求之不得的。於是，他指使自己的秘書耿苞為自己當皇帝尋找根據，沒想到他的屬下們卻認為耿苞妖言惑眾，該殺。袁紹見時機還不成熟，就殺了耿苞。

建安四年（一九九年），袁術退軍江亭，當時正是火辣辣的六月天，他是又餓又渴，可是只有一碗麥屑粥，口乾舌燥的他實在是咽不下去，就想向部下要碗蜂蜜水，部下卻說：「去哪給你弄蜂蜜水啊？就剩這碗粥了，您愛喝不喝！」袁術聽後，憋了半天沒吭聲，忽然大吼一聲：「我袁術怎麼落到這步田地啊！」說完，吐血而死。

宛城之戰

建安元年（一九六年），對於曹操來說，是豐收的一年，糧食豐收，政令在手。他充分享受到了「挾天子以令諸侯」的好處，準備大展身手了。第一個被開刀的是張繡。張繡是驃騎將軍張濟的侄子，張濟是董卓手下，董卓被殺，張濟與李傕、郭汜進攻長安，為董卓報仇，後來張濟在攻打穰城時，中流矢而死。張繡接管了他的部隊，與劉表結盟，屯駐在宛城。

曹操拿張繡開刀的原因很簡單，柿子揀軟的捏，當時張繡的實力是比較弱的。建安二年（一九七年），曹操打著皇帝的旗號討伐張繡，還沒到地方，張繡就已經派人送來了投降書。初戰告捷，飄飄然的曹操走了一步錯棋，就是強娶了張繡的嬸嬸（張濟的老婆）。曹操在私生活上沒啥忌諱，是美女就行。張濟的老婆是當地有名的美女，曹操自然要收納後宮了。

胡車兒是張繡的部下，據說他「力能負五百斤，日行七百里」，是個不可多得的人才。曹操是愛才之人，一見胡車兒就喜形於色，又是送紅包又是請吃飯，親熱得不得了。這下張繡不樂意了：「你還真當我是軟柿子啊，說捏就捏！霸佔我的嬸嬸已經夠丟人了，現在還一個勁地拉攏我的手下？孀兒可忍，我不可忍！」從此，就蓄謀著怎樣收拾曹操。

張繡向曹操申請說：「我們的部隊要移防，可運輸車太小了，裝不了太多東西，能不能讓士兵穿著盔甲，拿著武器，省點地方？」曹操爽快答應了。於是張繡的隊伍就一身戎裝，拿著武器，開著戰車，從曹操的軍營前大大咧咧地經過。哪知他突然掉轉頭來，衝進曹營，將曹操殺了個措手不及，丟盔棄甲，是為「宛城之戰」。

曹昂，字子修，曹操的長子，為妾劉氏所生，但劉氏早死，就由正妻丁氏撫養。曹昂聰明謙和，很得曹操的喜愛，他原本打算培養曹昂做他的接班人，攻打張繡的時候，就把他也帶著歷練歷練。張繡突襲軍營，曹昂為救曹操，就把自己的坐騎讓給他讓他逃跑，結果自己在混戰中被張繡的人所殺。

丁氏不能生育，曹昂雖然不是她親生的，但她卻對曹昂疼愛有加，視如己出。曹昂陣亡，丁氏哭得死去活來，還經常數落曹操，曹操一煩，就把丁氏打發回了娘家。後來曹操後悔了，親自到她的娘家去接她，但丁氏卻是一句話也不跟他說。曹操無奈，只好分手，並說她以後可以改嫁。只是丁氏不肯改嫁，她的父母也不敢，就是敢嫁，也沒人敢娶呀！

曹昂的死給曹操的打擊很大，建安二十五年（二二〇年），六十六歲的曹操一病不起，他在臨死前還曾發出感嘆：「我一生所作所爲，沒有什麼可後悔的，也不覺得對不起誰，唯獨不知到了九泉之下，如果子修向我要媽媽，我該怎麼回答。」

宛城之戰打得曹操元氣大傷，不僅最鍾愛的長子曹昂沒了，連最貼身的大將典韋、侄子曹安民也犧牲了，甚至連自己的命也差點搭進去了。曹操灰溜溜地回家後，立即召開檢討大會。後來，曹操南征張繡，終於把他打得滿地找牙。

建安三年（一九八年），曹操再一次親提大軍征討張繡。軍師荀彧勸他：「別看張繡現在和劉表一夥，但他倆早晚得有一架打，到時候我們可以坐收漁翁之利。你現在把張繡逼急了，他們倆一合計，吃虧的可是我們！」曹操哪聽得進去，抄起傢伙就走了，劉表和張繡果然結成死黨，聯合抵抗曹操。

田豐是袁紹的謀士，他看曹操正在與張繡酣戰，就建議袁紹應該趁著曹操在外，許都空虛，把小皇帝奪過來。曹操聽到這個消息，一想，皇帝比張繡重要多了，於是趕快退兵回去救後院之火。哪知袁紹猶豫不決的老毛病又犯了，直到曹操回去時他還沒做好決定，氣得田豐直跺腳：「我要有你這樣的兒子，有幾個打死幾個！」

三國時代結局最好的謀士

張繡知道曹操是個猛人，他從沒見過曹操撤退，這一撤，張繡猜想曹操是害怕了，率領大軍乘勝追擊。賈詡勸他別追，張繡哪裡肯聽，興沖沖地追上去，灰頭土臉地被打回來，還沒坐穩，賈詡鼓動他，將軍，趕快再追！張繡迷糊了，但賈詡的話他一向很聽，就又收拾殘兵敗將又追了上去，這次把曹軍打了個落花流水。

張繡不懂爲什麼第一次以精兵追退兵，敗了，第二次以殘兵追勝兵，反而勝了？賈詡說：「這場戰爭，曹操沒有理由退兵，唯一的可能就是後方出現問題。他這是有計劃地撤軍，必然會親自斷後，所以第一次您必敗無疑。曹操心裏有事，既然已經把您打敗，肯定會跑在最前面，斷後的肯定打不過您了！」

建安四年（一九九年），賈詡建議張繡投靠曹操。張繡大驚：「開玩笑！我和曹操打了三次，他的兒子和大將都死在我手裏，我們去投降，他還不把我拆了啊！還不如投靠袁紹呢！」賈詡說：「我們這點兵力，給袁紹只是錦上添花，給曹操卻是雪中送炭。曹操是幹大事的人，我們這樣反叛過他的人去投靠他，還會幫他樹立形象，他不會殺我們的。」張繡同意了。

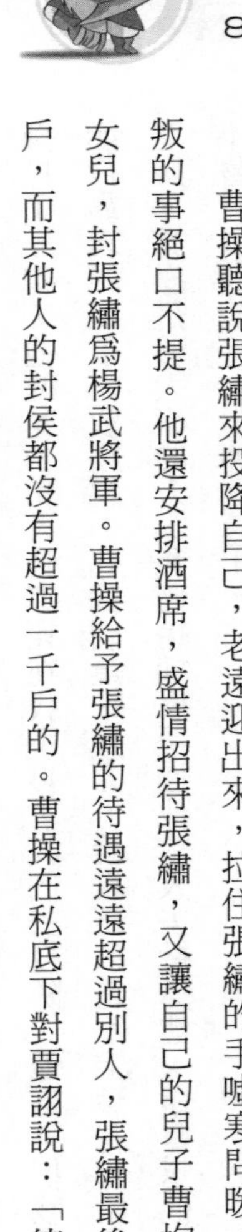

曹操聽說張繡來投降自己，老遠迎出來，拉住張繡的手噓寒問暖，卻對宛城反叛的事絕口不提。他還安排酒席，盛情招待張繡，又讓自己的兒子曹均娶了張繡的女兒，封張繡爲楊武將軍。曹操給予張繡的待遇遠遠超過別人，張繡最後被封到兩千戶，而其他人的封侯都沒有超過一千戶的。曹操在私底下對賈詡說：「使我的信譽揚於天下的人，是您啊！」

歸附曹操，對張繡而言，其實是極大的錯誤。張繡雖然爲曹操立下了汗馬功勞，但依然因「殺子」和「殺侄」之仇，導致了張繡的慘死，並連及自己的兒子張泉。張繡爲了與曹丕搞好關係，曾多次請曹丕吃飯，曹丕怒罵道：「你殺了我的哥哥，怎麼還有臉活到現在？」張繡聽後，自知不能見容於曹丕，惶惶不安中只好自殺。

賈詡自投到曹操麾下以後，爲人處世非常低調，他明白像他這樣從敵對陣營裏投降過來的人，對於曹操來說，既是被利用的對象，又是被防範的對象。所以，他從不出風頭，也不多交際，他的兒子、女兒嫁娶的也是平常人家。在三國那個風雲莫測的時代，謀士的下場往往淒慘，而賈詡卻平安活到七十七歲，壽終正寢，是三國時代結局最好的謀士。

身在曹營心在漢

從一九〇年開始，經過十年的戰爭淘汰，絕大多數軍閥漸漸退出政治舞臺，楊奉被滅，呂布已死，袁術身亡，張繡投降，孫策據守江東，劉備尚未出頭，逐鹿中原的只剩下兩名選手——曹操和袁紹。袁紹據有冀州、青州、並州、幽州四州；曹操則掌控西到關中，東到兗州、豫州、徐州，黃河以南、淮漢以北的大部分地區。兩虎之戰，一觸即發。

董承是漢獻帝劉協的岳父，建安四年（一九九年），獻帝十九歲，應該說他已進入一個成熟時期，一連串行動也算是雷厲風行，任命外戚董承爲車騎將軍，秘密寫下衣帶詔賜給董承，授意董承聯絡漢室大臣諸侯，聯合剷除曹操。哪知道還沒動手就被曹操發現，結果被滅了三族，甚至連獻帝懷有身孕的董貴人也被一屍兩命了。

建安五年（二〇〇年）二月，一向慢半拍的袁紹這次卻反應迅速，決定攻打曹操。他派大將顏良越過黃河，攻打白馬，同時派大將文醜進攻延津。駐守白馬的劉延只有三千人，兩月後他實在頂不住了，就給曹操寫了一封雞毛信求援。荀彧建議用聲東擊西的計策，裝作要打延津，袁紹這小白果然上當，派兵增援延津，曹操趕緊派人抄小路直奔白馬救人去了。

建安四年（一九九年），劉備起兵反抗曹操，曹操親自率領精兵攻打劉備，佔領沛縣，收復徐州，劉備潰不成軍，很不負責任地丟下老婆孩子和兄弟，竄到袁紹的軍營中死活不出來，關羽爲了保護劉備的夫人被迫投降曹操，曹操愛惜關羽是英雄，對他關懷備至，又是美女豪宅，又是戰袍寶馬的，但關羽仍是無動於衷。

關羽經常偷著打聽劉備的下落，曹操看他沒有久留之意，就讓張遼去探探口風，張遼於是就找了關羽談話，關羽嘆了口氣說：「我知道曹公待我不薄，但我與劉備有過生死誓言。所以決定爲曹公立下汗馬功勞，以謝他的知遇之恩，然後就去找劉備。」曹操知道後，也不禁感嘆關羽的義氣。而「身在曹營心在漢」一說也由此而來。

關羽一行像神兵天將一般突降白馬，顏良措手不及，被關羽當場砍掉腦袋。袁紹這才後知後覺地發現自己上當了，趕快派劉備和文醜轉而攔截曹操。曹操早已將袁紹這位玩伴的脾性摸得一清二楚，他根本就沒打算守白馬，爲了避免袁紹到白馬後，拿當地百姓出氣，曹操竟然把白馬的老百姓都給帶走了。

曹操拖兵帶民，不一會就被劉備趕上，曹操不僅不逃，反而下令全部人馬就地休息。手下鬱悶了，敵人都要來了，我們應該準備迎戰，怎麼能休息呢？而且從白馬運來的那些輜重、糧食、布匹啊，都橫七豎八地丟在路上，不能不收拾一下吧？曹操說：「你別管，我自有分寸！」看人家這淡定樣，就是幹大事的人！

劉備和文醜騎著馬追上了曹操，一看滿地都是好東西，猶豫了一下，到底沒能抵擋住誘惑，敵人也不打了，都下馬來撿寶貝。這時候，曹操突然站起來，下令說，上馬！一時間，號鼓齊鳴，殺聲震天，六百鐵騎從山丘上一衝而下，打得袁軍四處逃竄，文醜也被關羽立斬馬下。劉備見此狀況，好漢不吃眼前虧，腳底抹油，掉頭就跑。

與袁紹的首次交鋒，曹操算是占了個便宜，殺了袁紹兩員大將，但當時袁紹號稱十萬大軍，曹操兵力不足一萬，這一比十的勝利籌碼可不怎麼靠譜，曹操還得加把勁啊。關羽立此戰功，算是報答了曹操的厚遇，就留下了一封告別信，以及曹操給他的賞賜，騎上赤兔馬就去追他那跑得比兔子還快的哥哥去了。

曹操獲勝後，沒有駐守白馬，也沒有留在延津，而是退到了官渡。袁紹一見，越發得意了，曹操打了勝仗還往回退，分明是害怕我嘛，於是緊跟而來，在官渡紮下營帳，與曹操對峙。袁紹還煞有介事地讓每個士兵都帶一根三尺長的繩子，以便抓住曹操就地捆綁起來。這袁小白也太可愛了，也不想想，倆人從小玩到大，他啥時候玩贏過人家曹阿瞞啊？

袁、曹兩軍鬥法開始。袁紹先在自己那邊壘起了高丘，丘上蓋起高樓，再派弓箭手居高臨下，對著曹營射箭。高空射箭，和現在的火箭炮似的，擋都沒法擋。曹操也不示弱，當即就用「霹靂車」把袁紹的小樓轟個稀巴爛。袁紹又挖起了地道，打算挖到曹營，來個一鍋端。曹操見招拆招，繞著營地挖了一圈深溝寬壕，讓袁紹的土行孫計畫就此破產。

有一天，曹操的運糧車從許都趕來，曹操去勞軍，看到運輸隊風塵僕僕，筋疲力盡，有的運夫連鞋都沒有，光著腳趕路，滿腳的老繭，有的還血跡斑斑。曹操看了鼻子發酸，就拉著運夫的手說：「弟兄們辛苦了，請你們再給我十五天的時間，十五天之後，我再也不讓你們這麼辛苦了。」其實，他是知道自己勢單力薄，拼不過袁紹，準備撤呢！

曹操給留守許都的荀彧寫信說要撤退，但荀彧堅決反對。他用楚漢之戰的例子來鼓勵曹操：「您雖然處於劣勢，但哪有當年劉邦在滎陽成皋慘啊！袁紹這次傾巢出動，分明是要和咱決一死戰，你退他會進，一定要頂住！」賈詡也說：「您想想，您從小與袁紹玩，次次都能玩過他，這次也不例外，勝利指日可待啊！」曹操一咬牙，繼續死撐！

官渡之戰

許攸是與曹操、袁紹一起長大的，後來做了袁紹的謀士。奈何沒遇到自己的伯樂，他提出的建議大都沒有被袁紹採納過。官渡之戰時，他建議袁紹趁曹操的大部隊在此耗著而趁機進攻許都，結果一根筋的袁紹偏要攻破官渡活捉曹操。許攸心中不滿，恰巧這時許攸因家人犯法被收治，他一拍桌子：「姓袁的，我忍你很久了！」一怒之下就投奔了曹操。

一日，曹操正躺在軍營中鬱悶，卻聽說許攸來投奔，他激動得連鞋子都顧不得穿就迎了出去，拍手大笑，這下袁紹要玩完了。許攸可是袁紹的資深謀士，掌握了大量一手情報不說，更是鬼點子多多。果然，許攸一見曹操就直奔主題：「烏巢是他的糧倉，燒那兒，他準沒戲！」短小精悍的一句話，卻如晴天霹靂，直劈得袁紹眼冒金星，哭爹喊娘。

大將張郃建議袁紹增援烏巢，丟了它，連退路可都沒了。但袁紹的謀士郭圖卻說應該打官渡，官渡一吃緊，曹操就會回馬相救，烏巢不就沒事了，一舉兩得。但凡有個腦子的都知道，官渡是塊硬骨頭，要不然怎麼能等到現在？可惜，袁紹這小白還真

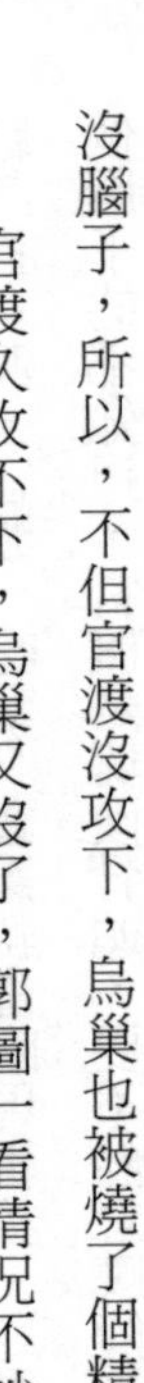

沒腦子，所以，不但官渡沒攻下，烏巢也被燒了個精光。

官渡久攻不下，烏巢又沒了，郭圖一看情況不妙，就惡人先告狀，說張郃壓根就沒用勁攻官渡，聽說烏巢被燒又在那幸災樂禍。袁紹本來就是小心眼兒，馬上起了疑心。張郃一看，前方失利，後院失火，無路可走了，與部下高覽一合計，還是投降曹操吧，當下就燒了戰車，舉了旗子，去投降曹操了。

曹操燒了烏巢，那感覺叫一個爽，他哼著小曲兒回到官渡後，聽到張郃來投降，已經被軍師荀攸接待進來了，喜不自禁，仰天大笑：「曹家的列祖列宗，阿瞞謝謝你們的保佑！」他當即找到張郃，拉著人家的手親切地說道：「小郃，你這就好比微子去殷、韓信歸漢，做得好啊！」

許攸叛逃，袁紹失了智囊；張郃降曹，袁紹折了臂膀；烏巢被燒，袁紹沒了退路。曹操又聽從賈詡的建議，集中兵力攻打袁紹，共殲滅袁軍七萬餘人。袁紹帶著他的長子袁譚掉頭就跑，逃回河北。官渡之戰，是中國歷史上一場轉折性的關鍵戰役，經此一役，歷史改變了走向，袁紹拱手讓出了北方霸權，曹操則正式登上了北方霸主的地位。

曹操進袁紹的大帳裏溜了一圈，發現裏面圖書、珍寶、古玩，一應俱全。這還真體現了袁紹特色，能力不一定夠，擺譜卻是一定要的，袁紹向來以名士自居，走到哪兒都帶齊珍寶古玩，以顯示自己的風雅。這回可好，全成了曹操的戰利品。官渡一戰，袁紹敗得心疼，他摸著自己的胸口，那叫一個透心涼啊！

官渡敗後，有人對田豐說：「你必將受重用了。」田豐平靜地回答說：「如果我們贏了，說不定袁老大一高興還會放了我，如今兵敗，他肯定會拿我出氣，這回我是死定了啊！」果然，袁紹一回到鄴城就惱羞成怒地說：「都怪田豐的烏鴉嘴，我還沒出征他就咒我敗，這下他高興了吧！」於是下令殺了他。

建安七年（二〇二年），袁紹發病吐血身亡。袁紹有三子：長子袁譚、次子袁熙、三子袁尚。他寵愛劉氏，對劉氏所生的袁尚特別偏愛，有意以袁尚爲嗣，因此以長子袁譚爲青州刺史。沮授勸道：「年紀相當應選擇賢者爲嗣，德行又相當，要用占卜來決定，這是自古以來的原則。您要三思而行啊！」袁紹則說：「我是準備讓幾個兒子各據一州，考察他們的才能。」但還是將袁尚留了在身邊。

袁紹並不是一個沒有能力的人，身世顯赫注定了他當領導的命，但他卻犯了領導學的大忌：不會識人用人。他用人的原則很簡單，誰討我高興，我就聽他的，誰給我提意見，我就討厭誰。然而，忠言大多都不順耳，所以袁紹就擁有了一種特別的才能：凡是正確的意見他都不聽；凡是錯誤的意見他就聽。要是這樣袁紹還能不滅，連鬼都願意給他推磨！

曹純，字子和，曹仁之弟，曹操之堂弟。曹純十四歲喪父，與一母同胞的哥哥曹仁分家居住，後來繼承了爸爸的家業，生活條件還算不錯。曹純雖然年少，卻把偌大的家業管理得井井有條。曹純崇尙文學，對學問淵博的儒士非常尊敬，所以很多儒士都來投靠他，曹純的名聲也從此響亮起來。中平四年（一八七年），曹純開始入朝做官，年僅十七歲。

衆所周知，歷史上漏掉了一位名將爲高順，但是知道曹純的人卻很少，他的本領不低於高順。曹純在曹操帳下統帥著一支軍隊，這支軍隊大家都知道，就是虎豹騎。虎豹騎，被稱爲「天下驍銳」，其中有些人更是從百人將裏面挑選出來後編入的。曹操起初並不確定曹純是否適合統領虎豹騎，但他沒讓曹操失望，他以善於安撫存恤將士，而廣受虎豹騎成員的擁戴。

建安九年（二〇四年）十二月，曹操以背約爲名，向袁譚發動進攻，袁譚退守南皮。次年初，袁譚反曹，曹純以議郎的身分作爲曹操的參軍，也參加了這場南皮之戰。曹操在開戰之初傷亡慘重，萌生退兵之意，曹純勸他應該趁袁譚沉浸在勝利之中時出其不意，發動進攻。曹操聽從了他的意見，於是督師加緊進攻，最後袁譚果然被擊敗，後被曹純的部下斬殺。

虎豹騎接下來的戰績：建安十二年（二〇七年）北征烏桓時，在戰場上斬下烏桓單于蹋頓的首級；建安十三年（二〇八年），長阪坡之戰中擊破劉備；建安十六年（二一一年），大破以馬超為首的關西軍團；建安二十三年（二一八年），在下辯擊破雷銅和吳蘭。幾乎每一場戰役，曹操都是在最關鍵時刻將虎豹騎投入戰鬥，這種使用方法有點類似於李世民的玄甲精騎。

建安十五年（二一〇年），曹純去世。當時有人向曹操請示要選何人代替曹純，曹操就說：「像曹純這樣的人才已經無人能比，難道我就不能直接擔任虎豹騎的統帥嗎？」於是由曹操親自當了虎豹騎的統領。試想，當時曹操手下的文臣武將何其多，就如夏侯兄弟，五子良將等，哪個也不差，但曹操愣是沒選他們，可見曹純的本領之高。

最「嘉」參謀

建安十年（二〇五年）春，曹操在南皮殺了袁譚，袁尚和袁熙投奔了烏桓。烏桓是中國北方的少數民族，一直是站在袁紹這邊的，所以袁尚和袁熙逃到這個地方，準備在烏桓的幫助下對付曹操。曹操這下犯難了，劉備這廝現在已經壯大，曹操怕自己北上後劉備在背後捅他一刀，看來這事得從長計議。

郭嘉，字奉孝，他本來是在實力較強的袁紹軍中出謀劃策，後來發現袁紹難成大業，就轉投曹操。他是曹操最年輕的謀士，也是他唯一的知己。他告訴曹操：「劉表是一個誇誇其談的人，自知能力比不上劉備，重用劉備卻擔心無法駕馭他，輕用則劉備的才幹發揮不出來，主公完全可以放心遠征。」有了郭嘉的分析，曹操安心地北上了！

曹操的軍隊北上不久，劉備就向劉表建議：「這正是乘虛而入的好機會，我們把皇上從許昌接到荊州來。那時候，就是我們挾天子以令諸侯了。」劉表卻猶豫不決，劉備沒有軍隊，乾著急也沒有辦法。等曹操從烏桓凱旋的時候，劉表才遺憾地對劉備說：「看來，我確實錯過了一次機會。」劉備腹誹道：「現在說這些有什麼用？」

建安十一年（二〇六年）夏，北方多雨，曹操原先設定的路線被毀，無法通行，但他是鐵了心要打烏桓，哪能說放棄就放棄，他堅信：總能找出一條路來的，不行，就踏出一條來！他在原路豎了個牌子：「方今暑夏，道路不通，且俟秋冬，乃復進軍。」設置了撤軍假象，然後在當地嚮導田疇的帶領下，另尋了一條名爲盧龍塞的小路，繼續進發。

老天存心要整曹操，誰也攔不住。田疇給曹操帶的這條路，在長達兩百年的時間裏都沒人走過。一路上，曹軍是逢山開路，遇水疊橋，沒吃的就殺馬吃，沒喝的就挖水喝，走得那叫一個艱難。在到達距離柳城不足二百里的白狼山時，曹操一抹頭上的汗，仰天喊道：「老頭子，折騰夠了就給我降大任吧！」於是，他們被烏桓那邊的人發現，雙方開始惡戰。

烏桓一戰，十分關鍵。曹操若敗，那他就會全軍覆滅於遼西；曹操若贏，將會大進一步。曹操派張遼、張郃爲前鋒衝陣，這兩人向來彪悍無比，衝進敵營後揮刀就猛砍，本來底氣就不足的烏桓很快大敗，袁尚和袁熙也逃到公孫康那裏，曹操知道公孫康不是個安分的人，也不去追擊，坐等袁氏公子人頭。果然公孫康伏殺二袁，把他們的人頭當禮物送給了曹操。

奇襲烏桓，是曹操一生中最爲艱難的一場戰爭，也是郭嘉敢出險招、險中求勝的軍事天才的一次極致發揮。郭嘉的思維很有跳躍性，他從不按常理出牌，所想的招數也都是冒險係數很大，但卻每次都能克敵制勝，世人稱他爲「鬼才」，史書上稱他「才策謀略，世之奇士」，而曹操稱讚他見識過人，是自己的「奇佐」。

郭嘉出生於潁川，此地是三國時期最大的人才庫，當時爲各路英豪出謀劃策的謀士，十之六七出於此地，像荀彧、荀攸、陳群、徐庶等人都是出於此處，郭嘉自然也智慧非凡。他沒事就喜歡與老輩們在一起開辯論賽，常常把長輩們駁得啞口無言，直

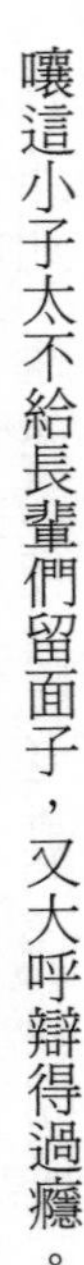
嚷這小子太不給長輩們留面子，又大呼辯得過癮。

曹操早就聽說郭嘉的大名，聽說他要來投奔自己，十里相迎將他接入自己的營帳，共論天下大事。這次會面的重要性絕不亞於後來的「隆中對」。

郭嘉比曹操小十五歲，但對曹操的雄心壯志卻瞭若指掌。兩人一番密談後，曹操由衷地感嘆說：「使孤成大業者，必此人也！」郭嘉也欣喜地說：「真吾主也！」從此，郭嘉便當上了曹操的參謀長——軍師祭酒。

建安二年（一九七年），當曹操正擔心自己不具備與袁紹抗衡的能力之時，郭嘉就提出了著名的「十勝十敗論」。他一連舉出十條理由，以證明「公有十勝，紹有十敗。」郭嘉的分析很具說服力，不但振作了曹軍將士的鬥志，更助曹操擬定了遠期和近期的作戰目標，最終大敗袁紹。

曹操打呂布的時候，戰役持續了大半年，曹軍疲憊至極。曹操見狀準備撤退，郭嘉看出呂布的性格缺陷，他認爲呂布就像項羽，有勇無謀，這種人沒有智慧，也就不具備韌性，如果氣衰力竭，就會敗亡，於是勸曹操猛攻。曹操聽了他的話，發動大軍不要命地猛衝上去，果然一鼓作氣打敗了呂布。

曹操與袁紹在官渡對峙，他怕劉備趁機發難，就決定先下手爲強，教訓一下劉備，可又怕袁紹偷襲，郭嘉就說，劉備可以打，他現在根基不穩，肯定打不過你。

至於袁紹，他性格猶豫多疑，就算要偷襲也不會很迅速，這段時間差可以用來消滅劉備。於是曹操發兵，果然打敗劉備，捉了關羽，而袁紹也確實在該出手時沒出手。

曹操正與袁紹酣戰，聽說江東小霸王孫策準備起兵偷襲許都，一時心亂如麻，郭嘉卻淡定地說，孫策來不了！爲啥？因爲在來之前，他會死於刺客之手。果然，不久就聽說孫策死了，死於刺客之手！孫策平定江東時殺了不少地方豪強，犯了眾怒，但他自己後知後覺，被許貢的門客殺死。

曹操對年輕的郭嘉寄予了無限的期望，他曾多次說過，等自己百年之後要把兒子托付給郭嘉。然而天妒英才，曹操的希望落空了。建安十二年（二〇七年），奇襲烏桓之後，在從柳城回來的途中，郭嘉因爲氣候惡劣，水土不服，再加上日夜急行又操勞過度而染病去世，這讓曹操惋惜不已。

郭嘉之死成爲曹操戎馬生涯的一個分水嶺。郭嘉死前，曹操先後滅呂布，剿袁紹，一統北方；郭嘉死後，曹操除在西北與馬騰、韓遂的戰役中取得一些成績外，基本處於停滯的狀態，赤壁之戰更飽嘗戰敗的滋味。難怪曹操會用「毒恨」一詞形容失去郭嘉的心情，更是在赤壁之戰後，發出泣血般的哀嘆：「郭奉孝在，不使孤至此。」

曹操的叛逆精神很強，但也很務實，一些世俗觀念也從不放在眼裏。他與第一任夫人丁氏離婚後，就把他的妾卞氏扶了正。卞氏出身低微，原本是倡伎出身，也就是賣藝不賣身的那種。按當時的門第觀念，這種出身的女子是不能做正房的，但曹操卻說：「我不管這一套，我曹某人的家事還輪不到別人來指手劃腳！」卞氏從此成爲卞夫人。

中平四年（一八七年），卞氏生下曹丕。史載，曹丕出生時，有一團形狀像車駕上蓋的青雲籠罩在房屋上方。有「望氣」的術士前來看吉凶，一見此雲蓋，直說這小子不簡單。曹家人就問術士，這孩子難道將來也能做大官？術士連連搖頭，對管事的「胸無大志」很是看不上眼，答道：「這不是人臣所配有的雲氣，而是至貴至尊的人主徵兆。」

曹操因反對董卓而逃家出走，沒幾天，袁術就捎信說曹操死了。曹府頓時亂作一團，尤其是早先投靠曹操的部下更是覺得沒了奔頭，都想回老家去。卞氏淡定的說：「袁術的爲人不可靠，他的話不能信。如果你們都走了，他日曹君回來，諸位還有何面目見他？」後來，果然證實曹操還活著，眾人不僅對卞氏刮目相看。

卞氏成爲正妻之後，仍然一如既往地輔助丈夫、教養兒女、善待姬妾。曹操兒女眾多，姬妾中如劉夫人那樣早逝者也不少，很多年幼的孩子都因此失去生母的照顧。

他對繼弦妻子的賢能豁達非常讚賞，將這些孩子都託付給卞氏，讓她代行養育之責。卞氏對這些孩子的生母毫無芥蒂，都盡心盡意地撫養教育，這使得曹操很是安慰。

建安十二年（二〇七年），袁紹死了，袁譚死了，袁尚死了，袁熙死了，袁氏家族的勢力至此全部覆滅，曹操成爲中國北方名副其實的霸主。當年九月，曹操從柳城班師回朝，途經碣石，策馬上山，遙望渤海，一時有感而發寫下了《觀滄海》。曹操在政壇上是一顆明星，但人家的文采也是頂呱呱的，是當時有名的文學家。

自漢武帝「罷黜百家，獨尊儒術」以來，人們的思想受到束縛，文人提筆只會歌功頌德，既缺乏真性情，又沒有獨立的風格。曹操在詩中直抒胸臆，慷慨陳詞，一掃舊曲古辭的陳腔濫調，表現出爽朗剛健的清新風格，這種風格被後人稱爲「建安風骨」，曹操也當了一回引領建安文學的弄潮兒。

史書《三國志》評價曹操爲「非常之人，超世之傑」，後人譽其爲中華民族歷史上傑出的政治家、軍事家、文學家，文武雙全之人。其實，曹操還是一位深藏不露的書法家。歷史上見過曹操書法作品的人，讚其書作有「金花細落，遍地玲瓏；荆玉分輝，瑤若璀粲」、「筆墨雄渾，雄逸絕論」之大美，曹操可謂是多才多藝的一代霸主。

漢朝末期，書法評論家評出章草大家有五人，即崔瑗、崔實、張芝、張昶、曹操。唐代書法家兼評論家張玉瓘，按歷代書法家的藝術成就，把它們劃分爲神、妙、能三類：傑立特出者爲神，運用精美者爲妙，離俗不謬者爲能；他在書法評論專著《書斷》中稱曹操的書法作品爲妙品，雖不能列爲神品，但在全國名書法家中也是數得著的。

作爲挾天子以令諸侯的曹操，倍感時間的寶貴，經常發出：「天地何長久！人道居之短。」的感嘆，練習書法的時間自然是只能從牙縫中強擠出來。有史料記載，曹操經常與當時出名的書法家：鍾繇、梁鵠、邯鄲淳、韋誕、孫子荊等人切磋書藝，還特地把秘書令梁鵠的字掛在帳中。有時晚上睡不著覺，他便起來慢慢品味、琢磨釘滿牆的梁鵠的字。

梁鵠小時候就喜歡書法，他很用功，所以很快就寫了一手好字。當時有個叫師宜官的人，將章草、八分書寫得很好，但個性古怪，不喜歡隨便把自己的作品送人，每次在書版上寫好字，琢磨一番後，就用小刀刮掉，再放進火爐燒掉，梁鵠知道他非常喜歡喝酒，爲了學習他的書法，便常帶些好酒去找他，等師宜官喝醉了，就趕緊去看師宜官的字，仔細研究。

有一次，梁鵠又在酒後研究師宜官的字，時間過久，師宜官酒醒了，看見梁鵠正低著頭，走近一看，才發現他已把自己的字練得分不清真假，忍不住稱讚他：「你太認真了，以後一定可以超越我！」於是，師宜官將他收為弟子，還將自己的全部技法教給梁鵠。後來，繼承老師書法的梁鵠，終於寫出了自己的風格。

漢靈帝劉宏好書法，梁鵠因此官至選部尚書，後遷幽州刺史。曹操很喜歡梁鵠的字，甚至連魏宮的牌匾都讓梁鵠寫，所以當時的魏宮裏，隨處可以看見梁鵠的作品。曹操認為梁鵠的書法勝過他的老師師宜官。當時，邯鄲淳也學得王次仲的八分書法，邯鄲淳擅長寫小字，梁鵠擅長寫大字，邯鄲淳運筆沒有梁鵠有氣勢。

曹操曾經三下求賢令，公開向天下招納人才。但他的招聘標準卻讓當時的人們驚掉了大牙。自古以來，人們都把德行、名節、門第作為選才標準，曹操卻忽略這些，只提出一條：不拘品行，不計出身，唯才是舉。他說，天下太平的時候，可以把道德標準放在首位，而現在是非常時刻，就要採取非常手段。想必，這才是「求賢若渴」的最貼切解釋吧！

孔融，字文舉，魯國（今山東曲阜）人，太山都尉孔宙之子，孔褒之弟，為「建安七子」之首。說起孔融，我們最先想到的是「孔融讓梨」。孔融從小就聰明，被當地人稱為神童，他還是孔夫子的第二十世孫。所以，說孔融是名滿天下的才子，一點兒也不誇張。孔融在三十八歲的時候，就當上了北海相，世人又稱他孔北海。

李膺名氣很大，年僅十歲的孔融想見他，就對守門人說他是李膺的親戚。李膺讓他進來後，問他與李家是什麼親戚。孔融就把孔子與老子（李耳）搬了出來，還說這是世交。大夥一聽，都誇他聰明。陳韙卻說：「小時聰明，長大就不一定了！」孔融也不惱，笑著說：「那您小時候一定很聰明吧！」登時把陳韙慜得滿臉通紅。

「黨錮之禍」鬧得滿城風雨，張儉因得罪宦官侯覽遭到通緝。張儉去投靠好友孔褒（孔融的哥哥）時，碰巧他不在家，他見孔融年幼，就騙孔融只是來找他哥玩。後來事情敗露，張儉逃走，孔融、孔褒卻被逮捕下獄。結果，孔融、孔褒與孔母都爭著領罪，鬧得「一門爭死」。最後，朝廷判了孔褒死刑。孔融因此名聲大噪，各地爭著請他做官，但都被拒絕了。

袁術的親家楊彪和曹操有仇，袁術稱帝後，曹操打著天子的旗號討伐袁術，並想趁機殺了楊彪。孔融勸他：「父子兄弟，罪不相及。如今天下敬仰您，是因爲您聰明仁智，如果您濫殺無辜，會讓天下人心寒的。首先，作爲堂堂魯國男子漢，我明天就不來上朝了。」曹操一聽，老不高興了，小子，你敢威脅我！但礙於孔融的名聲，曹操只好暫時同意。

曹操攻佔鄴城後，他的兒子曹丕就霸佔了袁熙的妻子甄氏。孔融就在給曹操的信裏說：當年武王伐紂，把妲己賜給周公了。曹操信以爲真，還傻乎乎地去查找典籍，結果哪兒也沒找到出處，就去問孔融，你在哪兒看到的，孔融這才悠悠地回答說：「以今度之，想當然耳。」聰明一世的曹操這才知道自己被孔融當猴耍了一回。

曹操爲節約糧食，下令禁酒。孔融喜歡喝酒，於是就起來唱反調，說：「天上有酒星，地上有酒泉，人間有酒德，這酒怎麼可以禁呢？如果酒能禁，那女人也可以禁了，不見自古到今有多少因爲女人而亡國的事例。」這些話傳到曹操的耳朵裏，當然句句是刺，但曹操還是硬生生地忍下了。沒辦法，人家有名啊！

孔融向曹操推薦禰衡，哪知這人壓根看不起他曹阿瞞，死活不去。曹操氣不過，他聽說禰衡會擊鼓，就以皇命召他爲鼓吏，並讓他當眾露一手。司儀說鼓吏應該換上制服，禰衡就當著眾人的面，從容更衣，再換上制服，來了個「擊鼓罵曹」。禰衡此舉搞得曹操很沒有面子，心裏對孔融的不滿又加了一筆。

孔融一直看曹操不順眼，有事沒事就愛挑曹操的毛病，曹操哪受得了這氣，忍無可忍的他，終於憑藉孔融的「有天下者，何必卯金刀」一說而以謀反罪處死，誅連全家。因爲卯金刀就是繁體的「劉」字，這句話就被理解爲「擁有天下的爲什麼一定要是姓劉的呢？」好了，叫你孔融平時積點嘴德，你就不聽，這下終於死在這張嘴上了吧！

孔融犯了一個大多數讀書人都會犯的錯誤，那就是眼高手低。他自命不凡，總想

幹大事卻沒有幹大事的本領，小事又瞧不上。對於曹操，他的偏見又太大，孔融無論在日常小事，還是軍國大事上，都是想批評就批評，想攻擊就攻擊，卻不去設想這樣做的後果是什麼，時間一久，必然自取滅亡。

孔融的高傲不屈是完全地遺傳給了自己的孩兒們。曹操派人逮捕孔融全家時，有人想要幫助孔融的兩個小兒子逃跑。但是，其中一個說了一句名言：「大人，豈見覆巢之下，復有完卵乎？」字面意思就是鳥巢傾覆了，怎麼可能有完整的蛋？最後孔融全家被殺。而這句話也被提煉爲「覆巢之下無完卵」，比喻整體遭殃，個體不能倖免。

楊修，字德祖，他的父親就是曹操想殺被孔融攔下的楊彪。楊修是曹操的主簿，卻不喜歡朝九晚五的辦公室生活，經常溜出去玩。曹操常常會在他上班時問他幾個問題，爲了不露破綻，楊修就事先揣度曹操的心思，將答案寫在紙條上，按順序放好，告訴手下，如果丞相差人來問，就按寫好的內容順序作答。結果，還真是每次都揣摩對了曹操的心思。

有一次，老天成心和楊修開玩笑，一陣清風吹來，桌上的紙條散落在地，再撿回來次序就亂了。曹操又差人來問，侍從就按錯誤的順序回答了一通。曹操一看，怎麼答的和問的是兩碼事啊，就找來楊修盤問。楊修這位仁兄，腦瓜子好使，但膽太小，沒等曹操開審，就主動坦白了。曹操一聽，當即火就竄了上來，但既然人家坦白了，咱只好從寬嘍！

一天，相國府建好了，曹操前去視察，但他看了後啥也沒說，只在門上寫了個「活」字。別人不懂什麼意思，楊修一看，趕緊讓人把門拆了重建，並解釋說「門」裏一個「活」，是「闊」字，丞相是嫌這門太寬了！還有一次，曹操收到了一盒酥糖，吃了一口，就在盒子上寫了個「合」字交給了大家，楊修拿過來就吃，說，這不就是「人一口」嗎？

楊修好爲人師。曹操想考察兒子曹丕和曹植的能力，經常給他倆出出難題。有一次，曹操命令曹丕、曹植兩兄弟出鄴城辦事，卻又暗中命令門衛不得放行，看他二人如何反應。楊修事先猜到了曹操的安排，就交代曹植，萬一被門衛攔住，你有王命在身，可以直接殺了他出城。結果曹植如法炮製，出得城來，曹丕卻沒能出城。

曹操兵進斜谷時吃了敗仗，曹操正爲這事犯愁的時候，有人來請示當天晚上的軍事口令，曹操脫口而出：「雞肋。」楊修一聽，當即就開始捲舖蓋，大家都問怎麼回事，楊修解釋說：「雞肋，食之無肉，棄之有味，主公這是打算回家了。」曹操知道後，肺都快氣炸了，不久，就以洩露國家秘密，結黨營私的罪名把楊修殺了。

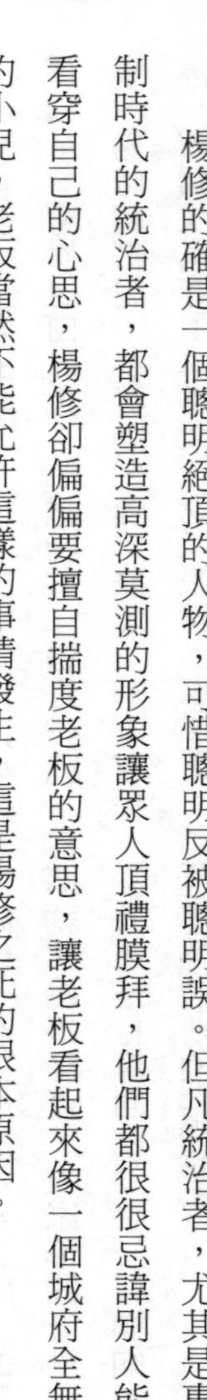

楊修的確是一個聰明絕頂的人物，可惜聰明反被聰明誤。但凡統治者，尤其是專制時代的統治者，都會塑造高深莫測的形象讓眾人頂禮膜拜，他們都很忌諱別人能看穿自己的心思，楊修卻偏偏要擅自揣度老板的意思，讓老板看起來像一個城府全無的小兒，老板當然不能允許這樣的事情發生，這是楊修之死的根本原因。

建安十三年（二〇八年），夏季的暑氣剛剛消退，曹操就迫不及待地率領十五萬大軍一路向南，直撲荊州。彷彿是爲了補償曹操向來征戰的辛苦，這一次，命運格外體恤曹操，荊州之戰出乎意料地順利。曹操七月出兵，劉表八月就死了。他的小兒子劉琮即位後，在手下的勸說下，直接向曹操舉了白旗。

鄧艾，字士載，他自幼喪父，又生活在土地高度集中、豪強兼併劇烈的中原，日子的艱難是可以想見的。鄧艾最初只是個放牛娃，但他從小有大志向，決心通過奮鬥來改變自己的命運。鄧艾從小就喜歡軍事，每見高山大川，他都要在那裏勘察地形，指劃軍營處所，結果引來的卻是同伴們的嘲笑，但鄧艾也不介意：燕雀安知鴻鵠之志哉！

鄧艾出身貧寒，要出人頭地談何容易，遇到司馬懿，可以說是鄧艾一生的重大轉折。鄧艾平淡地過了近二十年，後來總算當上了典農功曹，幫助管理屯田。一次，鄧艾上洛陽去呈報，有機會見到洛陽太尉司馬懿。司馬懿很賞識他的才能，徵召他爲太尉府的掾屬，後升任尚書郎。

崔琰，字季珪，是曹操部下。崔琰相貌俊美，很有威望，曹操對他也是敬畏有加。曹操做了丞相以後，封崔琰爲東曹掾，並對他說：「您有伯夷那樣的風範，史魚那樣的正直，貪婪的人聽到您的名字就會變得清廉，壯士聽到您的名字就會更加勇武奮戰，您可真稱得上是時代的表率了，所以才封您做東曹掾。」崔琰的爲人正直由此可見一斑。

曹操得到冀州後，對崔琰說：「我昨天審查了一下冀州的戶籍，總共有三十萬人，可真是個大州啊！」崔琰卻說：「現在天下大亂，袁氏兄弟又互相殘殺，百姓苦不堪言。您來了不先問問百姓的生活風俗如何，救他們於水火之中，反而先問戶籍，是不是有點不妥啊？」眾人都爲崔琰捏了把汗，但曹操不但沒有生氣，反而還向崔琰認錯了。

曹操被封爲魏公，當時還沒有立太子，曹操就讓官吏們發表自己的看法。因爲這是一件大事，所以眾官全都密封作答，只有崔琰一人露板而答，說：「《春秋》說要立子以長，再說，曹丕仁孝聰明，應該讓他繼承您的大業，我崔琰就是死也要堅持原則。」當時曹植是崔琰的侄女婿，崔琰的「幫理不幫親」還真是貫徹得夠徹底。

曹操統一北方後，聲威大振，北匈奴派使者來聯絡感情，使者請求面見曹操。曹操將帥哥崔琰叫來，讓他代替自己接見使者，自己卻扮作侍衛，手握鋼刀站在崔琰邊上。接見完畢後，曹操派間諜去問匈奴使者印象如何。使者說：「魏王俊美非凡，但邊上捉刀之人才是真英雄啊！」後來，人們便將代替別人做事稱爲「捉刀」。

曹操征並州時，留下崔琰在鄴做曹丕的老師，但曹丕卻不喜歡讀書，經常出去打獵，崔琰就勸他說：「袁紹家族極爲富強，而袁譚、袁尙卻放縱無度，遊樂奢侈，沒聽說有仁義的好名聲，弄得賢人君子都不願投靠他。現在曹公在外面出生入死，您怎麼能沉迷於打獵遊玩呢？」於是，曹丕丟掉獵服，專心學習了。

曹操加封魏王後，曾經被崔琰推薦爲官的楊訓上表盛稱曹操功德。當時有人譏笑楊訓爲人虛僞，說崔琰推薦錯了人。崔琰就給楊訓寫了封信，原意是說那些議論他的人不明事理，讓他別搭理，結果卻有人扭曲說崔琰是表達他對曹操的不滿。「多疑哥」一聽就把他抓進監獄，後又聽信讒言，把崔琰賜死了。崔琰之死，也成爲當時最大的冤案。

劉備正在樊城推銷自己，聽說劉琮投降，就趕忙率領部屬與當地百姓向江陵撤退。曹操親率部將追擊，在當陽長阪追上劉備，逼得劉備老婆孩子都沒帶，拉著諸葛亮、張飛、趙雲等人就跑了。然而，曹操不知吃錯了什麼藥，竟然善心大發，沒有繼續追趕劉備，掉頭回去了。可劉備卻沒記曹操的好，以後該打照打。曹操算是明白了，這年頭，好人沒好報啊！

曹操收編好劉琮的隊伍後，就一路南下，賈詡勸曹操「修軍養民、徐圖緩進」，但多年征戰、從無敗績的曹操受慣性驅使，不願煞住前進的步伐。結果，到赤壁後，曹軍水土不服，患上了瘟疫，戰鬥力下降；而曹操爲克服北方士兵不善水戰的弱點，稀裏糊塗地把所有船艦用鐵索連接起來，卻忘了，穩是穩了，可靈活性也沒了，不靠譜啊！

孫權與劉備聯手想敲死曹操這隻雄獅，制訂了一個火燒曹操的計畫。黃蓋詐降，帶著滿滿十大船的易燃易爆物向曹操進發。快到曹軍的時候，黃蓋下令放火，火借風勢，瞬間就吞沒了曹操的軍艦。曹軍一片混亂，燒死溺死者不計其數。吳軍趁勢掩殺，曹軍全面潰敗，曹操從華容道僥倖逃回江陵。

曹操用兵如神，俗語說的「說曹操，曹操到」，代表曹操用兵的疾如風與侵略如火，劉備在徐州就因準備不及而棄軍逃亡，至荊州赤壁開戰前，又遇到類似狀況。但赤壁一戰，一把火幾乎燒掉了曹操這二十年的努力，他留下幾名大將鎮守江陵、襄陽後，自己灰溜溜地帶部隊回老家了，曹操如日中天的事業也開始走下坡路。

在曹操的字典裏，沒有失敗二字，赤壁之戰敗了，但革命仍得繼續，經過兩年的休整後，他又把自己的長劍指向了關中。

馬騰，字壽成，是東漢名將伏波將軍馬援的後人。漢桓帝時，馬騰的爸爸馬肅（字子碩），曾做過當時的天水蘭幹縣尉，後來丟了官，便留在了隴西，與羌族人混居在一起，馬肅因爲家貧無妻，便娶了羌族女子爲妻，生下了馬騰。馬騰年少時貧困，沒有產業，於是經常從彰山中砍樹木，背到城市中販賣來維持生計。

馬騰身高八尺有餘，體形壯大，但性格寬和，待人誠懇，因此很多人都敬重他。漢靈帝末年，當時的涼州刺史耿鄙任用很多汙吏，導致涼州治下的民眾王國以及羌氐人民反叛，發生了暴亂。於是涼州便從民間招募勇士去討伐叛亂，馬騰被招入軍隊。招兵的官員因馬騰不同於常人，便讓他當上了軍從事，訓練及率領部隊。

馬騰由於鎮壓叛亂有功，升爲軍司馬，後又升爲征西將軍。初平中，朝廷又拜馬騰爲征東將軍。當時，西部欠收，馬騰向朝廷說部隊沒有吃的，想在池陽置辦糧草，所以進駐到長平岸頭。但是附近的守將王承等人卻以爲馬騰要搶自己的地盤，與馬騰的部隊打了起來。當時馬騰正好外出，部隊沒有應戰準備，所以被打得落花流水。

馬騰與韓遂鬧翻後，朝廷把他調回槐里縣，拜爲前將軍，封爲槐里侯。馬騰便在槐里開始了十多年的治理，他加強了對胡人防務，訓練了自己的騎兵部隊，對賢能的人士給予了提拔，對人民生活給予了保障，得到了人民的愛戴。後來曹操任命馬騰為衛尉，把馬騰騙到都城並囚禁了起來。

馬超，字孟起，他十七歲的時候，就和爸爸馬騰一起闖江湖了，他打起仗來簡直不要命。馬騰曾派馬超率軍幫助鍾繇在平陽討伐高幹、郭援（袁紹部下），在戰鬥中，馬超被箭射傷，但他立即用布帶裹好受傷的小腿然後繼續戰鬥，馬超的部將龐德在陣中斬殺了敵方主將郭援。後來，馬騰被調回京，就讓馬超接手了馬騰的部隊，並拜馬超為偏將軍，封都亭侯。

武威太守張猛殺了雍州刺史邯鄲商，韓遂主動上表平亂，不費吹灰之力滅了張猛，可當他回來時，發現馬超這崽子正聯合關中的八部軍閥打著自己的旗子反抗曹操。於是，多年之後的今天，韓遂又一次被脅迫造反，應馬超之邀率軍至華陰做了關中聯合軍的都督。韓遂、馬超率關西聯軍十部號稱十萬，分據潼關及附近渭河口、黃河西岸一帶。

馬超和韓遂盤踞在關中的割據勢力已經相當龐大，曹操對馬超、韓遂等人向來採取安撫政策，保持了關中一時的寧靜。然而這種寧靜不夠踏實，畢竟關中不是曹操的勢力範圍，曹操任命的撫鎮關中的鍾繇連長安都到不了，只能屈居弘農遙領關中。所

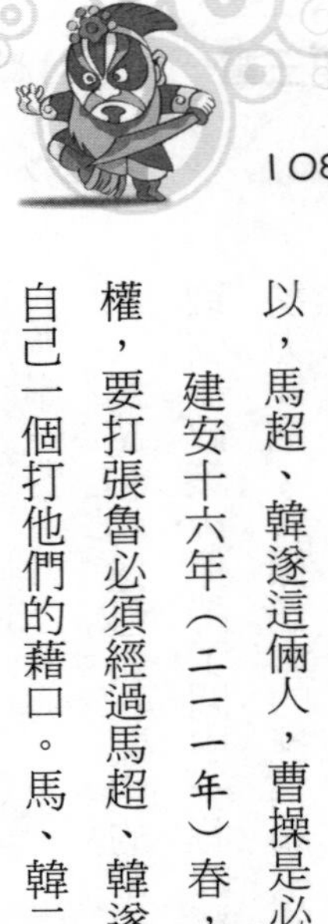

以，馬超、韓遂這倆人，曹操是必須要打的。

建安十六年（二一一年）春，曹操命令鍾繇西征張魯。張魯是漢中的一個割據政權，要打張魯必須經過馬超、韓遂的地盤。曹操正是想借此舉逼馬、韓二人造反，給自己一個打他們的藉口。馬、韓二人果然上當，明擺著這麼大一把牛刀哪裡是去殺張魯這隻瘟雞呀，分明是對準我們西涼軍來的嘛！於是，二話不說，抄起傢伙就反了。

鍾繇，字元常，是魏國有名的謀臣，因爲他官至太傅，故世稱鍾太傅。鍾繇出身於東漢望族，祖先數世均以德行著稱。曾祖父鍾皓「溫良篤慎，博學詩律，教授門生千有餘人」，祖父鍾迪因黨錮之禍而終身沒有做官。父親早亡，鍾繇由叔父鍾瑜撫養成人。

據說鍾繇很小就長相不凡，聰明過人。他曾經與叔父鍾瑜一起去洛陽，途中遇到一個算命的人，那人看到鍾繇後就對鍾瑜說：「這個孩子面相富貴，但有個水災，你們走路時小心點。」結果，走了不到十里路，在過橋時，鍾繇的馬突然驚了，鍾繇被掀翻到水裏，差點淹死。鍾瑜看到算命先生的話應驗了，認爲鍾繇將來一定會有出息，便更加看重他。

鍾繇長大後，先被當時潁川太守陰修舉薦爲孝廉，做了尙書郎，並在陽陵任縣令，後因病離職。鍾繇還在宮中但任過廷尉正及黃門侍郎，成爲皇帝身邊的侍從官。

董卓之亂時，鍾繇隨曹操平亂，獻計獻策，深得曹操重用。當董卓挾持獻帝劉協時，鍾繇又與尚書郎韓斌一起商議，救獻帝出長安，因鍾繇屢立奇功，被封為東武亭侯。

鍾繇對曹操統一北方起了重要作用。當馬騰、韓遂等人恃強居於關中時，曹操便命鍾繇以侍中守司隸校尉之職持節監督，終於說服馬騰、韓遂諸將。官渡之戰時，袁紹與曹操相持不下，鍾繇及時送一千餘匹馬給曹軍，為曹操大破袁軍立下汗馬功勞。於是曹操寫書信一封表彰其功，贊他為「蕭何」。

鍾繇曾在洛陽為官，當時獻帝下詔徵河東太守王邑入京，王邑認為天下尚未平定，不願應徵，王邑就讓部下去找鍾繇求情，鍾繇卻讓王邑趕快把官印交給他。王邑一氣之下，自己拿著官印從河東到許昌交給了獻帝。鍾繇就認為自己辦事不力，上書自劾請罪。但獻帝不但沒接受他的自劾，還誇他能嚴於律己，大家應該向他學習。

獻帝從長安遷到洛陽，鍾繇又官徒關中，經過幾年努力，鍾繇使荒涼的地區變得民實殷富，為後來曹操征伐關中各地打下了物質基礎，鍾繇因此功又被任命為前軍師。曹丕稱帝後，任命鍾繇為大理寺卿，後升為相國，廷尉，進封為崇高鄉侯，深得曹丕重用，曹丕曾對大臣們稱讚鍾繇及華歆、王朗：「此三公者，乃一代之偉人也，後世殆難繼矣！」

鍾繇因為德高望重，功勳卓越，與曹魏皇室關係極為密切。曹丕早在做太子時，

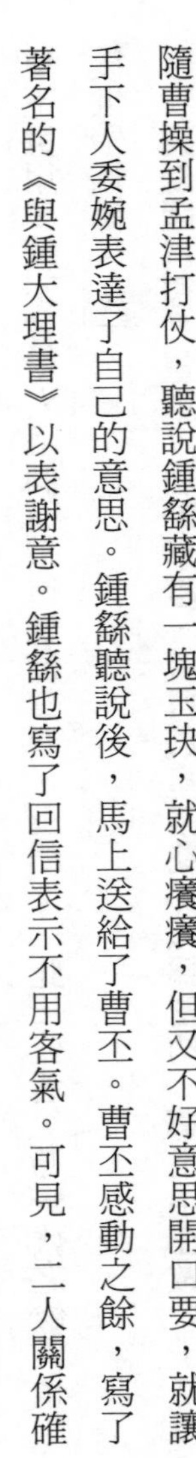

隨曹操到孟津打仗，聽說鍾繇藏有一塊玉玦，就心癢癢，但又不好意思開口要，就讓手下人委婉表達了自己的意思。鍾繇聽說後，馬上送給了曹丕。曹丕感動之餘，寫了著名的《與鍾大理書》以表謝意。鍾繇也寫了回信表示不用客氣。可見，二人關係確實不一般。

鍾繇的一生不僅得到了曹操和曹丕的重用，曹丕之後的曹叡也是對鍾繇尊敬有加。曹叡即位後，封鍾繇爲定陵侯，增其食邑人口達到一千八百戶，並遷爲太傅。鍾繇晚年因爲有膝關節疾病，朝拜皇帝是很不方便，曹叡就讓鍾繇入朝時免去拜禮。並從此規定：凡三公有病，都可以不拜。這可是前無古人的待遇吶！

鍾繇不但在政治上、軍事上取得重要成就，他的書法也很有名，是蔡邕書法的第二代傳人，據說還是楷書（小楷）的創始人。

韋誕，字仲將，他師承張芝，兼學邯鄲淳的書法，據說他能書各種書法，尤其精通題署匾額。曹叡修造成凌雲台後，一激動就釘了塊空匾上去，一看「凌雲台」三個字呢？趕緊用一隻大籠盛著韋誕，再把大籠吊到匾前讓韋誕題匾。韋誕在離地二十多丈的半空中嚇得是直打哆嗦，硬著頭皮寫完回到家後，就對兒子們吼道：「以後都不許再寫大楷了！」

鍾繇在學習書法藝術時相當用功，有時甚至達到入迷的程度。鍾繇曾發現韋誕座位上有蔡邕的練筆秘訣，便求韋誕給他借閱，但因書太珍貴，韋誕沒有給他，雖經苦求，韋誕仍然是不答應借給他。於是鍾繇忽然情急失態，捶胸頓足，以拳自擊胸口，傷痕累累，這樣大鬧三天後，終於昏厥而奄奄一息，曹操馬上命人急救，鍾繇才大難不死。

鍾繇一生有三十多年時間都集中精力學習書法，他主要從蔡邕的書法技巧中掌握了寫字要領。在學習過程中，他不分白天黑夜，不論場合地點，有空就寫，有機會就練。與人坐在一起談天，就在周圍地上練習。晚上休息，就以被子爲紙，手指爲筆，在被子上書寫，結果時間一久，被子都被劃了個大窟窿。

鍾繇不但自我要求嚴格，對於弟子門生也同樣嚴格要求。據說鍾繇的弟子宋翼學習認真，但成效不大，鍾繇氣得直跳腳，把宋翼罵了個狗血淋頭，把宋翼羞愧得三年都不敢見鍾繇，在家刻苦練習。最後宋翼終於學有所成，名震一時。對於兒子鍾會，鍾繇也常常苦口婆心，百般勸誡，鍾會最後也取得了巨大成就，鍾繇、鍾會父子被人們稱爲「大小鍾」。

鍾繇在中國書法史上影響很大，歷來都認爲他是中國書史之祖。他在書法史上首定楷書，對漢字的發展有重要貢獻。鍾繇之後，許多書法家競相學習鍾體，如王羲之父子就有多種鍾體臨本。後張昶、懷素、顏真卿、黃庭堅等在書體創作上，都從各方

面吸收了鍾體之長、鍾論之要。人們還把鍾繇與書法家王羲之並稱爲「鍾王」。

建安十六年七月，曹操親率大軍開往潼關。潼關在望，曹操率領的先頭部隊被黃河的支流濟河擋住了，必須搶渡濟河，曹操就讓大部隊先過河，自己帶著幾百「虎士」斷後。眼看一萬多大部隊都過河了，曹操正準備過河，背後忽然傳來了喊殺聲，原來馬超提前就渡過濟河等著曹操呢！背後完陰招，誰不會啊！

曹操有個老鄉叫丁斐，字文侯，喜歡占小便宜。曹操曾派他去管一群牛，結果他把家裏的瘦牛牽出來，換成公家牛群裏的肥牛，後來這事被人檢舉，丁斐就被罷了官。有一天曹操在路上碰見丁斐，就故意說：「文侯，你的官印弄哪兒了？」丁斐知道曹操在開玩笑，也故意說：「拿去換大餅了！」曹操聽後哈哈大笑。

曹操曾對身邊的親信說：「東槽掾毛玠數次向我投訴丁斐，想要讓我對他治重罪，我不是不知道這個人爲官不清廉，但我也有自己的原因。我有丁斐，就像人家有貓會偷一些主人家的東西，但卻會捕捉老鼠，雖然有一些小損失，卻保護好了我的糧倉。」於是恢復了丁斐典軍校尉的職位，聽從任用和當初一樣。

馬超在背後偷襲曹操，許褚嚇得趕緊勸曹操下船，曹操卻強作鎭定，趕緊指揮手下結陣作戰。但寡不敵衆，曹操岌岌可危。剛巧丁斐趕著一群牛羊來給曹操送軍資，見此情況，趕緊將牛羊放出來，分散敵軍注意力。西涼軍向來有搶到東西歸自己的優良傳統，一見到成群的牛羊就都下馬搶了起來，曹操趕緊趁機開溜。

曹操那已經過了河的部隊不知曹操是死是活，都驚慌失措，看到曹操以後，激動得熱淚盈眶。曹操也是虛驚一場，心想：如果不是丁斐，今天差點就被小賊困住了。但他面上卻瀟灑無比地笑著說：「有什麼好怕的，我來到這個世上，就沒打算活著回去！」眾將士激靈一抖，頭上頓時冒起了黑線，這就是傳說中的冷笑話麼？果然夠冷。

丁斐可以說是最早跟隨曹操的一批老臣，也是魏國的開國元老，關於丁斐其人，雖然貪贓枉法，但那都是建立在他自己的功績之上。曹操對丁斐的愛護絕無僅有，無論丁斐犯什麼罪都不重治他，原因有二：一是丁斐是曹操的老鄉，那可是從小就建立起來的牢固友誼；二是因爲丁斐無論多不敬，對曹操始終忠心耿耿，甘做曹操的一條犬，守護曹操。

曹操派徐晃、朱靈西渡黃河時，馬超曾對韓遂說：「我們應該在渭水北面去阻止曹軍過河，過不了二十天，徐晃軍隊的糧草就會耗盡，他們就只能敗走了。」韓遂卻說：「我們就讓他們過河時，困在河中，他們敗得不更快嘛！」馬超的計策最終沒能被實施。後來曹操聽到馬超的策略後說：「馬超若不死的話，我連死後埋葬的地方都

沒有了！」

曹操與馬、韓的ＰＫ賽很容易，沒幾個回合，曹操就把那倆人打趴下了。但他存心要折磨死這兩位仁兄，玩起了拖延戰術。曹操建設了一條運糧專線，名曰「甬道」。再從渡口到營地這條路的兩邊，各用樹柵連車建了一層護網，就像今天的高速公路護網，用來保護糧路不受敵軍侵擾。如此一來，弄得馬超與韓遂很鬱悶：「阿瞞兄，你這樣也太不厚道了吧！」

馬超和韓遂提出割地求和，外加把自己的子弟送到曹操那裏做人質。曹操當然不會同意，因爲他此行的目的不是佔領幾個山頭，而是徹底平定西北。他聽從賈詡的意見：假裝答應他們，然後採用離間計將他們拆散。

有一天兩軍交戰，韓遂提出要和曹操見面，於是兩人就打馬上前，在兩陣之間相遇。史書形容「交馬語移」，兩匹馬馬頭相錯，兩個人騎在馬上，就海闊天空地聊起來了。曹操和韓遂的爸爸是同一年的孝廉，又曾與韓遂是同事，兩人也算老相識，談到高興處，二人還拉著手哈哈大笑！馬超就鬱悶了：這仗還打不打了？

韓遂與馬超兩股西涼力量的關係時好時壞，各自心裏都有嫌隙。韓遂後來帶著馬超一起去見曹操。曹操的態度馬上就由晴轉陰，身後跟著許褚和一隊護衛，身前設了叫做「木行馬」的屏障，戒備森嚴。兩個人的不同待遇，分明是爲了告訴馬超，你和韓遂不一樣。馬超氣得臉都綠了，瞧不起人啊！

曹、馬、韓舉行了三方會談，韓、馬聯軍的將領都騎著馬過來向曹操拱手行禮，西涼兵們更成了追星族，爭先恐後過來一睹大名鼎鼎的曹操真容，就差沒拿著筆記本找他簽名了。曹操也很有明星風采，隨便他們看，還發表了即興演講：「我也和你們一樣，沒長四隻眼睛兩張嘴，就是比你們多點兒智慧。」

曹操給韓遂寫了一封信，寫完之後，故意在信裏塗塗抹抹，改了又改，讓人一看就會懷疑這信有花樣。果然，這封信後來到了馬超手裏，立馬就對韓遂心生猜忌。聯軍作戰最忌諱的就是主帥不和，馬超與韓遂的離心離德，讓西涼兵很快就被曹操打得慘不忍睹。成宜、李勘被殺，梁興逃到鄜城山裏打游擊，楊秋投降，韓遂、馬超也逃走了。

馬超逃到諸戎一帶，曹操追到安定時，剛好北方有事，就率軍回去了。當時，楊阜對曹操說：「馬超有韓信、英布那樣的作戰能力，非常受羌、胡的支持，如果大軍回去，而不對馬超進行嚴密的控制，那麼隴上各郡縣就將會落入超人手中了。」後來馬超果然捲土重來，攻打隴上郡縣。馬超殺了韋康，佔領冀城，收編了冀城的軍隊。

韋康的老部下楊阜、姜敘、梁寬、趙衢等人合謀攻擊馬超，要替韋康報仇。楊阜、姜敘從鹵城起兵，馬超出城攻打，沒能打下。回來時，梁寬、趙衢已經造反成功，關閉冀城城門，馬超又失了冀城。進退狼狽時，只能跑到漢中依在張魯麾下。但張魯並不是理想的主公，只是將馬超安撫在了一個小城中。

馬超在漢中時，張魯讓馬超擔任「都講祭酒」的職務，而且還想將自己的女兒嫁給馬超，從而攏絡他。此時有人對張魯說：「像馬超這種連自己親人都不顧的人，還能顧及到其他人嗎？」意思就是說，即使張魯把女兒嫁給馬超，馬超也不會因此就對張魯言聽計從，死心塌地，於是張魯就放棄了嫁女兒給馬超的想法。

當初馬超沒有反叛曹操時，他的一個妾的弟弟名叫「種」的留在三輔，到了馬超敗歸漢中張魯時，種已經到了漢中。正旦日，種來給馬超拜年，馬超悲傷之餘捶胸吐血說：「我全家百餘口人，在一天內被人殺光了，今天我們兩個還有什麼好祝賀的？」可見馬超還是有心有肺的！

建安十九年（二一四年），馬超多次向張魯請求資助兵馬，想去攻取涼州，張魯礙於情面只好意思了一下，只給馬超派了一小撥兵馬，馬超腹誹：就這點人，我還沒上戰場就掛掉了！張魯的手下楊白等人，因爲怕馬超的地位超過自己而不斷排擠馬超，最終，馬超實在是被逼得忍無可忍，乾脆就捲舖蓋走人，投奔劉備去了。

劉備聽到馬超要投奔他，高興地手舞足蹈：「這下我終於可以得到益州了！」於是派人接應馬超，並且派兵給馬超。馬超到成都後，領軍駐紮到城北，結果不到十天，城中的劉璋就投降了。事後劉備表奏馬超爲平西將軍，掌管臨沮，爵位仍舊延用漢朝廷所封的都亭侯。

馬超由於劉備待他很優厚，所以在和劉備說話時，常常稱呼劉備「玄德」，而不尊重地叫「主公」，關羽很惱火，告訴劉備想殺馬超。劉備對關羽說：「人家走投無路時來投奔我，你們就因爲他叫了我的字而惱火，想殺了人家，讓我怎麼對天下人交代，以後天下人還會來投奔我嗎？」張飛撇撇嘴不說話了，心中卻決定給馬超一個下馬威。

一次，劉備軍中開會，馬超也被請來，關羽和張飛倆人拿刀並排站著。馬超進來看看，有座位啊！可關張仍是不坐，而是拿刀站著。馬超大驚，因此後來就再也沒有直呼過劉備的字。次日，馬超嘆息地說：「我現在終於知道我爲什麼失敗了。就因爲我稱呼主公的字，差點就被關羽張飛給殺了。」從此後，馬超便對劉備非常尊敬。

韓遂回應馬超從金城出兵屯興國氐王楊千萬處，馬超卻意外退兵，韓遂被追擊馬超的夏侯淵擊敗，敗走西平，又趕上自己女婿閻行造反，韓遂利用自己在羌氏人民中的威信，迅速組建了羌、胡數萬人的部隊，將閻行趕出西平。這也是韓遂一生最後一戰，不久之後，韓遂病死於西平，死後被田樂、陽逵割下首級送給曹操邀功。

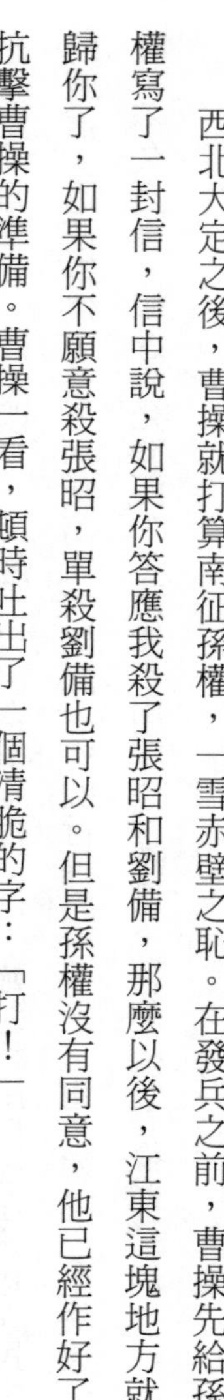

西北大定之後，曹操就打算南征孫權，一雪赤壁之恥。在發兵之前，曹操先給孫權寫了一封信，信中說，如果你答應我殺了張昭和劉備，那麼以後，江東這塊地方就歸你了，如果你不願意殺張昭，單殺劉備也可以。但是孫權沒有同意，他已經作好了抗擊曹操的準備。曹操一看，頓時吐出了一個清脆的字：「打！」

建安十七年（二一二年），曹操親自率領號稱四十萬的大軍進攻濡須口。曹操到地方後，才發現孫權的這個軍港太牢固了，四十萬大軍也奈何不了，所以曹操只好在他的軍寨裏堅守不出，孫權多次挑戰也沒有結果。孫權想，沒關係，山不就我我就山，駕一葉扁舟就開進了曹操的水軍營寨。

曹操知道孫權來他的軍營了，就下令手下不要輕舉妄動，看看孫權到底想幹嘛。結果，孫權倒像閱兵一樣，在曹操的軍港裏大搖大擺地轉了一個圈，然後下令奏樂，在音樂的伴奏中飄然離去。曹操不僅感嘆道：「生兒子就應該生個像孫權這樣的（**生子當如孫仲謀**）！」

孫權回去後，就給曹操寫了一封很有意思的信：「春水方生，公宜速去。」大意是說：江淮一帶的春雨馬上就要來了，閣下還不認輸撤軍，在這裏死等嗎？讀完之後，曹操發現信封裏還有一張紙條，上面寫著：「足下不死，孤不得安。」曹操索性讓諸將傳閱這封信，感嘆說：孫權不欺孤。隨後下令班師回朝。

建安二十年（二一五年），曹操出兵西征張魯，大軍來到了陽平關，張魯害怕，打算直接投降，但他的弟弟張衛卻堅持要打。陽平關地勢險要，易守難攻。曹軍費盡體力爬到山上，累得大喘氣，就只有挨打的份了，曹操看傷亡慘重，就對手下說：「漢中這地方，不過是妖妄之國，沒啥作爲，我們還是撤吧！」部下劉曄不同意，愣是領著夏侯惇、許褚一起上山了。

劉曄等人看到燈光就迷迷糊糊地靠近，沒想到卻誤闖入守關的張衛的營寨。張衛的哨兵以爲遭到偷襲，哇的一聲就大叫起來，營內酣睡的士兵被驚醒後，提起褲子就跑，許褚等人還在發懵，怎麼都跑了呢？劉曄說：我軍已經攻佔敵營，趕快趁勢入關吧。哪知平陽關內的士兵更沒出息，面都沒照就跑了個無影無蹤，剩下一個空城等候曹操上來。

關於這場莫名其妙的戰爭，史書上有幾種說法：有的說曹操密令殺個回馬槍；有的說是劉曄建議殺個回馬槍；還有一種說法更離奇，說數千頭麋鹿不知道怎麼回事衝到張衛軍營裏去了，張衛的軍兵就以爲曹操來了，結果一哄而散，曹操的軍隊見他們散了，就趁機殺了回來。總之，這次戰爭稀裏糊塗地就打下來了。

張魯先跑到巴中去，後來想想沒有出路，就對曹操說：「我本來就準備歸順中央政府，只是時機還沒到，現在只是暫避鋒銳，寶貨糧食就捐給國家吧。」於是投降

了，曹操給了他很高的待遇，漢中就這樣平定了。這場戰爭讓曹操成了歷史上所有軍事家們羨慕嫉妒恨的對象，因爲他勝利的詭異度簡直可以與鬼推磨相媲美了！

權謀至尊司馬懿

司馬懿，字仲達，史書稱他「少有奇節，聰明多大略，博學洽聞，伏膺儒教」。他可是三國裏的明星之一，同時又是西晉王朝的奠基人。他是輔佐了魏國三代的托孤輔政重臣，後期成爲全權掌控魏國朝政的權臣。平生最顯著的功績，是多次親率大軍成功對抗諸葛亮的北伐。

南陽太守楊俊素以知人善任著稱，司馬懿二十歲前，楊俊曾見過他，曾誇道，這小子可絕非池中之物。尙書崔琰與司馬懿的哥哥司馬朗交情不錯，他曾對司馬朗說：「君弟聰亮明允，剛斷英特，非子所及也。」即你的弟弟司馬懿很聰明，你可比不上他。司馬朗不以爲然，但崔琰卻每次都這樣說。

建安六年（二〇一年），有人推薦司馬懿做官。當時，曹操已經擊敗北方最強大的敵手袁紹，統一了中國北部，開始虎視南方。曹操聽說他的名聲後，就想聘請他爲官。司馬懿見漢朝國運已微，不想在曹操手下做事，便說自己有重疾，不能起身。曹操不信，派人夜間去刺探消息，司馬懿躺在那裏，一動不動，像真染上重疾一般，曹操這才作罷。

建安十三年（二〇八年），曹操當丞相以後，又聘請司馬懿當文學官，並對手下說：「如果他再猶豫，就把他抓起來！」司馬懿無奈，只好就職。曹操還讓曹丕與他交好，向他學習。但曹操使用他的才幹，也提防他的爲人。單單請他做事就大費周折，可見這人委實不簡單，「內忌而外寬，猜忌多權變」是史書給司馬懿的評語，曹操自然也意識到了。

曹操聽說司馬懿有「狼顧相」，就特意驗證。他見司馬懿走在路上，就悄悄地跟在他身後，然後出其不意地和司馬懿打招呼。司馬懿沒有提防，下意識地猛回頭，只見他肩頭不動，臉正面向後，這就是傳說中的狼顧相。狼與狗都能在雙肩不動的情況下，一百八十度回頭。據說有這種面相的人，都是狼心狗肺，心術不正。

曹操曾做過一個夢：三匹馬在一個槽前大啃大嚼。槽與曹同音，這個夢似乎暗示司馬氏將要篡奪曹魏的地位，曹操於是非常忌恨司馬懿，還警告兒子曹丕說：「司馬懿絕對不是一個甘爲臣下的人，將來必定要壞你的事！」曹操還動過除掉司馬懿的念頭，然而曹丕與司馬懿關係很好，多次袒護司馬懿，使他逃過死劫。

司馬懿知道自己已經被曹操所忌，於是「勤於吏職，夜以忘寢，至於芻牧之間，

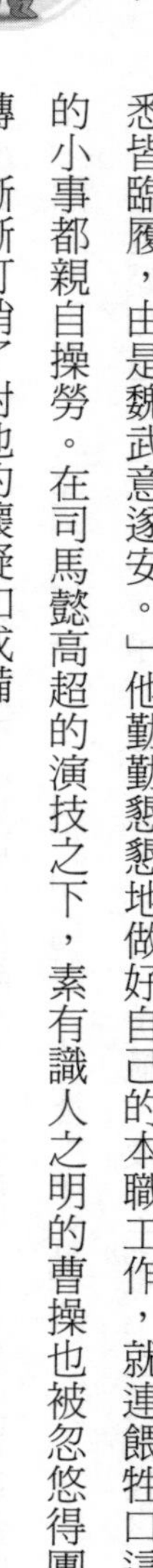

悉皆臨履，由是魏武意遂安。」他勤勤懇懇地做好自己的本職工作，就連餵牲口這樣的小事都親自操勞。在司馬懿高超的演技之下，素有識人之明的曹操也被忽悠得團團轉，漸漸打消了對他的懷疑和戒備。

劉備平生只怕一個人，就是曹操，劉備一生打仗無數，卻無一不是逢操必敗。劉備正在荊州前線和孫權爭奪荊州，一聽曹操得了漢中，連忙和孫權講和，與孫權平分荊州後，就急急火火地帶著部隊趕了回去。但聽說曹操撤軍沒來打自己就咧嘴笑了，山中無老虎，猴子稱大王，這裏現在是我劉備最大嘍！

法正向劉備建議：「這是老天把漢中送給我們，機不可失啊！」於是，劉備親自帶兵進軍漢中，並寫信讓留在成都的諸葛亮派兵支援。諸葛亮向來謹慎，便去請教楊洪。楊洪說：「沒有漢中，蜀也保不住了，這是家門口的災難啊！這個時候，是個男的都要去打仗，是個女的都要去搞後勤，軍師還有什麼可猶豫的呢？」於是，諸葛亮就派兵上了前線。

兵力雄厚的劉備，終於可以挺直腰板上戰場了，曹軍被打得齜牙咧嘴，等曹操趕來增援的時候，局面已經控制不了了。僵持了一段時間，情況沒有好轉，曹操就撤軍了，漢中就到了劉備手裏。

劉備既得隴又得蜀，整個益州都是他的了，他也就不再客氣，就自稱漢中王了。而曹操，也就永遠失去了統一中國的可能性。事情的成敗往往繫於一線──時機。不能違時，亦不失時，正確地掌握時機，才是使事情成熟發展的關鍵。曹操一生運籌帷幄，卻在漢中一戰中錯失良機，成全了劉備漢中稱王的霸業。

蜀漢的建立，以劉備在漢中擊敗曹操並奪取漢中爲標誌。劉備一生與曹操交戰無數次，僅有漢中一戰大勝曹操，並強有力地從曹操手中奪取漢中及上庸等地，以強大的實力說明了中國北方最強的曹操的力量已不如劉備了。劉備的力量強大到可以公開對抗曹操，並戰勝曹操了，東吳孫權的實力自然在曹操之下，劉備的力量達到了全盛和頂點。

劉備有荊州五郡、東西兩川、漢中及上庸以及雲貴等地，有關張趙馬黃五虎大將，以猛將魏延、李嚴、李恢、馬忠、付彤、黃權、王平等，可謂兵強馬壯，人材濟濟。但此後的劉備及諸葛亮卻做出了令人十分不解的用兵戰略，讓關羽出兵攻擊北方的曹操，卻沒有派任何一支蜀國軍隊從其他方向策應、協助、支援，最終導致關羽喪命。

Q 本是同根生，相煎何太急

建安二十三年（二一八年），曹操被封爲魏王，權力極大，是實際上的一把手，無論是代漢自立，還是篡奪帝位，對曹操來說都不是那麼困難的事情，但曹操終其一生都沒有當皇帝。曹操自己的解釋是「若天命在吾，吾爲周文王。」如果天命在我曹家，那我就做個周文王吧。周文王的兒子周武王後來推翻了殷王朝，曹操的言外之意很明顯了。

曹操的長子曹昂在與張繡打仗的時候戰死，最喜歡的兒子曹沖，在十三歲的時候得病死了，剩下來有希望接班的人選就是曹彰、曹植和曹丕。其中曹彰志不在從政，他的志願是做一名馳騁沙場的將帥。嫡位的競爭就在曹植和曹丕之間展開，「丕植之爭」雖只兩人，但激烈程度卻堪比康熙時期的「九龍奪嫡」。

曹植，字子建，從小就很聰明，十歲就能出言成詩，下筆成章，很得曹操的喜愛。曹操曾經認爲曹植在幾個兒子中「最能定大事」，幾次想要立他爲太子。

曹丕，字子桓，他也有著自己的優勢，他是嫡長子，在中國古代，嫡長子繼承王位是約定俗成的事情，不按這個規矩辦事的，大多下場都很糟糕。這讓曹操糾結得直喊腦門兒疼！

建安十五年（二一〇年），曹操在鄴城所建的銅雀台落成，他便召集了一批文士「登臺爲賦」，年僅十九歲的曹植也在其中。在大家還在苦思冥想時，只有曹植略加思索便一揮而就，第一個交卷，其文曰《登臺賦》。曹操看後，讚賞不止。自此，一向重視人才的曹操產生了要打破「立長不立幼」的老規矩的念頭。

曹操曾爲選繼承人的事向文武百官徵求意見，大家都說，最好還是按照老規矩來。賈詡的回答就更有趣了，曹操問賈詡：「這兩個兒子，立誰合適呢？」賈詡不吭聲，裝模作樣地在那兒想事，曹操又問了一遍，他才慢吞吞說：「我在想袁紹和劉表啊！」袁紹和劉表都曾因立幼子爲接班人，最終自取滅亡。賈詡這招叫「此時無聲勝有聲」啊！

有一次，曹操打算派曹植帶兵出征，結果，曹植在出征前喝得酩酊大醉，曹操派人來傳曹植，連催幾次，曹植仍昏睡不醒，曹操一氣之下取消了曹植帶兵的決定。看來，曹植只能當個不拘小節的文學家，難以擔當足智多謀的政治家。

曹丕的文學造詣有相當高的成就。曹丕是三國時代第一位傑出的偉大詩人，他的《燕歌行》是中國現存最早的文人七言詩，所著《典論·論文》是我國文學批評史上第一篇專題論文，在文學批評史上起了開風氣的作用。他與老爸曹操、弟弟曹植被稱

爲建安「三曹」。

曹丕還是個武林高手。有一回，他和將軍鄧展討論劍術，講得頭頭是道，鄧展就說：「光說不練假把式，你不會是在紙上談兵吧？」曹丕也不客氣，就說：「那要不咱倆比劃比劃？」說完就取了兩根甘蔗，丟給鄧展一根，自己拿一根。兩人切磋起來。沒幾下，曹丕就把鄧展給撂倒了。比起只能文不能武的曹植，曹丕多了個優勢。

吳質，字季重，曹操當年爲發展力量，在鄄城舉辦了一場招聘會，吳質因才學通博被錄取，從此受到曹氏父子的賞識，成爲曹丕的摯友，曹植的文友。在曹丕與曹植的「繼承權爭奪戰」中，吳質是支持曹丕的，他經常爲曹丕出謀劃策，可謂是立下了汗馬功勞，與司馬懿、陳群、朱鑠一起被稱做曹丕的「四友」。

一次，曹操率軍出征，曹丕、曹植前往送行。曹植出口成章，把老爹曹操給大誇了一通。曹丕知道再做文章就會顯得做作，正發愁時，吳質就對他說：「與魏王辭別時，你啥都別幹，只管哭就行了。」曹丕就趴在地上哭了起來，一把鼻涕一把眼淚的，連曹操都被感動得稀哩嘩啦。

楊修喜歡耍小聰明，他喜歡揣度曹操的意思，估摸曹操會問曹植什麼問題，事先把標準答案寫好。可有一回，沒有掌握好節奏，問題剛下來，答案就馬上交出去了。曹操知道自己的兒子即便聰明，也不至於聰明如此。於是去查，發現曹植作弊，就討厭他了。

吳質是曹丕的智囊，兩人自然隔三差五要湊到一起嘀嘀咕咕，但曹操禁止自己的兒子和官員來往，害怕結黨營私，曹丕就弄了個竹籠子，把吳質藏在裏面，裝在車上運到自己府裏。楊修發現後就向曹操告狀，曹丕聽說後，趕緊來個偷天換日，結果當曹操派人去查時，看到的只是一籠綢布，連個人影都沒有，於是曹操不再疑心曹丕。

曹丕向賈詡請教，如何行爲得當，賈詡說：「願將軍恢崇德度，躬素士之業，朝夕孜孜，不違子道，如此而已。」言上之意是，希望將軍你弘揚道德，提升修養，履行一個士人的本分，勤勤懇懇，孜孜不倦，不要違背爲人子的孝道，也就夠了。言下之意是，你什麼都不需要做，只管做好你自己。曹丕照做，又爲自己加了不少分。

曹丕做了皇帝後，任命吳質爲中郎將，又封他侯爵。曹丕死後，曹叡又讓他擔任侍中，成爲輔弼大臣。吳質一向喜歡結交權貴，從不跟鄉里百姓往來，在家鄉名聲不佳。做官後，又倚仗曹氏父子權勢，作威作福，引起人們的反感。二三〇年夏，吳質病故，被謚爲「醜侯」。吳質的兒子吳應爲父叫冤，直到吳質死後二十四年才改謚爲「威侯」。

延康元年（二二〇年），曹操去世，曹丕繼位爲魏王、丞相、冀州牧。同年十月，漢獻帝被迫讓位，曹丕登基爲帝，國號大魏，改元黃初，這是曹魏政權的第一個

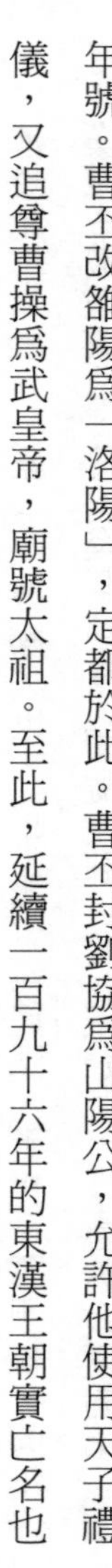

年號。曹丕改雒陽爲「洛陽」，定都於此。曹丕封劉協爲山陽公，允許他使用天子禮儀，又追尊曹操爲武皇帝，廟號太祖。至此，延續一百九十六年的東漢王朝實亡名也亡。

曹丕剛一篡了位，劉備就趕緊找了個藉口，自己做起了皇帝。如果真有一天，蜀漢收復中原，還與舊都，獻帝還沒死，那豈不有兩個皇帝了嗎？那怎麼辦？那獻帝也該隨著東漢帝國一塊陪葬了，劉備或者劉備的後代再做一回「光武中興」。其實那時的人幾乎都心知肚明，東漢皇朝已經名存實亡了，不過都自欺欺人，以此而擴充實力，打擊對手。

有人說曹操是漢朝的篡逆者，其實並不公平。早在中平五年（一八八年），就有人陰謀推翻漢靈帝另立新主，拉攏當時任議郎的曹操，曹操想都沒想，乾脆地拒絕了。袁紹等人想立劉虞爲帝，勸曹操入夥，曹操明確提出：你們可以去聽那個北方幽州牧的，我依然忠誠於西面的漢獻帝。可見，曹操起初忠於漢室的立場是相當堅定的。

建安二十四年（二一九年）十二月，吳魏合作擊殺關羽後，孫權上表勸進稱臣，曹操冷笑道：「這小子是想把我放在火上烤啊！」壓根信都沒給孫權回。這其中雖然有曹操的慎重權謀，但客觀上不能否認是對朝廷的尊重。至於曹操誅殺董承、伏完等皇親國戚，畢竟是他們動手於前，曹操反擊於後，難道能指望曹操高高興興地等死嗎？

誅董承殺伏完的同時，曹操也規定了自己「後宮」的人一律不得干涉朝政，即使對親兒子曹彰等人也是「居家爲父子，受事爲君臣」。才高八斗的曹植爲人放蕩，曾私自「開司馬門而出」，他的車夫立刻就被處死。曹植失寵，很大程度上是因爲他違法亂紀。曹丕或許是有賊心沒賊膽，曹植則根本就沒把是不是賊當回事。

回顧三國前的歷史，東漢桓帝年間，中國的人口曾經達到五千多萬，但到了三國時銳減到七百多萬，甚至還不如四五百年前動不動就「斬首十萬」的戰國時代，那時還有一千多萬呢！殺光這麼多人不可能，但餓死卻不難。連諸葛亮打仗都有好幾次因糧食不接而退兵，可曹操屯田制的實行，卻擺脫了「巧婦難爲無米之炊」的尷尬局面。

曹操在攻破鄴城後，鑒於東漢後期沉重的人頭稅，改爲戶調制，對土地所有者（包括自耕農和地主）收田租每畝爲四升，每戶出絹二匹、棉二斤，他還大力制止對農民的亂攤派行徑，這可是連兩千年後的今天，都能讓治國者頭疼的頑疾。這一政策大大減輕了農民的負擔，得到了一致的擁護。

曹操在世時大力興修水利設施並卓有成效，如在周瑜的家鄉舒城建立的七門三堰，一直到北宋宋仁宗時還能每天澆灌兩萬頃良田。有統計稱，孫策、孫權兄弟曾先後四次打到周瑜的故鄉淮南舒城一帶，但毫無例外的是劫掠而還。因此周瑜的老家出現了這樣的滑稽局面：曹魏拼命建設大興土木，孫吳拼命破壞殺人越貨。

江南雖然號稱魚米之鄉，三國時的農業水準卻相當低下，連牛耕等北方早已是常識的東西都未能普及，又沒有水庫潭池等可供水灌溉的水利建設，其生產效率可想而知。這樣的情況下，即使有百萬雄兵也得餓肚子，又怎麼能爭霸天下？如果說曹魏給後人留下一筆豐厚的遺產，那麼蜀漢是保本，東吳則是一屁股債。

史書稱曹操的衣服沒有花裏胡哨，鞋子不曾雕花繡彩，帷帳屏風落滿補丁，床榻被褥「敗絮其中」。在曹操的大力糾正下，東漢以來的奢華之風爲之一扭，天下的人都以廉潔勤儉自律。即使是高官顯貴也不敢過度鋪張，甚至出現了有人故意穿破舊衣服取悅曹操的咄咄怪事。後來，曹操不得不下令來糾正這一奇怪的不正之風。

曹操之後的曹丕、曹睿雖然在個人生活上不夠檢點，但卻基本上貫徹了曹操的屯田、節約的政策。後來曹真、張郃、司馬懿之所以能夠屢次在祁山等地把戰術上沒有什麼錯誤的諸葛亮拖垮，就是因爲他們「內力深厚」，有充足的物質保證。

曹操的遺囑，也體現了自己的一貫儉樸的風格：「天下尚未安定，未得遵古也。

葬畢，皆除服。其將兵屯戍者，皆不得離屯部。有司各率乃職。斂以時服，無藏金玉珍寶。」誠然，曹操並不是個完人。他在徐州的屠城等都是應該受譴責的。但綜合看，他的成功絕不是偶然，無愧於陳壽「非常之人，超世之傑」的評論。

曹丕建魏後，設立中書省，其官員改由士人充任，原由尚書郎擔任的詔令文書起草之責轉由中書省官員擔任，機要之權也漸漸轉於中書省。他恢復了「九品中正制」，官職世襲，一改曹操「唯才是舉」的政策。他還限制了宦官的權力，並下令婦人不得預政，群臣不得奏事太后，后族之家不得當輔政之任。

曹丕很重視文教。黃初二年（二二一年），曹丕下令人口達十萬的郡國每年察舉孝廉一人。同年又重修孔廟，封孔子後人爲宗聖侯。黃初五年（二二四年）恢復太學，設立春秋穀梁博士。在經濟方面，曹丕繼續實行屯田制，施行穀帛易市，穩定社會秩序。黃初末，魏國國庫充實，累積巨萬，基本解決戰爭造成的通貨膨脹問題。

曹丕在繼承權上的勝利，就意味著曹植悲劇人生的開始，他從一個過著優遊宴樂生活的貴族王子，變成處處受限制和打擊的對象。甚至在曹丕死後，曹睿對他仍嚴加防範和限制。曹植在文、明二世的十二年中，曾被遷封過多次，最後的封地在陳郡。太和六年（二三二年）冬，曹植逝世，卒諡思，因此，後人也經常稱他爲「陳王」或

「陳思王」。

詩歌是曹植文學活動的主要領域。前期與後期內容上有很大的差異。前期詩歌可分為兩大類：一類表現他貴族王子的優遊生活，一類則反映他「生乎亂、長乎軍」的時代感受。後期詩歌，主要抒發他在壓制之下時而憤慨時而哀怨的心情，表現他不甘被棄置，希冀用世立功的願望。

曹植還是建安文學之集大成者，對於後世的影響很大。在兩晉南北朝時期，他被推尊到文學典範的地位。南朝大詩人謝靈運對他更是讚許有加：「天下才共一石，子建獨得八斗，我得一斗，天下共分一斗。」王士禎也曾說，漢魏以來兩千年間，詩家堪稱「仙才」者，只有曹植、李白、蘇軾三人。

曹操對曹植的寵愛，無疑在他死後成為曹植的催命符。曹丕曾想出個「七步成詩」的辦法治罪於他，所幸的是，出口成詩是曹植的拿手好戲，瞬間就作詩一首，名字就叫《七步詩》。而詩中的「本是同根生，相煎何太急」二句也在民間廣為流傳，感動千萬人。《七步詩》便成了曹植的救命詩，曹丕不得不收回成命，只降了曹植的官爵。

曹丕是魏朝的開國皇帝，也是三國時代中第一個稱皇帝的君主。曹丕的政治、軍事才華遠不能與其父親曹操相比，如他幾次率百萬大軍南下伐吳均無功而返，但他征服了北方鮮卑、高句麗等部落，將魏國的疆域拓寬到蒙古高原。魏黃初七年（二二六年），曹丕回到洛陽後一病不起，臨終前託付曹睿於曹真、司馬懿等人，終年四十歲。

＊微歷史大事記＊

建安五年（二〇〇年）十月，曹操在官渡以少勝多，大敗河北袁紹，史稱「官渡之戰」。

建安六年（二〇一年），曹操在倉亭再次擊破袁紹大軍。

建安十二年（二〇七年）十二月，曹操北伐三郡烏桓，徹底剷除了袁氏殘餘勢力，基本統一了中原地區。

建安十三年（二〇八年），曹操就任東漢帝國丞相。七月，曹操南征荊州劉表，十二月在「赤壁之戰」中大敗。

建安十六年（二一一年）七月，曹操領軍西征，擊敗了以馬超為首的關中諸軍，構築了整個魏國的基礎。

建安十八年（二一三年），漢獻帝派御史大夫郗慮冊封曹操為魏公，以冀州、並州等十郡為魏國封地。於鄴城建立魏王宮銅雀台，享有天子之制，獲得「參拜不名、劍履上殿」的至高權力。

建安二十年（二一五年），曹操攻佔陽平關，擊敗、降服了漢中張魯。

建安二十一年（二一六年），漢獻帝冊封曹操為魏王。

建安二十五年（二二〇年）三月，曹操於洛陽逝世，享年六十六歲，諡號「武王」，死後葬於高陵。曹丕稱帝後，追諡曹操為「武皇帝」，廟號「太祖」，史稱魏武帝。

第四章

孤膽英雄：凡事有備無患的劉備

天生人氣王

中國的傳奇人物自古以來都長相奇特，朱元璋的尊容到現在還讓史學家們爭論不休，劉備也不例外。《三國志》裏寫到，劉備雙手過膝，耳朵大得連自己都看得到，也因此得了一個「大耳賊」的不雅外號。劉備的家門外有一棵高大蔥鬱的桑樹，劉備在穿開襠褲的年齡時，就指著樹冠對夥伴們說：「以後我一定會坐上有這麼大華蓋的天子之車。」

劉備，字玄德，家住北方邊城涿縣。他雖然是漢中山靖王劉勝的後代，但由於父親早死，家境貧寒，從小就不得不幫助媽媽賣草鞋、編草蓆度日。他的叔叔劉元起看出劉備非同一般，就時不時地會接濟一下他家，所以劉備的童年生活也算衣食無憂，要不怎麼能發展出諸如「美衣服」、「犬馬」和「音樂」這樣的愛好呢！

劉元起家裏也不富裕，接濟劉備的時間一長，元起的老婆就不樂意了：「你這樣何時是個盡頭啊?再說，劉備那孩子本來就不學好，老跟著小流氓亂混，給他點錢都用來買漂亮衣服和出去喝花酒去了。」劉元起不以爲然地說：「這可不是個一般的孩子，以後肯定要發達，你等著瞧吧！」一個市井的老百姓都有此般見識，真是讓人感

慨三國時代處處有人才啊！

中山靖王劉勝，是漢景帝劉啓的兒子。這位仁兄，別的本領沒有，生兒子的本領卻強得驚人，足足生了一百多個兒子，但他並沒有酒色過度，當了四十二年中山王才死去。劉勝有二十個得寵的兒子被封侯，其中一子劉貞被封爲涿縣陸城亭侯，後來因故失去侯爵之位，但他沒有回老家中山，而是在涿縣落戶紮根，開枝散葉。

東漢皇室並沒有因劉備是中山靖王之後而多加關照，因爲東漢開國皇帝劉秀是漢景帝的六世孫，如果劉備一定要攀親戚的話，那他與漢靈帝的親戚關係得一直算到十三代以前，這都三百多年過去了，誰還說得清啊！根據俗話「八竿子都打不著的親戚」一說，你劉備這十三竿子的親戚還能算親戚麼？當然不算！

盧植也是涿縣人，算是劉備的老鄉，他當時剛從九江太守的任上下來，新的就職聘書還沒下來，就在家著書立說，順便辦個了臨時學堂，賺點外快。族裏的人看劉備老大不小了，整天在村裏瞎晃也不是個辦法，就湊了點錢，資助劉備的學業，而找的老師就是這位鼎鼎大名的盧植。

漢靈帝熹平四年（一七五年），十五歲的劉備拜大儒盧植爲師。在這裏，他認識了公孫瓚，從此開始了兩人半生的緣分。

公孫瓚，字伯珪，是一個世家子弟，十七八歲的時候就在本郡做書佐，幹些抄抄寫寫的活，由於才幹過人，太守將自己的女兒嫁給了他。對於鄉野長大的劉備來說，混跡官場的公孫瓚不啻爲他打開了一個全新的世界。

劉備寡言少語，喜怒不形於色，但待人謙恭，城府很深。他喜歡結交豪爽之士，青年時代就有不少人跟在他的屁股後面叫老大，這是他性格的優點。在愛才、用才上，儘管劉備、曹操、孫權三人有共同的特點，但劉備比他們兩人更勝一籌。

熹平六年（一七七年），盧植受命出任揚州廬江太守，劉備與公孫瓚輟學回鄉。但是沒過多長時間，他們又相遇了，這回是在劉備的家鄉涿縣。公孫瓚來這裏當涿縣縣令，這是老天對劉備的成全。作爲縣令的鐵哥們，本來人緣就好的劉備就具有更大的號召力，在他的身邊，開始聚攏起了一幫兄弟。

關羽，本字長生，後改字雲長，是河東解人，在家鄉殺了人逃往涿郡。張飛，字益德（小說為翼德），是涿郡人，家裏是土財主。由於家境原因，關羽應該讀書不多，而張飛肯定是上過學堂的。外表上，關羽應該是個紅臉大漢，長鬚飄飄；張飛應該是個比關羽個頭略低的白面書生，《太平御覽記》裏就曾描繪過：「人中張飛，馬中玉追」。

多賴《三國演義》的演繹，在人們印象中，沒太讀過書的關羽以一本名爲《春秋》的書爲枕邊書，夜裏常常手捧著這本書，至於看不看得懂是沒有人追究的。張飛

書法很好，甚至都可以和書法家搶飯碗了，他還擅長畫美人圖。不過，兩人的共同點是都練過中國功夫，所以體格魁梧，打起架來，一個能頂十個。

張飛其實是一個標準的美男子。全程記錄三國歷史的斷代史書《三國志》裏，清楚地記錄了劉備、關羽的相貌，卻獨獨對老三張飛的相貌隻字不提。以至於在羅貫中的大膽想像下，一個五大三粗、五官彪悍的張飛形象統治了中國人的大腦數百年。其實張飛不但不醜，反而十分的帥，比起「大耳垂肩，雙手過膝」的劉備、紅臉長鬚的關羽也毫不遜色。

張飛在涿郡開了個酒館，爲了讓沒賣完的肉保持新鮮，他就把肉吊在水井裏，上面壓一塊五六百斤重的大石頭，除了張飛誰也搬不開這塊石頭。這天，殺人外逃的關羽經過涿州，硬要在張飛已經打烊的店裏吃飯，夥計就說：「肉全懸在井裏，你拿得動石頭，肉就是你的。」誰知他輕鬆搬開石頭拿塊肉就走了。張飛知道後，追上關羽就打，關羽也不是吃素的，兩人廝打起來，別人都不敢勸，正巧劉備路過，上前把兩人分開。

劉關張的不打不相識，讓三人一見如故，大有相見恨晚之意，於是就發生了讓後世江湖大俠們爭相效仿的「桃園三結義」。《三國志》中形容三個人的友誼，說他們「寢則同床，恩若父子」，三個桀驁不馴、精力旺盛的小夥子，就像現在的古惑仔一樣，經常漫無目的地遊蕩在涿縣的街頭，關張二人也一直對劉備忠心耿耿。

漢靈帝中平元年（一八四年），黃巾起義爆發。劉備帶著關羽、張飛和其他一百來個兄弟，走出了涿縣城門，應徵入伍，討伐黃巾起義軍。這些人裏，只有二十多人是劉備身邊的兄弟，其他人都是臨時招募的。一百多個莽撞的鄉野少年，這就是英雄劉備的原始人脈，劉備因鎮壓起義軍有功，被封爲安喜縣縣尉。

既然自尋出路就像無頭蒼蠅一樣四處亂撞毫無效果，那麼爲何不去投靠昔日的大哥公孫瓚呢？那時候，公孫瓚已經成爲幽州騎都尉，見劉備來了，就封他爲「別部司馬」。後來公孫瓚的勢力擴展到幽州，就派田楷做幽州刺史，派劉備做平原縣令，再後來，劉備又升任平原國的國相，成爲郡守一級的幹部。

在平原，劉備顯示出了他的政治才能和人格魅力。他把境內土匪剿得乾乾淨淨，平原人民終於過上了安寧的生活。劉備還從來不擺官架子，無論你是官是民，只要趕上一起吃飯，他都毫不避諱地與之一桌喝酒，一碗吃菜。劉備的這一舉動就像溫潤的春風一樣，溫暖了人們的心，將平原變成一塊其樂融融的樂土。

都說柔能克剛，這話一點兒不假。劉備有個仇敵，買通了一個刺客去殺他。刺客來了之後，劉備以爲是又一個吃客，連忙熱情招待他吃飯，刺客一見，平原相原來是這麼好的一個人，不忍心下手，於是坦白了真相。劉備沒有難爲他，還賞了銀子放他

走。連寫《三國志》的陳壽都不禁感嘆說：「其得人心如此。」

一天，劉備收到一封信，讀完信後他差點激動地跳起來。其實就是北海孔融給他寫的那封求救信。劉備受寵若驚地說：「不是吧？大名鼎鼎的孔北海也知道我劉備啊？」時至今日，他劉備終於憑藉自己的執著和頑強，贏得了屬於他的可憐的知名度。然而，從孔融開始，在漢末政治角逐中心，將會有越來越多的人知道這個注定要響徹中國的名字。

曹操有雄厚的家底，孫權有父兄的遺業，劉備卻雙手空空什麼都沒有，有的是起步時的延遲和一路的坎坷。之所以能夠取得三分天下的成就，劉備所憑藉的，幾乎完全是他的人格魅力，那就是善良和寬厚。這兩種品質向來爲人們所忽略，然而事實證明，我們還是可以相信「善有善報」的。

張邈，字孟卓，年少時以俠義著稱。他是個標準的「富二代」，經常仗義疏財，因此朋友也是遍佈大江南北。他與曹操、袁紹都有交往，關係甚密。在黨錮之禍中因敢於挺身抨擊宦官集團，被天下士人評爲「八廚」之一。漢靈帝時，初任騎都尉，後升爲陳留太守。

昭寧元年（一八九年），董卓篡權，張邈與曹操、袁紹等謀劃起兵討伐。次年，董卓西遷，曹操獨自率軍前往追擊董卓，張邈調集全部兵力追隨曹操，戰於汴水，但卻被董卓擊敗。後來，曹操向關東群雄提出討伐董卓的具體戰略，但關東群雄都不採納，張邈也沒有支持曹操。

袁紹擔任盟主後驕傲自大，肆意妄爲，曹操、鮑信等人都對此很不滿意，但又不敢明言，只有張邈以正義之詞譴責袁紹。袁紹於是大怒，當時曹操擔任兗州牧，是時任陳留太守的張邈的頂頭上司。於是，袁紹指使曹操殺掉張邈，但曹操與張邈友情深厚，因此拒絕，把張邈感動得熱淚盈眶，直喊：「阿瞞哥，好兄弟！」

初平四年（一九三年），曹操第一次東征陶謙，對家人說：「我要是回不來，你們就去依靠張孟卓吧！」曹操回來後見到張邈，兩人抱頭痛哭了一場。興平元年（一九四年），曹操第二次東征陶謙。此前曹操因私仇而處死了名士邊讓，其後又處死邊讓全家三百餘人。張邈對曹操這一殘忍手段不滿，漸有叛意。

陶謙和曹操本來就有過節，曹操的爸爸曹嵩經過陶謙管轄的徐州的時候，還被當地士兵給殺死了，這下子，陶謙是跳進黃河裏也洗不清了。曹操親率大軍來打陶謙，臨行前連後事都交代好了，這種決一死戰的洶洶氣勢，不能不讓陶謙膽寒。陶謙想到了青州的田楷和劉備，於是派人向他們求助。

孔融當時求助劉備，是知道他素有仁名。陶謙求助於田楷、劉備，取決於當時的政治背景。當時天下分爲兩股力量，以袁術、公孫瓚和陶謙組成的「同盟國」，和以袁紹、曹操、劉表組成的「軸心國」進行對抗，所以當陶謙遇難的時候，他自然想到了盟軍公孫瓚在青州的隊伍。

劉備有一個特點是，在他的身上從來不會發生奇蹟，該輸的時候一定贏不了，面對曹操這樣的強敵，陶謙沒救成，自己也被打得慘不忍睹。其實陶謙也沒有對這次救援抱太大希望，只是死馬當活馬醫。當然，鑒於對手是曹操，活馬都得死，死馬就更不用瞎折騰了。曹操禁不住嘲諷：「陶謙，你這輩子最後悔的就是得罪我曹阿瞞吧！」

曹操毫不留情地磨刀霍霍向陶謙殺去，在徐州城中，正當陶謙懷著忐忑不安的心情伸長脖子等著曹操來割時，曹軍卻忽然在一夜之間悄悄地走了，連張紙條都沒留。原來，正當曹操血洗徐州的時候，他的後院失火了，好友張邈忽然和陳宮一起叛變了他。曹操匆匆忙忙回去熄火，陶謙這條命算是暫時保住了。

張邈與曹操的關係是不錯，但關鍵是，袁紹經常勸曹操殺了他，這讓張邈心中一直不安，生怕哪次曹操搭錯神經，真把自己給宰了。於是，他聽從陳宮和弟弟張超的建議，反叛曹操而去投靠呂布。但次年，呂布被曹操擊敗，張邈隨呂布投奔劉備。其弟張超護送全家去雍丘，最後被曹操誅滅了三族。張邈向袁術求救，途中被部下所殺。

田楷帶兵回了青州，劉備一時半會兒卻走不了。陶謙與曹操結下梁子，即便一時解了急，卻永遠都別想消停，所以他希望劉備能夠留下來，省得曹操再攻來時，他來回跑著麻煩。於是，陶謙向朝廷推薦劉備擔任豫州刺史，從此劉備有了一個別號「劉豫州」。不過，事實上，豫州不在劉備治下，僅僅是在豫州最東邊的小沛縣上班。

興平元年（一九四年），陶謙因病去世。臨終前，陶謙對徐州別駕糜竺說：「非劉備不能安此州也。」不光陶謙看好劉備，徐州其他有頭有臉的人物也都聽說過劉備的仁義和禮賢下士。可見，劉備此時的名號已經徹底打響。可當糜竺等人敲鑼打鼓地來到沛縣，請劉備到徐州擔任州牧時，劉備卻搞起了「謙虛」，死活不答應。

陳登，字元龍，性格桀驁不馴，學識淵博，智謀過人。二十五歲時，舉孝廉，任東陽縣長。雖然年輕，但他能夠體察民情，撫弱育孤，深得百姓敬重。後來，陶謙提拔他為典農校尉，主管一州農業生產。他親自考察徐州的土壤狀況，開發水利，發展農田灌溉，使徐州的農業得到一定程度的恢復，百姓們安居樂業。

陳登勸劉備擔任徐州牧，劉備卻說：「袁術近在壽春，人家有四世三公的家世，你們還是請他吧！」陳登急了：「只要您一聲令下便有十萬大軍供您驅使，上可匡主

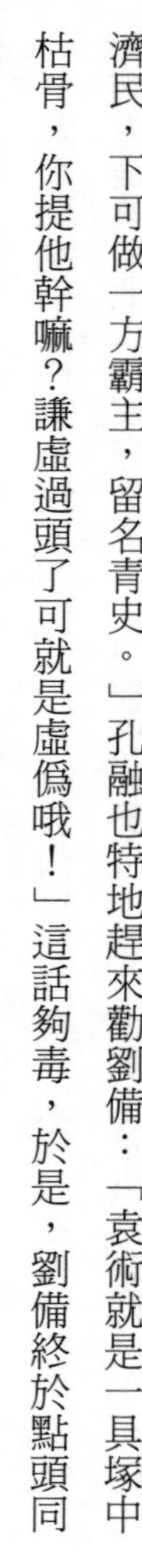

濟民，下可做一方霸主，留名青史。」孔融也特地趕來勸劉備：「袁術就是一具塚中枯骨，你提他幹嘛？謙虛過頭了可就是虛偽哦！」這話夠毒，於是，劉備終於點頭同意。

劉備成了徐州的搶手貨，徐州人民擁戴他，陳登、糜竺支持他，然而卻有人看他越來越不順眼，乾脆帶兵來收拾他，此人就是袁術。

建安元年（一九六年），袁術領兵來到徐州與劉備扭打在一塊，閒著無聊的呂布就趁機鬧事。曹操打陶謙的時候，呂布就和陳官等人在兗州造曹操的反，被曹操修理一頓後，就來投劉備了，現在趁劉備和袁術打仗，就在下邳糾結陶謙留下來的丹陽兵造反了。看來，呂布就是個唯恐天下不亂的人，走到哪兒都愛惹禍。

劉備以迅雷不及掩耳之勢趕回徐州時，呂布已經在城中喝起了茶，張飛也被趕了出來。劉備只好領著殘部退守海西，可海西這個芝麻大的小縣根本養不起劉備的幾千人馬。劉備過了一段饑一頓飽一頓的日子後，就甩膀子怒道：「這樣不行啊！吃不飽飯，其他的都是浮雲！」於是，領著部下又回徐州去投靠原本是自己門客的呂布了。

亂世的歷史舞臺上，時刻都在上演著詭異而彆扭的狗血劇情，三國更是如此。當劉備厚著臉皮來投靠呂布時，呂布竟然鬼使神差的同意了，還把沛縣給了他。而袁術就是一門心思不讓劉備過安生日子，不久又來海西打劉備。這時候最離奇的事情發生了，呂布居然帶兵來幫助劉備抵抗袁術，因爲他知道「唇亡齒寒」的道理。

袁術走了，劉備稍稍安頓下來，就又開始充實自己的力量，在沛縣瘋狂地招兵買馬。憑著自己響叮噹的名聲，劉備很快就招到了一萬兵馬。這讓呂布意識到，雖然徐州到了自己手裏，但徐州人民的心還是向著劉備的。於是，他帶兵來到了沛縣。在戰場上，劉備幾乎從來沒有得到過幸運之神的眷顧，這次也一樣，劉備再次潰敗而逃。

劉備在徐州的兩年光陰彷彿是大夢一場，好不容易熬到了一塊屬於自己的領地，轉眼就易手他人。劉備再一次雙手空空地踏上了流浪之路，唯一可以慰藉的是，他的那幫兄弟始終不離不棄地陪伴左右，這也許是劉備最大的精神支柱，有了他們，他永遠都會有東山再起的陽光心態。

形勢永遠都在變化，或敵或友的關係也隨時轉換，一切都取決於利益。當劉備拖著疲憊的身軀來到曹操的面前時，曹操直接給了他一個溫暖的擁抱。因爲曹操知道，他們現在有一個共同的敵人叫呂布，根據敵人的敵人是朋友的道理，他們現在就是朋友了。什麼？劉備曾幫陶謙打我？唉，我曹某人記性不好，忘了！

曹操收留劉備後，別出心裁地派他再回沛縣。不久前，劉備正是從這裏被呂布打跑的，如今他又回來了，帶著曹操給的兵馬和錢糧。呂布一看，剛把你打跑又來了，真夠有韌性的啊，再來再打！但這次與上次不一樣了，劉備剛被呂布打得丟了老婆孩

子落荒而逃，後臺曹操就親自領兵救援來了。呂布打劉備綽綽有餘，但曹操勝呂布毋庸置疑！

白門樓，呂布生命的最後一站。呂布被五花大綁地帶上了樓，他讓曹操把繩子鬆一點，曹操說：「捆你這頭猛虎就得緊點！」呂布不甘心就死，就開始做起了對曹操的思想工作，劉備看曹操有點動搖，就趕緊下了劑猛藥：「您難道忘了丁原與董卓是怎麼死的？」曹操一聽恍然大悟，呂布可是一白眼狼啊！於是下令將他處死。

劉備是個英雄，明眼人都看得出來，曹操的部下也意識到，留著劉備遲早是個禍患。程昱曾勸曹操說：「我看劉備既有雄才，又得人心，必不甘心久居人下，不如早點兒把他解決了事。」曹操卻認爲現在正是收攏人心的時候，如果殺了劉備，就會失去天下人的心，還是留著他的命吧，郭嘉也是這個意思，於是就沒有對劉備下手。

曹操封劉備爲左將軍，關羽和張飛爲中郎將。在三國時，左將軍是次於大將軍、驃騎將軍、車騎將軍和衛將軍的武職。不過，聽起來很美，卻沒有實權。劉備知道曹操在防著自己，於是也低調行事，很少出門，還在左將軍府的菜園裏當起了菜農，搞得曹操也很納悶，難不成劉大耳從此要熄了壯志，寄情田園？

建安四年（一九九年），當時正是梅子成熟的季節，曹操把劉備帶到花園裏，指著梅樹給劉備講了個故事：「我當年行軍的時候，沒有水喝，士兵又渴又乏，我就對士兵們說，前面有一片梅林，那裏面有很多青梅可以止渴，士兵們聽到這話，嘴裏都生出唾液了。現在梅子又成熟了，我用青梅煮了一些酒，請你來品嘗。」劉備笑了笑，跟著曹操走。

有些人雖然一度貧困潦倒，但依舊掩蓋不了他的宏圖大志，劉備就是這樣的人。曹操問劉備：「玄德兄，你說這年頭誰是英雄？」

劉備這個老滑頭就跟曹操打起了啞謎，顧左右言其他。曹操直截了當地說：「別繞了！這年頭真正的英雄也就你和我了！」

劉備聽完大腦直接短路，筷子都嚇得掉到地上了，剛巧天上打了個巨雷，劉備趕緊彎腰撿起筷子說：「這麼大的雷，嚇死我了！」

張飛、關羽兩人怕曹操會殺劉備，闖進了曹操的後花園，見劉備沒事，關羽連忙掩飾說自己來舞劍助興。曹操說：「這又不是鴻門宴。」然後斟酒讓他們壓驚。後來三人一起出來，劉備說：「我在曹操的地盤上天天種菜，就是要讓他認爲我胸無大志，敢情這麼久的菜都白種了，還是被他識破了。」三人就尋思著，得借機開溜。

袁術是典型的非主流新新人類，他給自己封了個皇帝，結果搞的是眾叛親離。後來在淮南實在混不下去了，就跑到青州去投奔袁紹的兒子袁譚。曹操準備趁機殺了他，劉備趕緊主動請纓，要去徐州截擊袁術。曹操沒有細想，就同意了。劉備生怕曹操變卦，藉口說兵貴神速，匆匆帶兵奔赴徐州。

郭嘉起初不同意曹操殺劉備，是因爲劉備當時已有名氣，怕給曹操帶來不好的影響。雖然不能殺，但也絕不可以放，但曹操對郭嘉的意思理解得一知半解。劉備請命去徐州時，恰好郭嘉出差去了。郭嘉回來知道這事後說：「劉備不可縱！」放走劉備，就等於放虎歸山，以後可就有禍患了。曹操當時也後悔了，立即派人去追，但已來不及。

劉備打跑袁術後，是死活都不回許昌了，劉備帶著隊伍浩浩蕩蕩地來到徐州下邳城，當時的徐州刺史是車冑。劉備接著做了一件這輩子最膽大妄爲的事，把朝廷命官車冑給宰了，再度佔據徐州。劉備回到徐州，開心的不止是自家兄弟，徐州人民也很興奮，各郡縣立馬叛曹歸劉，劉備的隊伍迅速壯大。

曹操派劉岱、王忠去徐州打劉備，被劉備打了個滿地找牙。劉備還意氣風發、無比瀟灑地對他們說：「像你這樣的，來百十個也白搭，就是曹公自己來了，誰贏誰輸都不好說！」曹操一生最是知人，如今看錯了劉備，內心本來就很受傷，再聽到劉備的挑戰，哪裡咽得下這口氣，即便在官渡大戰的百忙之中，也非要抽個空親自趕來收拾劉備不可。

也許劉備算不上是頂天立地的大英雄，但他絕對算得上是個梟雄。他料定曹操對付袁紹已經很吃力，已經沒精力和自己鬥，所以才敢稍微囂張一下。可正當他悠閒地坐山觀曹袁二虎鬥時，卻聽說曹操來了，嚇得他再一次丟下老婆孩子，撒腳丫子跑了。惹得曹操在一旁鬱悶：「我又不是你家保姆，幹嘛每次都把老婆孩子留下來！」

建安五年（二〇〇年）秋，劉備離開了袁紹，帶著不多的人馬前往汝南。官渡之戰結束後，曹操又親自來汝南打劉備。劉備很有自知之明，還沒開打，就腳底抹油，溜了。曹操滿臉黑線，咕噥道：「你就不能正面和我幹一架麼？」這一逃，劉備徹底地離開了中原，來到了荊州。從此，他再也沒有踏上過中原的土地。

荊州的老大是劉表，劉表熱情地接待了劉備，將荊州北部的新野交給了劉備。在這裏，劉備度過了七年平靜的生活。從公孫瓚、陶謙、呂布、曹操、袁紹到劉表，劉備已經更換了六個主人；從平原、小沛、徐州到新野，沒有一片土地真正屬於劉備。劉備叼了根草，躺在地上反思：「什麼時候才能不再寄人籬下，擁有一塊屬於自己的根據地啊？」

人們通常都喜歡逞強，而不知守弱的微妙。實際上，守弱可以讓人在處於低谷的時候，全身保命，以等待機遇的降臨，再度一飛沖天。老子曾說：「弱之勝強，柔之勝剛，天下莫不知，莫能行。」弱者和柔者最終勝過剛者和強者，就在於前者懂得韜

晦之計，在許昌種菜的劉備就深諳這個道理。

建安十三年（二〇八年），曹操親率大軍南下，戰旗直指荊州。劉表一聽曹操要來，直接兩腿一蹬死翹翹了，把困難留給了自己的小兒子劉琮。劉琮哆嗦著問大家怎麼辦，傅巽就說：「用劉備來抵擋曹操有兩種結果，劉備若敗，我們降曹；劉備若贏，那他一定不肯做您的部下。」劉琮一聽有道理，是贏是輸我都沒有好果子吃，那還不如提前投降了！

劉琮向曹操投降後，才想起來應知會劉備一下，就派一個叫宋忠的人來給劉備送信。劉備一聽，大驚失色，心想，這真是給我送終來了。此時曹軍在新野，劉備在樊城，曹軍一旦圍住樊城，劉備只有死路一條。倉促之間，劉備和諸葛亮緊急商議，棄樊城奔江夏，趕緊佔領了軍備糧草充足的江陵城。

劉備軍隊的撤退驚動了樊城的官吏百姓，在他們眼中，和藹可親的劉備比有屠城前科的曹操可愛得多，就決心跟著劉備走。劉備就讓關羽率水軍沿漢水先行抵達江陵，自己則率領數千部隊，帶著老百姓從陸路趕到江陵。於是，十幾萬人擁擠在通向江陵的道路上。老百姓不懂軍紀，純粹隨性而走，結果道路擁擠不堪，劉備只能以每天十幾里的龜速前進。

諸葛亮曾建議劉備趁荊州軍民人心騷動時，攻佔襄陽，殺死劉琮，荊州就唾手可得。可劉備不忍心在劉表屍骨未寒的時候就對劉琮下手，更不願意留下不仁義的名聲，甚至在路過襄陽時，劉備還想在曹操趕來之前對劉琮做最後一次思想工作，希望他能迷途知返。但劉琮下定決心一條道走到黑，緊閉城門，就是不讓劉備進城。

劉備的魅力確實太大了，襄陽的官吏百姓被劉備的「仁義之舉」感動得眼淚嘩嘩淌，撇下劉表，都加入了劉備的逃亡隊伍。於是，通往江陵的道路更加擁塞，行進的速度也更慢了。手下怕曹操趕上他們，就勸他先騎馬去江陵，劉備卻說：「夫濟大事，必以人爲本；今人歸吾，吾何忍棄去！」「以人爲本」這四個字，在中國歷史上就是這樣第一次被提出來的。

曹操到達襄陽，趕緊派勇將曹純率五千虎豹騎直奔江陵，曹純等人以一天三百里的速度全速前進，很快在當陽縣長阪坡趕上了龜行的劉備。當時劉備軍夾雜在百姓之中，看到曹軍趕來，百姓們亂作一團，衝亂了劉備的數千步騎，長阪坡頓時亂作一鍋粥，百姓互相踐踏，部隊散亂無章。不光是劉備傻眼了，連曹軍也傻眼了，到底該殺誰啊？

一身是膽趙子龍

趙雲，字子龍，常山真定人也。這位仁兄可是三國裏鼎鼎有名的帥哥——身高八尺，姿顏雄偉，但絕不是個「花瓶」，完全是真刀實槍的幹活。他戎馬一生，驍勇善戰，膽略過人，劉備稱其一身是膽，將士們則稱他爲虎威將軍。

初平二年（一九一年），趙雲受常山郡人民推舉，率了一幫勇猛之士投奔公孫瓚。公孫瓚對趙雲的投奔很意外：「聽說貴州人都想要依附袁紹，怎麼唯獨你能迷途知返呢？」趙雲說：「天下大亂，不知道誰是明主，百姓有倒懸之危，鄙州經過商議討論，要追隨仁政所在，並不是因爲我們個人疏遠袁紹而偏向於將軍您。」趙雲自此隨公孫瓚四處征討。

趙雲在公孫瓚的旗下並沒有得到重用，比起外來的人，公孫瓚最信任的人，還是自己的哥哥公孫范以及嚴綱、田楷這些老部下，再排下去，就是他的師弟劉備了，所以，趙雲空有一身本領，卻沒有舞臺！一天，劉備到公孫瓚那裏見到趙雲，感覺此人不凡，就有意拉攏，後來趙雲終於被劉備感動，說了句：「我永遠不會背叛您的恩德。」

趙雲為人謹慎小心。有一次，諸葛亮讓趙雲率軍去攻取一座城池，他已策劃好整個計畫，趙雲只要執行就可。但在趙雲出發後，諸葛亮才發現按照原定的時間，那條河正值漲潮，士兵們將無法渡河。正發愁呢，卻傳回趙雲已攻下城池的消息，原來趙雲知道河水會漲潮，在出發前就已先準備好渡河用的舟筏，因此順利完成計畫。

「單騎救主」充分展現了趙雲的勇猛。當時情況危急，當劉備慌忙過河之後，卻發現老婆孩子不見了。趙雲知道後，獨自騎著馬就回頭殺進曹營。有人就對劉備說，趙雲肯定投降去了。劉備順手拿起手戟指向那人，怒道：「子龍是不會棄我而去的！」果然，不久，趙雲便渾身是血的抱著小阿斗，護著甘夫人回來了。之後，劉備便任命趙雲為牙門將軍。

大戰中，所有人都東奔西跑，面色驚慌，只有一人紋絲不動，威武異常，將逐漸逼近的曹軍視若無物。曹軍大異，夏侯惇、夏侯淵、許褚、曹仁、李典、文聘等萬夫莫擋的猛將都不由得在他的威懾之下放緩了腳步。有認識的人悄悄說：「此人即那萬人敵張飛！」眾人倒抽一口涼氣，同時又嘆：可是這人也太囂張了吧！

關鍵時刻，拼的就是膽量。曹軍雖怕張飛，但更怕自己的老大曹操，也是硬著頭皮繼續前進。張飛依然紋絲不動，只剩十來步時，忽見他橫握長矛，大聲吼道：「我就是張翼德，誰敢來決一死戰！」曹軍頓時膽寒，再看張飛背後的樹林裏塵土飛揚，

隱隱似有埋伏。曹軍於是個個掉轉馬頭，撤了回去。

徐庶，字元直，本名徐福。自小喜歡舞刀弄劍，行俠仗義，常以仁俠自居。後來因替人鳴不平，將人殺死後逃跑，改名徐庶。從此，向來狂放的徐庶棄武從文，卑躬早起，刻苦讀書，很快就在學問方面有很深的造詣，才華出眾，精於謀略，異於常人，簡直和壯年始學的呂蒙一樣，創造了「三日不見，刮目相看」的奇蹟。

龐德公是東漢的名士，他早先住在襄陽峴山之南，過著「採菊東籬下」的逍遙生活。後來劉表因聽說他的德高望重，便來請他做官，他堅決不去。劉表就問他不肯做官，以後拿什麼留給子孫。他回答說：世人留給子孫的是貪圖享樂、好逸惡勞的壞習慣，我留給子孫的是耕讀傳家、過安居樂業的生活，所留不同罷了。劉表無奈，只好走了。

龐德公與當時隱居襄陽的徐庶、司馬徽、諸葛亮過從甚密，稱諸葛亮爲「臥龍」，司馬徽爲「水鏡」，龐統爲「鳳雛」，他也因此被大家譽爲知人。龐德公的兒子龐山民，娶了諸葛亮的二姐爲妻。諸葛亮對龐德公也是尊敬有加，每次來訪，獨拜於床下。後來，龐德公與老婆一起到鹿門山採藥，再也沒回來了。

當諸葛亮隱居隆中時，徐庶與崔州平經常與諸葛亮暢談天下形勢，後來司馬徽也因避亂隱居荊州。後來徐庶在司馬徽的勸說下投奔劉備，劉備命他為軍師，共謀天下大業。劉備稱讚徐庶有王佐之才，徐庶卻謙虛地說臥龍先生諸葛孔明才是天下奇才，並向劉備推薦了諸葛亮，這才有了劉備「三顧茅廬」的千古佳話。

司馬徽，字德操，漢靈帝末年，群雄割據，有經邦濟世之才的司馬徽不願施展才能為時所用，他緘默固守，甘願陷居陽翟故里，躬耕度日。由於他從來不說別人的短處，別人跟他說話，不管好事壞事，通通說好。李瀚《蒙求》詩曰：「司馬稱好。」所以後人又稱他為「好好先生」。但可惜的是，司馬徽的才華始終未得施展，一生湮沒不彰。

諸葛四友

崔鈞，字州平，也有人叫他崔州平，這位仁兄的口才很是了得。他就是那個說自己老爸崔烈的三公之位很有銅臭味的「不孝子」，崔烈被他的話氣得劈頭罵了句「死卒」，就舉杖準備敲他，他抬腿就跑。崔烈怒道：「你這個不孝子，我打你，你還敢跑?!」崔鈞就理直氣壯地回了句：「舜之事父，小杖則受，大杖則走，非不孝也。」崔烈於是不再打他。

崔鈞從小就喜歡結交天下英雄豪傑，他曾任虎賁中郎將、西河太守。漢獻帝之初，他與袁紹一起起兵山東，討伐董卓，後來與諸葛亮、徐庶、石韜、孟建等人成爲朋友。因此，崔鈞與石韜、孟建、徐庶四人又被稱爲「諸葛四友」。

孟建，字公威，汝南郡人。他曾與石韜、徐庶、諸葛亮等一同遊學，諸葛亮曾對孟、石、徐三人說：「你們三個將來做官，官位可至刺史、郡守。」三人反問諸葛亮能至何位，他只笑而不言。後來孟建思鄉，意欲北歸，諸葛亮就說：「中國甚多士大夫，要四方遨遊，又何必歸故鄉呢？」孟建後來在曹操軍中做官，諸葛亮還托人向他問好呢。

石韜，字廣元，潁川人，初平年間，石韜與徐庶一同來到荊州，在荊州時，與諸葛亮和龐統交往密切，後來諸葛亮伐魏時，獲悉徐庶任御史中丞，石韜任郡守時，不由感慨道：「魏殊多士邪，何彼二人不見用乎」，爲徐、石二人仕途不暢而鳴不平。

徐庶多謀善斷，料事如神，深得劉備的信賴。一次，徐庶識破「八門金鎖陣」，大敗曹軍。曹操將領曹仁不服輸，深夜起兵去新野劫寨。徐庶早有所料，等曹仁離開樊城後就乘虛而入。結果，樊城失守。曹仁敗退許昌，回去見到曹操後，鬱悶得連頭都抬不起來。曹操安慰道：「別喪氣。他劉備必有能人爲他策劃！」後來一打聽，此人正是徐庶。

長阪坡一戰，不僅劉備的家眷失散，徐庶的老母也被曹軍擄走，徐庶於是忍痛與劉備道別。劉備雖然不捨，卻能理解孝子徐庶的心情，只好灑淚而別。這一別，果然天涯相隔，再無重聚之日。徐庶去曹營後，從不給曹操出謀劃策，用他的緘默堅守了對劉備的忠心。故後世有「徐庶進曹營——一言不發」的歇後語。

若命運是一個富有創意的編劇，那麼劉備就是那個必須配合編劇詭異思維的倒楣演員。長阪坡一戰後的劉備雖然擺脫了曹軍的追殺，但也幾乎輸盡了家當，身邊連兵帶將、連文帶武，算下來也只剩三四十個人了。面對如此荒涼的情景，劉備就算再「不倒翁」也得晃兩下了，江陵是去不了的了，何止是江陵，天下之大，似乎已經沒有他劉備的容身之地了。

劉備先是被曹操從中原趕到南方，現在又從南方被趕出，走投無路的劉備甚至動了投靠蒼梧太守吳巨的念頭。當時只有中原和南方是群雄角逐之地，蒼梧是現在的廣西梧州，當時屬於交州，是一塊沒有什麼軍事價值的邊角末地，到了那裏就談不上什麼作爲了，可見劉備確實被逼得不輕，就差沒喊出「既生備何生操」的悲呼了！

任何事情都有兩面性，劉備的隊伍雖然只剩下了幾十個人，但行軍的速度倒也快了不少，正當他們埋頭疾行的時候，忽然聽到後面馬蹄聲，又有人追了上來，劉備心裏一驚，這回我的命恐怕保不住了，正要打馬狂奔，卻聽到領頭的人高呼：「劉豫州莫走，我是江東的魯肅魯子敬！」劉備一抹冷汗，嚇死我了，還以爲是曹操那龜孫呢！

原來荆州發生的一切，一直在江東孫權君臣的關注之中。荆州是漢代十三個州中最大的州之一，最富庶的州之一。由於北方才是政治中心，所以起初曹操、袁紹等人都集中在北方爭奪天下。當北方歸曹操所有，局勢已定之後，荆州自然就成了兵家必爭之地。曹操和劉備在打荆州的主意，孫權也瞄準了荆州。

劉表死後，魯肅就向孫權建議借著弔唁的名義去探探荆州的形勢，看能不能合作。孫權同意了魯肅的意見。魯肅來到荆州，還沒走到襄陽，就聽說劉琮帶領全州投降了曹操，再去弔唁劉表就沒什麼意義了，可就這麼回去，他又不甘心。於是他一路追趕，在當陽趕上了劉備，卻沒想到劉備竟然被曹操打得那麼慘！

諸葛亮能掐會算，當他看到魯肅後，指著跟隨的百姓說：「我主不願丟棄數十萬隨行百姓而速行，才被曹軍趕上，並且無法作戰，寧死不失人心，真英雄也！」魯肅一聽，馬上被感動了，更認定劉備是個值得合作的人，於是趕緊跟諸葛亮套交情：「我是子瑜的好友。」子瑜就是諸葛亮的哥哥諸葛瑾。

諸葛瑾，字子瑜，諸葛亮的哥哥，後來經魯肅的推薦，爲東吳孫氏效力。諸葛瑾爲人胸懷寬廣，溫厚誠信，很得孫權的信賴，並努力緩和蜀漢與東吳的關係。諸葛瑾精通爲官之道，各方面都能應付自如，算得上是個孫吳政壇的不倒翁了。呂蒙病逝後，諸葛瑾代替呂蒙領南郡太守，駐守公安。孫權稱帝後，諸葛謹官至大將軍，領豫州牧。

人逢喜事精神爽，本以爲窮途末路的劉備，看到魯肅，精神一下子就來了個三百六十度大轉彎，說話也豪放起來。魯肅一看，這劉皇叔果然是人外之人，都慘成這樣了，卻沒有絲毫頹廢之色，更佩服得五體投地，並沒有意識到其實是自己給劉備送來了信心。

劉琦是劉表的長子，起初劉表因爲他長得很像自己，而十分寵愛他，但後來劉表次子劉琮娶了劉表後妻蔡氏的侄女爲妻，蔡氏就自然而然與劉琮站成一隊，經常說劉琦的壞話，偏偏這個不爭氣的老爸還就相信了她的話，劉琦看自己勢單力薄的，就接受諸葛亮的建議，向劉表提出申請，要頂替剛死的黃祖接任江夏太守一職，離開了荊州。

劉備在漢水與關羽會和，半路又遇到了劉琦前來迎接他的部隊。在趕往夏口的路上，魯肅向諸葛亮發出了回訪江東的邀請，諸葛亮表示要先幫劉備安頓好隨行的百姓。到了夏口城，大家剛剛暫時安下心來，又傳來曹操領兵水陸並進、沿江東下的消息。很明顯，曹操這還是衝著劉備來的，阿瞞，你這是要逼死我劉備呀！

諸葛亮向劉備請命，要去向孫權搬救兵，劉備當即答應。這一年諸葛亮廿七歲，是初出茅廬的第二年，既沒有多大的名氣，也沒有正式的職務。以這樣沒有說服力的年齡，尷尬的地位與身分，不得不說諸葛亮此行非常不靠譜，是成是敗也許連他自己心裏都沒有底，但是他必須成功，因爲，敗，就意味著亡。

荊州降曹的消息已經傳遍東吳，曹操對荊州降官的優厚政策也已被江東眾人所知，不少人的心裏已經開始蠢蠢欲動，升官的機會到了！不少人就開始勸孫權：「曹操可是虎豹似的人物，現在還是大漢名義上的丞相，以天子之名征討四方，今日與他爲敵，政治上名不正言不順，實力上也不夠，不如直接降了吧！」可用兩個字概括孫權現在的心情：鬱悶！

在東吳，主張投降的人有百分之八十，即使剩餘那百分之二十也是正在搖擺不定。孫權也很糾結：抗曹的話，風險太大；降曹的話，心有不甘。正當孫權內心糾結不已時，諸葛亮來了！其實，在當陽見到魯肅時，諸葛亮就已猜到孫權內心還是主張聯劉抗曹的，所以他此行的任務，就是堅定孫權抗曹的信心，給孫權說服下屬的理由。

諸葛亮在見到孫權之前有過諸多揣測：他的老爸是戰無不勝的孫堅、哥哥則是江東小霸王孫策，父兄留給他的產業，讓他成為了一個典型的「富二代」，按理說，也會成為一個「猛二代」。猛將型的領袖其實不少，遠有項羽，近有呂布，但都以失敗告終。原因在於，這些猛將或有勇無謀，如項羽、呂布；或容易輕敵，如孫堅、孫策。

諸葛亮雖然做好了心理準備，但當真正見到孫權時還是大吃一驚。從外表上看，孫權帥氣年輕，怎麼也不像快三十歲的人，讓諸葛亮眼紅得差點忍不住問他是怎麼保養的。之後從與孫權的寒暄中，諸葛亮更是發現，這個「高富帥」竟然城府極深，根本不像傳言中的急躁無腦，諸葛亮忍不住在心中吐血狂嘯：「三人成虎，八卦流言，確實不可信啊！」

諸葛亮來吳的身分和目的很微妙，他是代表一個剛敗的政治集團來求援的。當時的形勢是，曹操最強，孫權居中，劉備最弱。孫權聯不聯絡劉備都無所謂，而劉備若不聯絡孫權，就只有死路一條。在這種情況下，最弱方的代表在談判中自然氣短，說出來的話也就沒有什麼分量。怎樣才能說服這個有頭腦的「高富帥」呢？亮哥的算盤在心中撥得劈啦啪啦響。

武侯就是武侯，口才那是逆天的。他見到孫權後，自始至終都沒有說「求援」二

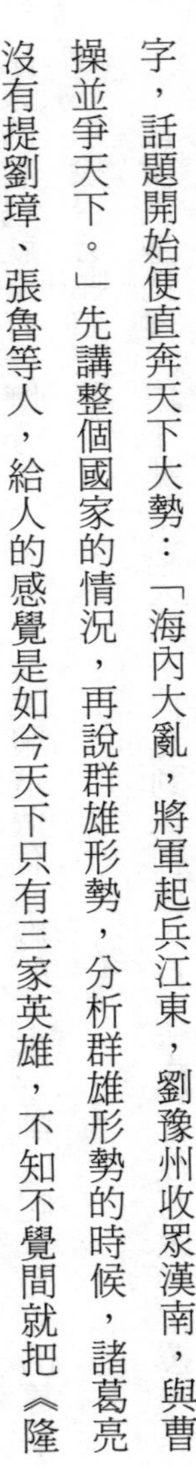

字，話題開始便直奔天下大勢：「海內大亂，將軍起兵江東，劉豫州收眾漢南，與曹操並爭天下。」先講整個國家的情況，再說群雄形勢，分析群雄形勢的時候，諸葛亮沒有提劉璋、張魯等人，給人的感覺是如今天下只有三家英雄，不知不覺間就把《隆中對》的思想傳遞出去了。

諸葛亮的一句「與曹操並爭天下」，瞬間就把敵友的界限劃了出來：曹操是敵，我們是友。分清敵友是政治鬥爭的首要問題，但怎麼說就是學問了，一不小心就可能把孫權惹毛，畢竟江東有六郡之地，劉備只有一郡。但諸葛亮選擇從歷史形勢的角度去說，不覺間就獲得與孫權對等的地位，贏得了談判中的主動權。

劉備的情況不好介紹，當時劉備剛剛吃了敗仗，這個不能不提。但諸葛亮只一筆帶過，側重說曹操是如何的厲害：曹操的兵力如何雄厚，野心如何強大，然後拋了句：「將軍量力而處之」，事兒不大，您自己看著辦！當然，是個腦子會轉，手裏又有那麼一點抗衡之力的人都不想直接投降，孫權就動搖了：「要不就和劉備合作，再拼一拼？」

諸葛亮站在孫權的角度上爲他分析了一下形勢，他知道像孫權這樣的人，心高氣傲，最不願被人瞧不起。於是，他決定再來劑猛藥，就狠狠戳了戳孫權的痛處：「您要是感覺自己太膿包，打不過曹操，也可以直接投降！」果然，孫權被諸葛亮戳得齜牙咧嘴，反駁道：「既然如此，那你們主公怎麼不投降啊？」

諸葛亮見把孫權激得差不多了，就淡淡地說：「田橫，齊之壯士耳，猶守義不辱，況劉豫州王室之胄，英才蓋世，眾士仰慕，若水之歸海，若事至不濟，此乃天也，安能復爲之下乎！」孫權不耐煩地揮了揮手：「說人話！」諸葛亮咂了咂舌，說：「劉備抗曹是大義之舉，選大義還是選投降，您自個兒看著辦吧！」

孫權的「英雄氣概」已經被諸葛亮完全呼喚出來了，當下勃然大怒地吼道：「我不能擁有整個江東以及十萬的大軍，還被人制約著啊！好，咱合作！」然而，豪言壯語之後，孫權納悶了：「劉備現在都慘成這樣了，還拿什麼與曹操對抗？」諸葛亮回答說：劉備雖敗，可是拼拼湊湊，再加上關羽、劉琦的部隊，怎麼也有兩萬來人！

孫權很無語，笑話！曹操可是有水陸八十萬大軍，劉備的兩萬人頂什麼用！孔明就說：曹操人雖多，但長途跋涉的，尤其是長阪坡大追襲，一日一夜行三百餘里，所謂「強弩之末勢不能穿魯縞」也。而且他們北方人不善水戰，荊州的降兵又人心不服。總之，曹操這一仗，必敗！孫權這才吃了定心丸，與孔明簽下了聯盟合同。

諸葛亮圓滿完成了出使東吳的任務，孫劉兩家結成聯盟，在赤壁共抗曹操，赤壁大戰以曹操失敗告終。赤壁大戰之後，曹操、孫權、劉備三家分了荊州，荊州共有七個郡，曹操佔有北面的南陽郡和南郡的襄陽，孫權佔有東面的江夏郡和南郡的江陵，

劉備則獲取了南面的長沙、桂陽、零陵、武陵。

赤壁大戰是三國的分界線，自此以後，曹、孫、劉三家形成了鼎足而立的局面。除荊州之外，當時最大的州是益州，益州包括現在的重慶、四川、雲南以及貴州的一部分，還有漢中。分完荊州之後，益州就成爲三大集團虎視眈眈的目標，然而最後得到益州的，是實力最弱的劉備。劉備喜極而泣：「老天終於眷顧我劉玄德一回了！」

劉備得益州，其實要感謝曹操。當時曹操爲了逼反馬超、韓遂，就放出風聲討伐張魯。張魯的駐地緊鄰劉璋的益州，劉璋想，曹操打完張魯就該打自己了，正發愁呢，他的手下張松就說，要不請劉備來幫忙吧！他既是曹操的死對頭，又是您的本家，如果他能進入漢中打跑張魯，我們這裏也就安全了。劉璋一聽，有道理，就派法正率兵去迎接劉備。

益州牧最早是劉焉，劉焉死後，就由兒子劉璋繼承。劉璋也沒啥雄心大志，只是想守好益州這一畝三分地。益州內部有兩個集團，即劉焉帶來的東州集團和益州的土著集團，這兩個集團矛盾激烈，還有過兩次火拼。劉璋認爲，劉備和自己是本家，一旦劉備在漢中駐軍，外可防備曹操，內可震懾蜀中諸將。這如意算盤打得真是劈哩啪啦響啊。

張松，蜀郡人，是一個有才無德的人，在劉璋手下做別駕，相當於現在的省委秘書長。他曾經受劉璋委託，出使許昌。按照慣例，朝廷一般都會賞給使者一個官，而且這官不低於使者的現任職位。但由於長得過於抱歉，曹操只讓他做了個小縣令，比別駕的級別低多了，張松從此懷恨曹操。他見劉備敢於和曹操叫板，就動了將益州賣給劉備的心思。

晉人曾這樣評價曹操說：「昔齊桓一矜其功而叛者九國，曹操暫自驕伐而天下三分，皆勤之於數十年之內，而棄之於俯仰之頃，豈不惜乎！」若不是曹操驕傲，怠慢張松，也不會導致天下三分，使自己十年的辛苦付諸東流。古人云：「滿招損，謙受益，時乃天道。」阿瞞，你那麼喜歡讀書，怎麼把這句話給忘了呢？

法正，字孝直，他的爺爺法真是東漢末年的名士，號「玄德先生」，爸爸法衍曾擔任過司徒椽、廷尉左監，而他本人也是一個才智超絕的人物。建安初年，由於天下饑荒，法正與好友孟達一起入蜀依附劉璋，但一直沒有得到重用。張松也覺得劉璋不是個能成大事的人，經常感慨自己的遭遇。兩個懷才不遇的人因惺惺相惜而成爲好朋友。

劉璋派法正率兵四千去迎接劉備。消息傳出後，蜀中有一些重臣就表示反對：劉備這個人向來有英雄的名聲，你把他請來之後怎麼對待他呢？把他當下屬，他肯定不

幹；和他平起平坐，一山又不容二虎。結果「客有泰山之安，主有累卵之危」，到時候我們就有危險了。但劉璋有他自己的算盤，就沒有採納他們的意見。

建安十六年（二一一年），法正奉劉璋之命到荊州迎接劉備，劉備把法正招待得非常周到。法正一看，劉備果然是個英雄人物，於是暗地裏背叛劉璋，向劉備獻策：「閣下蓋世英才，劉璋無明主之能，不如以張松爲內應，奪取益州。」諸葛亮的隆中對認爲，想要奪取天下就必須佔據荊州和益州，法正、張松的倒戈實乃天賜良機。

龐統，字士元。龐統年輕時，爲人魯鈍，無人賞識。只有他的叔父龐德公十分看重他，認爲他不同尋常，並稱他爲「鳳雛」（鳳雛，即小鳳凰，假以時日，一定會高翔於九天，清鳴於雲中）。當時，司馬徽素有識人之名，龐統前往拜訪。交談後，司馬徽對龐統十分欣賞，稱他是「江南第一名士」。從此，龐統的名聲漸漸顯赫。

建安十四年（二〇九年），周瑜說明劉備攻取荊州，領南郡太守，龐統在周瑜手下作功曹。次年，周瑜去世，龐統送葬到吳地，深受吳人的器重。但之後，龐統返回荊州劉備處，成爲一名從事。不久，劉備讓龐統試任耒陽縣令。龐統在任不理縣務，治績不佳，被免官。但也有人說以龐統的才能做個縣令委屈了，因此就有了「龐統當知縣——大材小用」一說。

魯肅寫信給劉備，推薦龐統，稱其非百里之才；諸葛亮也對劉備說起過龐統。於是，劉備召見龐統。兩人縱論上下古今，談得十分投緣，對他大爲器重，任命他爲治中從事。並和諸葛亮同爲軍師中郎將，對他的親信僅次於諸葛亮。

有一次，劉備與龐統閒談，問他：「你曾經擔任周瑜的功曹。聽說那次我到吳國，周瑜曾上秘信給孫權，讓孫權扣留我，不知道有沒有這回事？」龐統回答：「確有此事。」劉備嘆了口氣說：「天下智謀之士，所見略同。孔明那時也勸我不要去，而且一再堅持，想來也是怕孫權扣留我。看來，我當時確實是走了步險棋。」

龐統有知人之明，他喜歡評判人品高下，樂於培養別人的聲望，但是他稱讚別人時，往往超過那人的實際才能，多有溢美之辭。他自己解釋說，當今亂世，善人少而惡人多，宣揚好的榜樣可以改善世風。

周瑜去世時，龐統去弔喪，將要走時，眾多知名人士齊會昌門，爲他送行，陸績、顧劭、全琮都參加了聚會。龐統曾說：「陸子可謂駑馬有逸足之力，顧子可謂駑牛能負重致遠也。」有人曾問龐統：「照您看，陸績比顧劭好嗎？」龐統說：「駑馬雖然精良，但乘坐的只是一人罷了；駑牛一天走三十里，所負載的哪裡只是一個人的重量呢？」

據說，顧劭去見龐統，住在龐統那裏，兩人談論起來。顧劭問：「您有善於知人之名，你說說，我和您相比，誰好一些？」龐統說：「講到陶冶世俗，甄綜人物，我

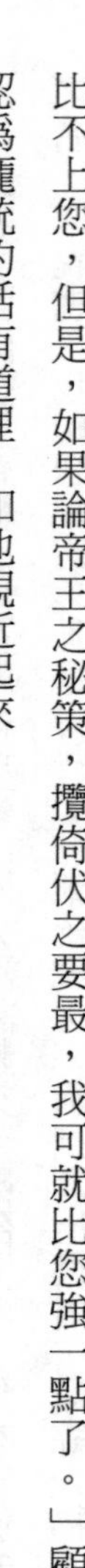

比不上您，但是，如果論帝王之秘策，攬倚伏之要最，我可就比您強一點了。」顧劭認爲龐統的話有道理，和他親近起來。

法正勸劉備暗中奪益州時，劉備就說：「劉璋是我的本家，他請我給他看家護院，我卻趁機把他的地盤給搶了，這不太好吧？」龐統說：「做事不能太死心眼，憑劉璋的本事肯定守不住益州，你不拿，自然有別人拿，到時候就便宜別人了。再說，我們拿下蜀郡後，可以封劉璋一個大官，這就不算背信棄義了。」劉備這才點頭同意。

建安十六年（二一一年）十二月，劉備命令諸葛亮、關羽、張飛守荊州，自己和龐統帶兵入蜀。由於劉璋已經下令沿途供奉，所以劉備此行一路綠燈，暢行無阻，大有賓至如歸的感覺。到了涪城，也就是今天的綿陽，劉璋還特地從成都趕來，與劉備相見，給了劉備大批兵力和諸多錢財，然後請劉備去打張魯。

劉璋是真心把劉備當做了自己的救星，掏心掏肺地對他，還給他辦了場接風宴。龐統和法正建議劉備在宴會上幹掉劉璋，劉備拒絕了，我們剛來，還沒有得到人心，這樣做不合適。吃人家的嘴短，拿人家的手軟，縱使劉備要搶人家的地盤，那面上該做的還得做。他裝模作樣地從涪城走到葭萌，就停了下來，等待時機。

建安十七年（二一二年），曹操對東吳大舉用兵，孫權寫信向劉備求援。劉備一看，這正是對劉璋動手的好時機。於是，他給劉璋寫了封信，說張魯成不了什麼氣候，不用重視他。孫權與我是作戰聯盟，與我唇齒相依，親如一家。現在他有難，我不能坐視不管，請將軍您再給我一萬人，我去救援孫權。

劉備在劉璋的地盤上是吃也吃了，喝也喝了，活兒卻沒幹，臨走了還再要一萬兵馬，真當人家劉璋是軟柿子好捏啊，就算是泥人也還有點兒土性呢！劉璋給他打了個五折，只給了五千人。劉備一看就生氣了，還裝作很委屈地對大家說：「你們給我評評理，我冒著生命危險來為劉璋征討強敵，劉璋居然還不捨得給我兵馬。」劉璋這是跳進黃河也洗不清了。

張松一直作為劉備的內應在成都潛伏，一聽說劉備要走，也沒深究，連忙寫信勸阻劉備：「現在大事馬上就要成功了，你們怎麼就此走了呢？」然而，這封信卻被張松的哥哥張肅發現，就把他給舉報了。劉璋這才知道張松是個吃裏扒外的東西，一怒之下，殺了張松。劉備知道張松被殺後，立馬翻臉，殺死劉璋在白水的守將，又回過頭來攻打涪城。

建安十九年（二一四年），劉備下令，讓關羽留守荊州，諸葛亮、張飛和趙雲率兵入蜀，圍攻成都。這時候，馬超在曹操那裏吃了敗仗，也來投奔劉備。各路人馬從各地紛紛趕來，把成都圍得如同鐵桶一般。劉璋的手下給他出了個堅壁清野的招，讓他把周邊人民遷走，將所有的糧食連同地裏的莊稼一併燒了，斷了劉備的食物供給。

劉璋沒什麼大本事，但卻是一個心繫百姓的仁義之人。他拒絕了遷民燒糧的建議，結果，糧草充足的劉備將成都圍得連隻蒼蠅都飛不出去後，派人向劉璋勸降。劉璋一看這形勢，就嘆了一口氣說：「我們父子在益州多年，對人民一點兒恩德都沒有，反而還要讓人民遭受戰亂之苦，我實在不忍心啊，還是投降吧！」於是，劉備順利佔領益州。

取得西蜀對劉備來說是一個巨大的勝利，他終於有了真正屬於自己的地盤，再也不用死乞白賴、厚著臉皮地向別人借地了。北邊有張魯擋著曹操，東邊有荊州作爲防禦，劉備待在西蜀這個安樂窩裏，進可以問鼎天下，退可做一方霸主。劉備終於可以揚眉吐氣了，他一改平時喜怒不形於色的樣子，喜氣洋洋地爲勝利狂歡。

攻下涪陵之後，劉備大宴群臣，龐統看劉備有點兒得意忘形，想給他降降溫，就說：人家請你來做客，你把人家地盤奪了，有什麼開心的？劉備臉上掛不住，就把掃興的龐統攆了出去，後來想想不對，又把龐統叫了進來。龐統進來後繼續大吃大喝，也不搭理劉備。劉備就問：剛才我們的爭論，誰不對啊？龐統回答：都不對。劉備哈哈一笑，這事就過了。

賠了夫人又折兵

孫權也曾計畫過打益州，卻被劉備給勸阻了。劉備一會兒說蜀道艱難，益州不好攻克；一會兒又說自己和劉璋同屬劉家宗室，你要打劉璋，我就披頭散髮當隱士去，孫權抵不住劉備的鬧騰，只好作罷。沒料到，劉備把別人攔住了，自己卻跑進去把益州奪了。孫權得知這事後，惱得一拍桌子就破口大罵：「劉玄德，你竟敢對我使詐！」

劉備取了江南四郡後，就上表推薦劉琦當荊州刺史，後來劉琦病死，下面人就推舉劉備當了荊州牧。孫權見劉備勢大，有所忌憚，爲了拉攏他，就把自己的妹妹孫尙香嫁給了他。

孫尙香的個性和哥哥孫權簡直是一個模子裏刻出來的，史書說她「才捷剛猛，有諸兄之風」。她嫁給劉備的時候，帶來了很多女兵，這些鐵娘子拿著刀守在房門口，劉備每次去太太房間裏的時候，都得從這些女兵身邊經過，史書上說先主「衷心常凜凜」，心裏常常生出一陣陣寒意，害怕孫小妹會做出什麼類似殺夫的事情。

孫尙香是劉備的第三任夫人，已經四十九歲的劉老備能娶到還不滿二十歲的如花嬌妻孫小妹，這無疑是修了八輩子的福。在三國這個梟雄輩出、男人爭霸的時代，孫尚香無疑是一枝奇葩。關於孫尚香的一生有許多種的說法，但無論歷史上真正的結局是哪種，值得讓後人肯定的是，孫尚香是一名「巾幗不讓鬚眉」的女英雄！

關於劉孫這段政治婚姻，諸葛亮曾說，先主「懼孫夫人生變於肘腋之下」。在劉備看來，孫尚香是孫權埋在他身邊的一顆定時炸彈。爲了給這炸彈上個保險，劉備就請來趙雲擔任他的內政部長，幫他看好孫尚香。因爲趙雲爲人嚴謹持重，不僅讓人放心，而且在氣勢上也能壓得住孫尚香。

劉備入川後，孫權派船隊來接他妹妹。孫尚香臨走的時候，把劉禪也帶到船上，幸好趙雲急忙乘船追上，來了個截江奪阿斗，這才把阿斗給搶了回來。孫尚香回到東吳後，就沒有再回來。彝陵之戰，劉備戰敗，有傳言說劉備已死，孫尚香聽到後信以爲真，傷心不已，結果投江而死。後人爲其立廟，號曰「梟姬廟」。

Q 單刀赴會誰怕誰

眼見劉備勢力漸大，再也不是以前無處容身的流浪漢了，孫權對他的戒備之心就越來越大了。他不但接回妹妹，還派諸葛瑾去見劉備，想要回荊州。劉備當然不肯把到口的肉讓出去，就敷衍說，我正在圖謀涼州，等得到涼州之後再還荊州吧。這當然是雙方都不相信的藉口，自此孫劉兩方的嫌隙越來越大。

劉備做了荊州牧，就得在荊州的首府襄陽上任，但襄陽在曹操手中，劉備不可能去那兒上任，就退而求其次，在南郡上任。南郡的治所在江陵，江陵是周瑜打了一年打下來的，所以劉備向孫權提出「求都督荊州」。周瑜死後，魯肅接位，魯肅是主張孫劉聯盟的，就勸說孫權把南郡借給劉備，孫權同意了。

孫權聽說劉備打算攻佔涼州之後才歸還荊州，自然不同意，誰知道你猴年馬月才能打下涼州？所以就來硬的，說荊州是我的，一道命令下來，向長沙、桂陽、零陵三郡派去了他的太守。劉備這邊守荊州的是關羽，這位仁兄，毫不客氣地把孫權派來的人轟走了。孫權又命呂蒙率軍兩萬進軍長沙、桂陽、零陵，魯肅率軍一萬進軍巴丘。

魯肅是一手促成孫劉聯盟的人，他希望能夠再努力一把，將這個聯盟維持下去，於是魯肅提出和關羽會面。他提出各自將兵馬佈置在百步以外，只有將軍們各帶單刀赴會。魯肅的部下勸他不要輕蹈險地，魯肅卻說：「事到今日應該把話說清。劉備辜負國家，是非尚未論定。關羽又能怎麼樣呢？」毅然赴會。這次會面就是歷史上有名的「單刀赴會」。

魯肅劈頭就指責關羽：「當初看你們落敗而來，連個立足的地方都沒有，我們才把荊州借給你們。可沒想到，你們得了益州，卻不打算歸還荊州。我們又沒有要荊州所有地盤，只要三郡，你們還不同意！」魯肅話音未落，荊州方面就有人不平了：「天下的土地是天下人的，唯有德者居之，憑什麼說是你們的！」

魯肅不禁大怒，當即呵斥起來。關羽站起來，假裝怒叱部下道：「這是國家大事，你懂得什麼！退下！」這次會晤最終也沒爭出什麼結果，只好不歡而散。單刀赴會的故事，閃光的角色是魯肅，他冒險去和敵人講道理，然而經戲劇家、小說家的誇張渲染後，關羽倒成了英雄，魯肅反成了鼠目寸光、骨軟膽怯的侏儒。當然，這只是藝術家們的創作罷了。

很久以來，與其說曹操是劉備的敵人，不如說是他的恩公。曹操打徐州未遂，讓劉備白撿了徐州；曹操打荊州沒打下，讓劉備借得荊州；曹操再打關中，又給了劉備得蜀的機會。眼看孫劉開戰在即，曹操的軍隊突然大舉進攻漢中。漢中是益州的門戶，門戶一開，蜀中百姓大亂，以至「一日數十驚」。

劉備害怕失去益州，哪裡還有心思和孫權較勁啊，馬上就向孫權拋了根橄欖枝，咱倆和談。雙方議定，以湘水爲界，平分荊州。湘水東面的長沙郡、江夏郡、桂陽郡歸孫權，湘水西邊的南郡、零陵郡、武陵郡歸劉備。劉備從江南四郡中拿出了長沙和

桂陽給孫權，換得了荆州暫時的和平。

破壞吳蜀聯盟可以說是孫權一生的大錯。劉備的力量雖然比以前強大，卻遠遠小於曹魏。孫權爲了荆州之爭，破壞吳蜀聯盟，導致劉備的力量大幅削減，以至於諸葛亮和姜維後來耗盡一生，出祁山，伐曹魏，都無法有效撼動曹魏的勢力。曹魏獨家坐大，最後輕輕鬆鬆地滅了蜀吳。由此看來，人的眼光必須放長遠一點才行啊！

建安二十年（二一五年），張郃率兵攻略巴西、巴東兩郡，打算把當地百姓遷往漢中，劉備就派張飛抗擊張郃。兩軍在八蒙相遇，張飛一邊堅守陣地，一邊分出萬餘精兵，出其不意地從小路突襲張郃。張郃首尾無法相顧，被打得丟盔棄甲，狼狽逃走。據說張飛由此還得意地在那裏刻下了一段銘文，被人們稱爲《張飛立馬銘》。

老當益壯是黃忠

建安二十三年（二一八年），劉備留諸葛亮駐守成都，自己親率法正、黃忠、魏延等大將向漢中進發。他先派張飛、吳蘭等人到武都，攻擊漢中的側翼。漢中側翼由曹洪守衛，張飛使了個計，兵分兩路，揚言要襲擊曹洪軍的後路，當初就是這樣打敗張郃的。但曹洪不是張郃，他沒上當，結果把張飛、吳蘭等人揍得那叫一個慘。

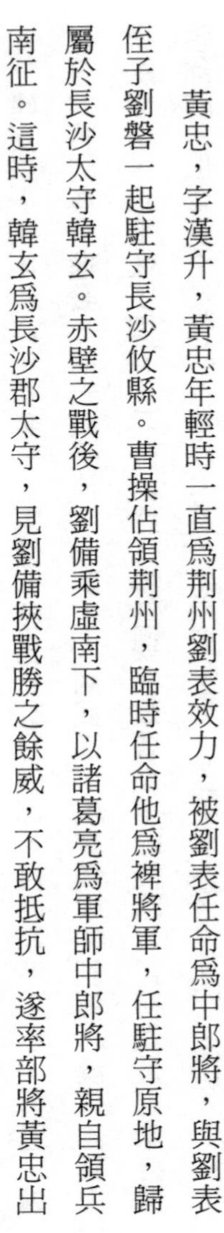

黃忠，字漢升，黃忠年輕時一直爲荆州劉表效力，被劉表任命爲中郎將，與劉表侄子劉磐一起駐守長沙攸縣。曹操佔領荆州，臨時任命他爲裨將軍，任駐守原地，歸屬於長沙太守韓玄。赤壁之戰後，劉備乘虛南下，以諸葛亮爲軍師中郎將，親自領兵南征。這時，韓玄爲長沙郡太守，見劉備挾戰勝之餘威，不敢抵抗，遂率部將黃忠出城投降，歸附劉備。

建安十六年（二一一年），黃忠跟隨劉備入川，征戰益州，表現突出，勇冠三軍。平定益州後劉備封其爲討虜將軍。建安二十四年（二一九年），劉備進擊漢中定軍山，黃忠斬殺益州刺史趙顒，更是一戰斬殺曹操麾下身經百戰的名將夏侯淵，曹軍慘敗，黃忠自此聲名大震。劉備自立漢中王後，重用黃忠爲後將軍，他的名字在中國也逐漸成爲了老當益壯的代名詞。

魏延，字文長，劉備入蜀之時，魏延率領部曲隨劉備入蜀，因作戰英勇、屢立戰功、深受劉備信任。劉備稱漢中王後，提拔魏延總督軍事要地——漢中，加封鎮遠將軍，領漢中太守，成爲獨當一方的大將。蜀漢建立後升爲鎮北將軍。此後魏延隨諸葛亮北伐，曾率軍大破魏將郭淮等人，加爲征西大將軍。

魏延鎮守漢中的時期，正是蜀漢政權岌岌可危之時。劉備的荆州三郡被盟友孫權奪去，關羽也被東吳殺害。劉備怒不可遏，在稱帝後不久，就傾全國力量東征孫權，結果在夷陵之戰中被東吳陸遜擊敗。這一敗，導致剛剛建立的蜀漢政權內部引起了騷動和反叛，曹魏隨時有可能進攻漢中，但是由於魏延治軍有方，守衛得當，使得曹魏不敢窺視漢中。

魏延曾向諸葛亮提出著名的「子午谷奇謀」，勸諸葛亮出奇兵攻取長安、潼關。但遭到向來謹愼的諸葛亮反對。魏延也因此認爲自己無法完全發揮才能，心懷不滿。諸葛亮死後，魏延因不願受長史楊儀所約束，而於退軍途中燒絕棧道，反攻楊儀，卻因部屬不服而敗逃，被楊儀派去的馬岱所斬。

劉備親率大軍攻擊漢中的門戶陽平關。當初曹軍就是在這裏白白撿了個勝仗，進入漢中的。但劉備沒有曹操的幸運，夏侯惇和張郃也不是張衛，他們倆親自率領重兵把守在這裏。劉備選了萬餘精兵輪番進攻，卻沒有絲毫進展，曹劉雙方就這樣在陽平關對峙了一年。三國時代的戰爭較少急戰，大多是這種長時間的對峙戰，拼的就是耐力。

有了援兵的劉備底氣十足，瞬間就打紅了眼，冒著如雨的箭矢親臨一線，誰勸也不下去。法正見狀，也不再勸，自己跑到劉備前面爲他擋箭。劉備一見，忙讓法正退下，法正卻拒絕道：「您都親自擋箭，何況小人我？」劉備只好說：「好吧，孝直，

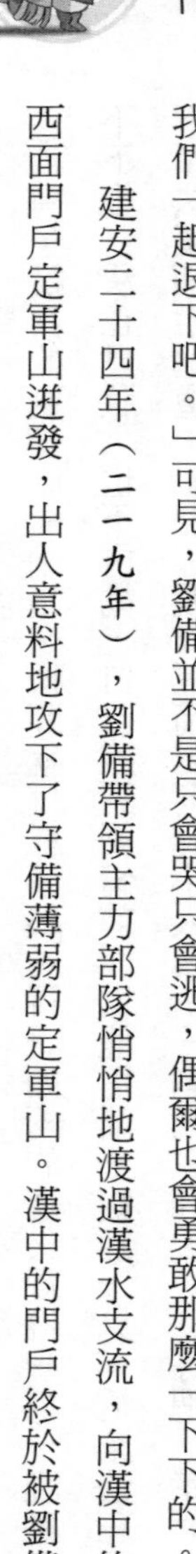

我們一起退下吧。」可見，劉備並不是只會哭只會逃，偶爾也會勇敢那麼一下下的。

建安二十四年（二一九年），劉備帶領主力部隊悄悄地渡過漢水支流，向漢中的西面門戶定軍山迸發，出人意料地攻下了守備薄弱的定軍山。漢中的門戶終於被劉備撬開了一條縫，戰爭的主動權落到了劉備手中。

曹軍這邊急了，趕忙在漢水南岸和定軍山東側修建營寨，以擋住劉備北上的步伐。劉備夜裏發動突襲，火燒曹營。夏侯惇的弟弟夏侯淵率輕騎前往救援，劉備早料到這一步，派黃忠在半路伏擊夏侯淵。夏侯淵始料不及，被殺死於亂軍之中，部隊也被擊潰。劉備乘勝追擊，佔據了漢中西部各個要地。

劉備對付曹操其實只有一招，就是和當初曹兵一樣，佔據地利，堅守不出。此地本就易守難攻，再加上曹軍勞師襲遠，無法持久，劉備的信心不是空穴來風。果然，堅持一個月後，曹操這邊就因軍糧匱乏而人心渙散了。某天晚上，曹操將當天的查哨暗號定爲「雞肋」。不久，他就放棄了這塊「雞肋」，引兵回朝。至此，漢中盡歸劉備。

荊州是借來的，益州是詐來的，唯有漢中是劉備冒著箭雨硬生生地打來的，所以漢中之戰是劉備一生中最光輝的一次戰役。奪得漢中後，劉備志得意滿，當仁不讓地自稱爲「漢中王」，這是他一生中最輝煌的時刻，事業的巔峰時期。稍後不久，他的兄弟關羽在荆州也立下戰功，一時威震華夏，光芒萬丈。

建安二十四年（二一九年）秋，劉備打下關中後，自然對部下加官晉爵表示鼓勵。關羽、張飛、馬超和黃忠並封爲前後左右將軍。然而，坐上四虎將第一把交椅的關羽卻並不開心。荆州降將黃忠在漢中一戰中斬殺夏侯淵，立下赫赫戰功，但關羽沒有親眼看到，就不算數，所以他一直不把黃忠當回事，不屑與他同列。

馬超的名氣很大，但關羽也不太買賬。幾年前，見劉備重用馬超，關羽就曾給諸葛亮寫過一封信，信中問馬超到底有多大的能耐。諸葛亮自然曉得關羽的心思，就連哄帶騙地說：「馬超文武雙全，威武雄壯，的確是當時豪傑，可比漢高祖時的猛士鯨布、彭越，與張飛也可以並駕齊驅，但是卻比不上美髯公您的超凡絕倫啊！」

關羽收到諸葛亮的誇獎信非常開心，像孩子似的把信拿給眾人傳閱。有人曾因此說諸葛亮太滑頭，慣壞了關羽。且不說諸葛亮這樣做是爲了調和眾將的關係，讓大家消除隔膜，團結一致，單就對待關羽的態度來說，當時劉備集團，從上到下沒有人不讓著關羽、慣著關羽的。潑關羽那猛人的冷水，無異於虎口拔牙，你敢麼?!

劉備稱帝時，馬超升爲驃騎將軍，劉備詔書中寫道：

「朕以無奈之下繼任了大統，從而能夠延續漢室宗廟。你在北方很有號召力，威

武都得到了展現，所以就委任你。讓你一來張揚虓虎之勇略，二來監察廣大的區域，三來解救人民的困難。進而將朝廷的恩威並施，遠近感化，依律謹愼地執行賞罰，以此來讓他們感到漢朝統治下的幸福。」

曹操爲了奪取西川，派人說動了西羌王，調了很多人馬，逼近蜀漢西北邊境的鎖陽城。諸葛亮知道後十分焦急：鎖陽城再往下走就是大堰，此堰是蜀漢農業的命脈，國家財力的根本，至關重要。因馬超不僅做事細緻穩當，他的先輩與羌人還是郎舅親戚；羌人素來敬重馬超，尊他爲「神威天將軍」。所以，諸葛亮決定派馬超前去鎭守大堰。

諸葛亮派馬超去鎭守大堰，馬超問：「此行領兵多少？」諸葛亮說：「三千！」馬超納悶地說：「既然要和，怎麼還要帶這麼多兵呢？」諸葛亮搖搖羽扇，笑著說：「將軍以爲多帶些兵就是要大動干戈麼？你這次去，不光是守好大堰，安定西疆，還要趁此良機練兵。羌人擅長爬山，又會在窮山惡水間架設索橋，這些本領你也得學會了，以後準有用！」

馬超開著大部隊在大堰旁邊的大坪上安營紮寨。這一帶除了住有漢人外，還有不少的羌人與僚人。他們聽說馬超領著大隊人馬來了，認爲必有一場惡戰，全都摩拳擦掌，嚴加戒備。誰知馬超卻派他手下對羌、僚情況最熟悉的得力將校，帶上諸葛亮的親筆信件，去到羌寨、僚村，拜見他們的頭人。

諸葛亮在給羌、僚的信中發表了友好聲明：大漢皇帝決定與羌家、僚家世世代代友好下去，還把早先劉璋取名的「鎮夷關」改名爲「雁門關」，把「鎮僚關」改爲「僚澤關」，永遠讓兩邊百姓自由自在地串親戚、做買賣。馬超邀請羌、僚的首領在這兩座邊關換掛新匾的時候前來赴會。

羌、僚兩族的首領雖然是彪悍勇猛，但看了諸葛亮的信和馬超的請帖後，半信半疑，最後想到諸葛神機妙算，計謀又多得很，不曉得這回他那葫蘆裏又裝的啥子藥，還是「踩著石頭過河——穩點來」。於是，他們在鎖陽城到大堰一帶設下埋伏，察看動靜，都不輕易拋頭露面。他們甚至還派了一些探子，混進「鎮夷關」去摸底細。

羌、僚首領準備用諸葛亮起的新名換匾，兩座雄關，披紅掛綠，喜氣洋洋。馬超將鎧甲換成了白袍，十分瀟灑，只帶了幾個隨從，抬了兩份厚禮到會。他們沒有帶兵器，沒設伏兵。羌、僚首領聽了探子的回報，還不放心，又親自在四周仔細觀察動靜，等這一切都看得清清楚楚，這才安下心來，高高興興地前去赴會。

馬超指著兩幅金光閃閃的匾，對羌僚首領說：「漢人、羌人、僚人本是一家人，我馬家不就和羌家世代結親麼！我們要讓雁門關和僚澤關成爲走親戚的通道，決不再把它們變成兵戎相見的戰場。」羌、僚二首領聽得心裏熱乎乎的，都說：「漢家、羌家、僚家同飲一江水，恩情賽弟兄，一定幫助將軍管好、護好、修好大堰。」

馬超帶領部下向羌人、僚人學會了開山、修寨、搭索橋，諸葛亮在五月渡瀘、六出祁山時都用上了這些本領。修堰時，羌、僚各寨的丁壯都來幫忙，修成後，大夥都說，這兩座雄關都換了新名，這大堰也該換個新名了。馬超說：我們都盼大堰永保平安，就叫它「都安堰」吧！之後，才逐漸演變為如今的都江堰。

都安堰在馬超的管理下，邊境安寧，買賣興旺，還在堰首擺起攤子，搭起帳篷，興起集市。因為各族百姓都把鳳凰看成吉祥如意的象徵，便把搭棚交易的地方，叫做「鳳棲窩」。有人提議給馬超安營紮寨的大坪也起個名字，馬超卻擋住說：「馬超無功無德，不敢受賜！」儘管馬超千謝萬謝，說什麼也不同意，但人們還是把那山坪叫做「馬超坪」。

馬超於章武二年（二二二年）去世，死時四十七歲。馬超在臨死前上書給劉備說：「我家宗族二百多口人，全被曹操殺死，只剩下了堂弟馬岱，我將他託付給陛下了，別的就沒什麼了！」劉禪後來追諡馬超為威侯，馬超的兒子馬承繼承了馬超斄鄉侯的爵位。馬岱後來官當到了平北將軍，爵位封為陳倉侯，馬超的女兒嫁給了劉備的三子安平王劉理為妃。

諸葛亮評價馬超：「兼資文武，雄烈過人，一世之傑。」後來諸葛亮北伐，路過馬超的墓地時，還親自去拜祭。

馬岱是馬超的堂弟，蜀漢中後期的重要將領。早年他曾經從曹操手中死裏逃生，後跟隨馬超大戰曹操。建安十九年，馬岱隨馬超歸附劉備，馬超臨終前，將馬岱託付劉備。馬岱跟隨諸葛亮南征孟獲和北伐曹魏，他久經沙場，作戰冷靜而勇猛，深得諸葛亮信任。諸葛亮死後，楊儀命令馬岱殺了魏延，馬岱成功地完成任務。

千里走單騎

當年劉備在徐州敗給曹操後，很不厚道地拔腳開溜，只有關羽還傻瓜似地在下邳護著劉備的妻子逃到一座山頭，曹操派張遼上山勸關羽投降。關羽走投無路，思考再三，答應降曹，但提了三個條件：一是只降漢朝，不降曹操；二是要保證劉備家人的安全；三是一旦知道劉備的下落，就去尋找他。

關羽帶著兩位嫂嫂隨曹操去許州。路上，曹操爲了試探關羽，故意讓關羽與兩位嫂嫂同住一室，關羽一手舉著燭火，一手持刀，在門外守護了一個通宵。連曹操都咂舌，劉備這貨好福氣，有這樣一位好兄弟。關羽在白馬之戰中，斬殺袁紹大將顏良，爲曹操立功後，撇下曹操封的大官和賞的錢財，護送著兩位嫂嫂就去找劉備了。

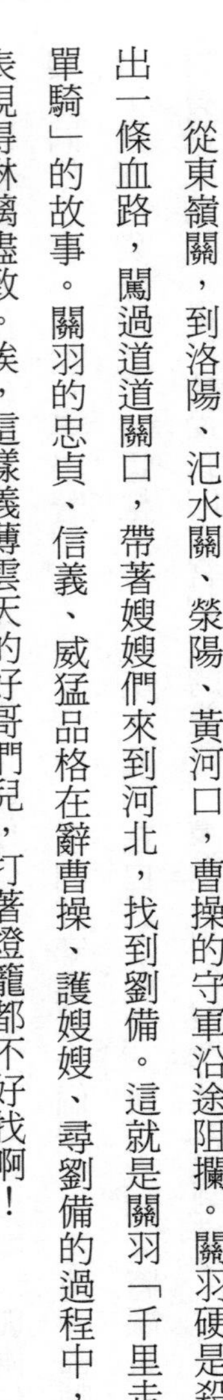

從東嶺關，到洛陽、汜水關、滎陽、黃河口，曹操的守軍沿途阻攔。關羽硬是殺出一條血路，闖過道道關口，帶著嫂嫂們來到河北，找到劉備。這就是關羽「千里走單騎」的故事。關羽的忠貞、信義、威猛品格在辭曹操、護嫂嫂、尋劉備的過程中，表現得淋漓盡致。唉，這樣義薄雲天的好哥們兒，打著燈籠都不好找啊！

諸葛亮曾經在《隆中對》裏爲劉備設計了一份戰略性計畫，要成就大業，先要保證兩個前提，一是與孫權結盟，二是佔據荊、益二州；之後，就可以尋找機會對曹操實行雙線作戰，一條線是命一上將率荊州之軍向宛、洛進軍，一條線是劉備親率益州之眾出秦川。現如今，孫劉已然結盟，荊、益二州在手，向宛、洛進軍的上將非關羽莫屬。

建安二十四年（二一九年）七月，關羽北伐曹魏，當時關羽主攻的是樊城，樊城守將曹仁抵擋不住關羽軍隊的進攻，一方面堅守在樊城不出戰，一方面連連向曹操告急求援。曹操在長安除了指使曹仁拒守樊城不能棄城之外，又急忙派遣左將軍于禁、立義將軍龐德前去樊城援助曹仁，抵禦關羽軍隊的進攻。

襄陽、樊城各踞漢水兩岸，歷來是南北交通要道，是兵家必爭之地，對於曹操的重要性更是非同小可。關羽也確實有用兵的頭腦，他沒有打漢水南岸城池險固的襄陽，卻主攻北岸城防相對薄弱的樊城。襄、樊一旦失守，中原就門戶洞開，挺進

「宛、洛」，直擊曹操，將勢如破竹。到那時，對付曹操就是想怎麼打就怎麼打了。

曹操派了于禁、龐德兩員大將率領七支人馬前去增援，于禁、龐德不識南方氣候，把軍隊駐紮在江邊低窪處。關羽長期征戰在荊襄地區，瞭解當地的地理環境和氣候條件。他一看曹軍的駐紮模式就咧嘴狂笑，大嚷「天助我也」，趕緊下令造大船，並調水軍集結待命。

人一旦要走好運，連老天都幫你忙。正值秋高氣爽的八月天，卻下起了瓢潑大雨，結果導致漢水氾濫，于禁、龐德的七支人馬頓時淹沒在水中，喪失了戰鬥力。關羽趁機率領部下乘船出擊，不費吹灰之力地挨個兒收拾曹軍。于禁走投無路，只好投降。

龐德的一個部下曾勸他投降，龐德二話不說，揮刀就把那人給劈了，其餘人倒抽一口涼氣，趕緊拼死抵抗關羽。後來龐德被關羽逮到後，關羽勸他投降。龐德罵道：「魏王手裏有人馬一百萬，威震天下；劉備不過是個小人，怎能和魏王相敵。我寧可做國家的鬼，也不願做你們的將軍！」關羽怒吼一聲：「你胡說！」就命令手下把龐德殺了。

龐德誓死不降，被關羽所殺，這就是歷史上著名的「水淹七軍」，也是關羽歷史上最輝煌的一戰。

曹操大驚，趕忙又派徐晃前往增援，再派十二營兵力趕赴樊城。懾於關羽威名，魏荊州刺史胡修、南鄉太守傅方紛紛投降，洛陽甚至許都周圍還出現了不少打著關羽旗號的起義兵，關羽一時「威震華夏」。面對這種突如其來的危局，曹操也慌了神，甚至一度打算遷都，以避關羽鋒芒，後來被司馬懿勸止了。

司馬懿曾對曹操說說：「大王不必擔心。我看劉備和孫權兩家，表面很親熱，實際上，互相猜忌得厲害。這次關羽得意了，孫權一定不樂意。我們何不派人去遊說孫權，答應把江東封給他，請他夾攻關羽，這樣，樊城之圍自然會解除了。」曹操聽了司馬懿的意見，真的打發使者到孫權那裏去了。

于禁，字文則，早期隨鮑信起兵討黃巾，後來跟隨曹操四處征戰，屢建功勳。曹操征張繡失利，大軍潰散，唯獨于禁臨危不亂，且戰且退。路遇青州兵四處搶劫，被于禁追殺後就去誣告于禁叛變。于禁先紮下營寨才去見曹操，曹操問他怎麼不先來解釋，于禁答道分辯事小，退敵事大。曹操對于禁堅毅沉穩的作風大加讚賞，封他為益壽亭侯。

于禁是曹魏的大將，後世將其與張遼、樂進、張郃、徐晃並稱為「五子良將」。後來在敗呂布，破袁紹等大小戰役中，于禁等五子良將都輪流任先鋒或後拒，成為曹軍將領中的骨幹精英。于禁因爲治軍嚴格，以至於他的部下們沒什麼油水可撈，曹操顯然很清楚于禁的這種風格，於是每次賞賜都會給于禁多發點，也算是格外照顧他了。

曹操因惱怒朱靈而想撤掉他的兵權，但這是件極有可能引發兵變的事，考慮再三，決定派于禁去執行。于禁帶著曹操的手令和區區幾十個士兵策馬趕往朱靈的軍營，當時朱靈手下的士兵是于禁的好幾倍，但都因害怕于禁而居然沒有一個人敢反抗。由此可以看出于禁在曹軍中的威信，甚至也能隱隱感覺到于禁骨子裏透出的一種霸氣和殺氣。

于禁投降關羽後，被關押在江陵，後來孫權殺關羽，于禁被帶到東吳，直到魏黃初二年（二二一年）才被送回魏國。此時于禁已經滿頭白髮，憔悴不堪，見到曹丕後淚流滿面。曹丕卻引用春秋名將荀林父、孟明視的事例來安慰他。後來曹丕讓于禁去高陵祭拜曹操，卻事先在陵中畫有他戰敗降敵而龐德不屈的圖畫。于禁見到後，慚愧發病而死，謚厲侯。

Q 大意失荊州

赤壁之戰後，曹操對吳蜀基本採取的是防守的態度。周瑜打南郡，曹操不曾還手；劉備攻漢中，曹操沒有硬撐。原因是南郡和漢中的背後還有襄陽和長安這樣的據點，曹操雖然敗退，卻不影響後方的穩固。然而襄、樊之戰就觸及曹操的底線了，襄、樊一旦失手，就會危及許都，所以曹操必須動用一切手段對關羽進行全方位圍剿。

做人不能鋒芒太露，劉備剛得益州，關羽又威名大振，劉備集團的力量突飛猛漲，已經讓孫權產生了嚴重的危機感。劉備一旦控制長江的上游，孫權就無法獨佔長江之險。更何況，關羽北征之前，孫權爲了籠絡他，曾經爲自己的兒子向關羽的女兒求婚。結果關羽不僅拒絕了孫權，還諷刺了句「虎女豈能嫁犬子」。所以，孫權與曹操一拍即合，合夥打劉備。

關羽也知道孫劉聯盟不鞏固，他看見孫權的大將呂蒙屯兵陸口，爲避免在自己北征樊城時，孫權在背後捅自己一刀，他在走之前，對糜芳和傅士仁是千叮嚀萬囑咐的，要他們一定要小心鎭守荆州，並將大部分軍隊留在南郡。同時他又沿江設防，二三十里設一個崗樓，建起烽火臺，想著萬一荊州有變，就可以儘快回援。

孫權先放出消息，說呂蒙因病要離開防地回吳療養，接替他的是陸遜。當時，陸遜年少多才卻無名望，他到任後，派使者給關羽送去了禮物和一封信，信上恭維關羽水淹七軍，功過晉文公的城濮之戰和韓信的背水破趙，還勉勵關羽發揮威力，奪取徹底勝利。關羽頓時飄飄然，便放鬆警惕，把防備吳軍的江陵守軍也調到了樊城前線。

關羽在襄樊的兵馬越來越多，加上新得于禁降軍數萬人，軍糧很快就不夠吃了。他就責備後勤人員麋芳和傅士仁的運糧工作不到位，並大怒說：「還當治之（**回去再收拾你**）！」這不行啊，沒吃的，哪有力氣打仗？於是，關羽就把人家孫權貯藏在湘關的糧食給搶了。孫權正好找到藉口，派呂蒙領兵襲擊關羽的後方。

呂蒙等人僞裝成商人，晝夜兼程溯流而上，神不知鬼不覺地幹掉關羽的沿江暗哨，佔領了關羽的兩處軍事要塞公安和江陵，將關羽的老窩端掉。關羽素來輕視儒生，公安守將傅士仁和江陵太守糜芳平日就因此心懷不滿，於是就在吳軍兵臨城下的時候，獻城出迎，呂蒙就此一舉奪回被劉備軍佔領的荊州。

呂蒙進佔江陵後，盡得關羽及其將領的家屬。他對他們加以優待和撫慰，並下令軍中不得侵擾百姓，還對全城百姓表示關心，給有病的送醫藥，給饑寒者賜衣糧，使城內秩序迅速恢復。而驕傲輕敵的關羽，對呂蒙的襲擊行動竟一無所覺。

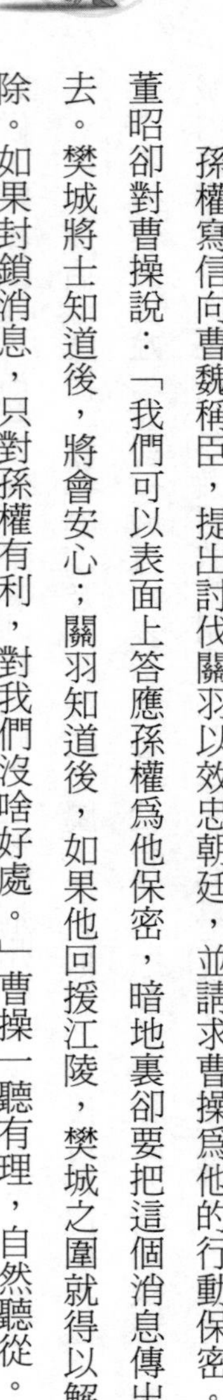

孫權寫信向曹魏稱臣，提出討伐關羽以效忠朝廷，並請求曹操爲他的行動保密。董昭卻對曹操說：「我們可以表面上答應孫權爲他保密，暗地裏卻要把這個消息傳出去。樊城將士知道後，將會安心；關羽知道後，如果他回援江陵，樊城之圍就得以解除。如果封鎖消息，只對孫權有利，對我們沒啥好處。」曹操一聽有理，自然聽從。

曹操將孫權要攻打江陵的消息寫在紙條上射向樊城內外，樊城守軍士氣大漲。樊城外面，洪水退去，關羽失去優勢。徐晃的到來，又成功地遏制了關羽的攻勢，曹操援軍還在陸續地來到，關羽軍隊已經沒有什麼優勢可言。正當前方失利的時候，荊州失守的消息傳來，軍心頓時渙散，這仗再也打不下去了。無奈之下，關羽退守麥城。

關羽部隊撤走，曹仁等人想要乘勝追擊，參軍趙儼認爲，應保留關羽一定實力與孫權作戰，不宜追擊。曹仁同意趙儼看法，派人傳達命令，不許追擊關羽。回援途中，江陵不斷傳來消息，呂蒙並未虧待城內將士們的家人，關羽手下的將士們知道家門無恙，一下子就沒了鬥志，半路溜回去的人數占了一大半。關羽勢孤，遂敗走麥城。

陸遜乘勝西進，奪取了宜都。關羽看到麥城東、西、南三面全是敵人，而援兵又遲遲不到，決定突圍回西川。呂蒙知道關羽兵少，料到他要逃走，必然走麥城北邊的通西川的小道，就事先派兵埋伏。關羽和長子關平被擒，孫權招降關羽，關羽寧死不屈，與關平在臨沮為潘璋所殺。劉備追謚關羽為壯繆侯，其子關興嗣。

先是關羽的失敗，後是張飛、劉備在復仇之戰中先後身亡，蜀漢政權的幾大主力軍團也逐漸覆滅，國力軍力立刻由盛轉衰，即便智聖諸葛亮也無力回天。無論對於結義兄弟的夢想還是蜀漢的國運，關羽的驕縱與大意確實令人扼腕嘆息，與其說死於敵人之手，不如說是死於自己的弱點。

《三國志》中論及關羽與張飛：「關羽、張飛皆稱萬人之敵，為世虎臣。羽報效曹公，飛義釋嚴顏，並有國士之風。然羽剛而自矜，飛暴而無恩，以短取敗，理數之常也。」的確如此。關羽死後受民間推崇，又經歷代朝廷褒封，被人奉為關聖帝君，佛教稱為伽藍菩薩。被後來的統治者崇為「武聖」，與號為「文聖」的孔子齊名。

劉備萬萬沒有想到，就在自己的事業達到巔峰的時候，跟隨自己戎馬半生的兄弟關羽居然就此殞命，孫劉之間的一仗是非打不可了。按說，他應該沉下心來總結經驗，厲兵秣馬，然後再為關羽報仇雪恨。但劉備沒有這樣「應該」，二二一年四月，他即皇帝位，國號為漢，改元章武，這是蜀漢政權的第一個年號。

劉備下了一道命令，讓張飛趕到江州，和他會合，同為關羽報仇。張飛得到關羽被害的消息，旦夕號泣，血濕衣襟。張飛向來是說風就是雨的性格，於是限令所屬

三軍三日內置辦白旗白甲，掛孝伐吳。次日部將范疆、張達來報，三日內無法備辦完畢，請求寬限時日。張飛報仇心切，一怒之下把二人綁在樹上，每人挨了五十鞭子。

張飛平日裏對部下就太過嚴苛，動輒打罰。劉備經常告誡他說：「你對手下的殺虐太過分了，動不動鞭打士卒，還讓他們繼續侍奉左右，早晚會招致殺身之禍的。」張飛聽完之後，笑了笑但依然故我。果然，范疆、張達害怕不能完成任務被張飛所殺，乾脆趁張飛酒醉潛入帳中，殺了張飛。

張飛慘死在部下之手，為劉備的出征又增加了一分悲劇色彩，復仇的利劍還沒有舉起就折了利刃，結義的三兄弟轉瞬間只剩下了孤獨的劉備。劉備不顧諸葛亮和趙雲的勸阻，率領舉國之兵，踏上了復仇之路。這就是真實的劉備，無論平時是多麼的平和理智，在關鍵時刻，他還是一個性情中人。

劉備伐吳的陣容實在不夠強大：大將關羽、張飛死了，黃忠也早已病死了，剩下馬超、趙雲和魏延，馬超、魏延要留在北邊防備魏國進攻，趙雲由於反對伐吳受到劉備冷落。文臣這邊，謀士龐統、法正都先後去世了，諸葛亮也需要留在大本營。就在這樣一個將帥乏人的情況下，劉備依然堅持伐吳。劉備，你敢再囂張一點麼？

曹操的部下劉曄在分析劉備伐吳時曾說，劉備集團的戰略特徵就是以攻為守，憑藉打仗來顯示他的實力。不得不說，劉曄這位仁兄分析得很透澈。劉備打孫權，一方面是爲兄弟關羽報仇，另一方面也正是以攻爲守。然而，劉備不顧一切地擺出拼命三郎的架勢去攻打孫權，卻也有點欠考慮了。

黃權，字公衡，他年輕時爲郡吏，後來州牧劉璋徵召他爲主簿。當時別駕張松建議，應該迎接劉備，使他討伐張魯。黃權勸諫，劉璋不聽，派法正去迎接劉備，而將黃權外放爲廣漢長。後來，劉備進攻益州，派將領分別攻下郡縣，各郡縣都望風歸降，只有黃權閉城堅守，等到劉璋投降，他才去歸順劉備。劉備封黃權爲偏將軍。

曹操攻打張魯時，張魯逃入巴中，黃權建議劉備去迎接張魯，以保三巴的安全。於是劉備以黃權爲護軍，率領諸將進入巴中。但張魯已經回到南鄭，投降於曹操。之後劉備攻破杜濩、朴胡，殺掉夏侯淵，佔領了漢中。人們只知道攻取漢中主要依靠法正的謀略，卻不知道這些計謀都是黃權首先替劉備想出來的。

劉備稱帝，將要伐吳，黃權自願爲劉備的先鋒，建議劉備總鎭後方，而不應去前線冒險。劉備不聽，但劉備聽不進去，一門心思要親自血洗東吳，他封黃權爲鎭北將軍，督江北軍以防魏國部隊，自己則統兵在江南。等到戰敗之際，劉備撤退，道路被吳軍封鎖，黃權不能夠歸還，於是率領部下投降於魏國。

有關部門依照法規，上報要抓捕黃權的家人，劉備說：「是我對不起黃權，黃權沒有對不起我。」於是仍像以前那樣對待他的家人。曹丕問黃權：「你放棄叛逆前來歸順，是想仿效陳平、韓信嗎？」黃權回答說：「我受過劉備的特殊恩寵，不能降吳，又無法歸還蜀國，於是前來投降。況且敗軍之將，被免死就已經很幸運了，哪裡還能效仿古人呢？」

曹丕很欣賞黃權的為人，就任命他為鎮南將軍，封育陽侯，加侍中。後來，從蜀國投降到曹營的人中有傳言說，劉備已經誅殺了黃權的家人。黃權卻知道這是謊話，沒有立即發喪，後來得到確切消息，果然和他判斷的一樣。

二二三年，劉備病逝，魏國的群臣都在慶賀，而唯獨黃權不這樣做。魏文帝曹丕察覺到黃權有器量，想故意嚇嚇他，於是派人召見他。黃權還在路上，前來催促的使者一個接一個，在道路上交錯奔馳，黃權的下屬官員、侍從都嚇得魂飛魄散，而黃權卻舉止自若，淡定得像個沒事兒人一樣，繼續愛幹嘛就幹嘛。

後來，黃權兼任益州刺史，又調任河南，司馬懿非常器重他。他曾問黃權：「蜀國像您這樣的人有多少？」黃權笑著回答：「沒想到明公您如此看重我！」司馬懿在給諸葛亮的書信中說：「黃權是個爽快人，經常從坐位上起身，讚嘆著談論你，這種談論總不離口。」二四〇年，黃權去世，謚號為景侯，兒子黃邕繼承侯位。

一點也不遜的陸遜

劉備擺出一副要拼命的架勢來攻吳，自然讓孫權很是忌憚。事實上，早在孫權決定向關羽下殺手的時候，他就開始從各方面積極備戰。孫權殺掉關羽以後，就把關羽的首級送給了曹操，意思是自己殺關羽是曹操授的命。曹操明白孫權安的是什麼心，他以諸侯的禮節厚葬了關羽，代表自己不認這個賬。

殺掉關羽，孫劉聯盟徹底破裂。孫權擔心在劉備復仇的時候，曹魏會趁機對自己下黑手，乾脆公開倒向曹魏。曹丕稱帝後，劉備集團都大罵曹丕是漢賊，孫權卻沒表態。二二一年秋，孫權乾脆上表稱臣。當時孫權的部下表示反對，孫權倒是看得很開，他說，當年漢高祖不也接受過項羽的封號嗎？孫權俯首稱臣，換來了孫劉戰爭期間曹丕的中立立場。

劉備率兵長驅直入，一直打到夷陵猇亭。孫權這邊的總指揮是陸遜，呂蒙在荊州爭奪戰之後，還沒來得及開慶功宴就去世了。陸遜接替他，成爲東吳第四任都督。陸遜的部下提出給劉備來個迎頭一擊，但陸遜制止了，他說，劉備順江東下，來勢洶洶，現在正是士氣最旺盛的時候，我們先按兵不動，拖劉備一段時間，把他拖乏了，再伺機而動。

劉備見東吳拒不出戰，就主動挑釁，派偏師張南到夷道圍攻東吳的安東將軍孫桓。這回東吳的將士又沉不住氣了，說：「孫桓可是吳王的親戚，都督，你還是趕快出兵相救吧。」陸遜依然不爲所動，回答說：「孫桓深得軍心，夷道城池堅固，糧草充足，用不著我去費事。等我這裏打敗劉備，他那裏自然也就解圍了。」

劉備見陸遜始終不露頭，就命令手下帶著幾千老弱殘兵到平原上誘敵，自己則帶著八千精銳埋伏在後面。東吳的將領們見一群老弱殘兵在那裏耀武揚威，又向陸遜請求出戰。陸遜搖搖頭說：「這肯定是詭計，不信你們等著看。」果然，劉備在草叢裏趴了幾天，也不見陸遜上當，只好帶著八千人從埋伏圈裏走了出來。東吳將領一看，這才服了陸遜。

正值夏季，在當時沒有空調，沒有冰箱的時代，蜀軍人困馬乏，一個個熱得都能噴出火來，將士們一改剛來時的威武兇猛，個個都像霜打的茄子一樣，打不起一點精神。劉備體恤自己的手下，竟然鬼使神差地把水軍撤到了岸上，還採用極其大膽的戰術，紮下四十多個軍營，綿延七百里，擺下長蛇陣，大有不打此仗誓不甘休之勢。

陸遜是個讓天下人大跌眼鏡的軍事奇才，他見劉備做好長期作戰準備時，嘴角一彎，吩咐手下準備出擊。手下們又迷糊了，劉備剛來還沒站穩腳跟時你不打，現在人家已經站穩腳跟了，這不明擺著挨揍嗎？陸遜說，劉備的作戰經驗豐富，初來時士氣旺盛，肯定不好打。而現在他的士兵肯定都疲勞不堪，是攻擊的最佳時機。

陸遜發現了劉備的破綻，既然劉備擺蛇陣，他就打蛇打七寸。據說曹丕聽說劉備的這個陣形後，就笑著說：「劉備到底是不會打仗啊，七百里聯營拒敵，必輸無疑。等著吧，東吳的捷報很快就要到了。」此外，劉備把水軍都搬到了岸上。陸遜曾在給孫權的信中說，我最怕的就是劉備水路並進。現在劉備自動把水軍變成陸軍，陸遜就更有得勝把握了。

陸遜命令部隊集結，讓士兵每人拿一把茅草去打劉備，到時候攻一個營，就燒一個營。士兵得令，衝上去又殺人又放火，火燒連營，劉備的幾十座營寨轉眼間全被燒了個精光。隨後，朱然、韓當等將領和防守夷道的吳軍孫桓部相配合，對漢軍進行兩面夾擊。劉備慌忙逃命，結果被潘璋在涿鄉（夷陵以西）痛殺一陣，損失慘重，史稱涿鄉殲滅戰。

諸葛瑾、駱統、周胤諸部配合陸遜的主力，在猇亭向蜀軍發起攻擊。守禦夷道的孫桓部也主動出擊、投入戰鬥。吳軍進展順利，很快就攻破蜀軍營寨四十餘座，並且用水軍截斷了蜀軍長江兩岸的聯繫。蜀軍將領張南、馮習及土著部族首領沙摩柯等陣亡，杜路、劉寧等卸甲投降。

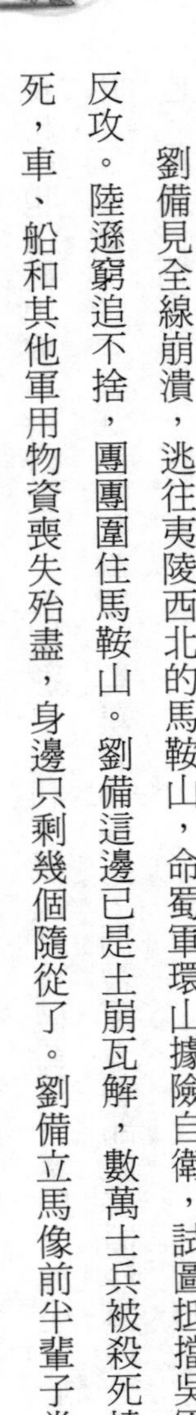

劉備見全線崩潰，逃往夷陵西北的馬鞍山，命蜀軍環山據險自衛，試圖抵擋吳軍反攻。陸遜窮追不捨，團團圍住馬鞍山。劉備這邊已是土崩瓦解，數萬士兵被殺死燒死，車、船和其他軍用物資喪失殆盡，身邊只剩幾個隨從了。劉備立馬像前半輩子常做的那樣棄軍而逃，蜀軍結果全軍覆沒。

吳軍繼續他們狂風驟雨般的攻勢，一直「送」劉備到白帝城下。劉備逃到白帝城後，吳將潘璋、徐盛等人都主張乘勝追擊，擴大戰果。但此時，趙雲率部入援白帝城，再加上陸遜又顧忌曹魏方面乘機渾水摸魚，襲擊後方，於是撤兵。這就是歷史上有名的「夷陵之戰」。經此一役，蜀漢元氣大傷，從此無力問鼎中原。

夷陵之戰，又叫猇亭之戰，是中國古代戰爭史上一次著名的積極防禦的成功戰例，也是劉備人生的最後一戰。夷陵之戰和官渡之戰、赤壁之戰一同被列爲三國史上的三大戰役。夷陵之戰大敗與劉備的戰術錯誤有很大關係，更是他人生最大的戰略錯誤。劉備一生敗戰無數，但極少有全軍覆沒的，夷陵之戰卻輸得乾乾淨淨，何其哀哉！

三國時期總共有三次類似的情況，全發生在劉備這邊身上：第一次是劉備入川時，張任在雒城堅守，龐統使計用自己做餌，引誘張任出戰，最後活捉張任攻克雒城，但做餌的龐統運氣不好，在陣前中了流矢而送命，可算是得不償失；第二次就是夷陵之戰，結果是劉備血本無歸；第三次是諸葛亮最後的北伐，但不管諸葛亮怎麼引誘，司馬懿就是不出戰，最後諸葛亮病死軍中。

劉備到白帝城後，不僅仰天大哭，想他征戰一生，卻沒有料到，以他六十歲的人生閱歷外加作戰經驗，竟然輸給了默默無聞，不到四十歲的陸遜。從此，劉備的一世英名毀於一旦，而陸遜則靠火燒連營的戰功名揚天下。二二三年四月，劉備惱羞於夷陵慘敗，一病不起，亡故於白帝城。謚號昭烈帝，廟號烈祖，史學家又稱他爲先主。

劉備倚靠「中山靖王劉勝之後」這個皇室貴胄的頭銜，不僅招兵買馬，而且娶妻納妾。據說劉備命中剋妻，他在老家曾「數喪嫡室」。劉備起兵後，於沛城娶甘氏爲妾。甘氏爲當地著名的美女，因劉備此時已經沒有嫡妻，甘氏便以嫡妻的身分掌管內事，所以人稱甘夫人。後來隨劉備到了荊州依附劉表，生下兒子阿斗，即後來的蜀後主劉禪。

甘夫人人漂亮，皮膚也好。一次，劉備將她召致白綃帳中，在戶外觀望，甘氏就如同月下凝聚的白雪一樣。有個手下爲了巴結劉備，就送給他一支高三尺的玉人，劉備把這個玉人放在甘夫人的身邊，常常在夜晚叫甘夫人脫光衣服，與旁邊的玉人作比較。他白天與謀臣談論軍國大事，夜裏就抱著甘夫人玩弄那個玉人。

甘夫人雖是女人，卻眼光高遠，就對劉備勸道：「以前子罕不以玉爲寶，春秋上讚美他。現在吳魏未滅，怎麼能玩物喪志呢？凡是淫惑生疑的東西，以後就不要再拿進來了。」劉備聽從了甘夫人的話，便撤下玉人再也不玩了，當時許多人都稱讚甘夫人爲「神智婦人」。

劉備從陶謙手裏接管了徐州後，用糜竺、陳登爲輔佐。糜竺原來是一個商人，家產十分豐厚。他有一個年已及笄的妹妹，長得十分美豔。爲了討好劉備，他便將妹妹送給了劉備，並將家產全部充作軍資。劉備正是窮困潦倒的時候，好像天下掉下一個餡餅，不僅使危軍復振，而且還得到一個美女相伴，好不快活。

劉備每次大敗的時候，妻子家眷都棄之不顧，甘、糜二夫人也時常在劉備對敵作戰中被敵方搶走。建安五年（二〇〇年），曹操打敗了劉備，甘、糜二位夫人再一次被搶走，關羽也暫時投向了曹操。後來關羽聽說了劉備流落到袁紹那裏，就帶著二位夫人離開曹操，回到劉備的身邊。看來做了劉備的老婆，也許吃穿比別人好點，卻是相當的危險吶！

劉備與曹操在長阪坡之戰時，倒楣的甘糜二夫人被亂兵沖散不知去向。趙雲急忙持槍又從亂軍中殺進一條血路，好容易才找到了糜夫人，但她已身受重傷，正拼盡全力的把嬰兒阿斗護在懷中。見到趙雲後，她爲了讓阿斗脫身，不連累趙雲，一躍跳入井中而死。趙雲悲傷之餘，推倒土牆掩蓋水井，以免糜夫人的屍體受辱，帶著甘夫人與小阿斗逃走。

劉備見到趙雲救回甘氏母子心裏大喜，聽到糜夫人已死又不禁大悲，一時間百感交集，又落下許多淚。甘夫人因爲多次被劉備所棄，終於在氣憤與戰場驚嚇中病倒了。一年後，廿二歲的甘夫人就也離開了人世。甘糜這兩位美女一生都是跟隨劉備東奔西走，被人搶來搶去，幾乎就沒享過什麼福。

劉備借荊州不還，只要魯肅一提歸還荊州的事，劉備就放聲大哭。孫權本來是想用孫尙香送給劉備當老婆爲誘餌，把劉備騙到東吳關起來，再逼諸葛亮拿荊州換回劉備，結果卻弄假成真。不僅孫尙香對劉備滿意，連孫權的媽媽吳國太也是丈母娘看女婿，越看越喜歡，於是，又便宜了年已半百的劉備。

孫尙香嫁給劉備時也就也就二十來歲，待到入了洞房，劉備不禁吃了一驚，洞房裏侍婢都佩劍侍立在一旁，劉備忙哆嗦著問：「這是做什麼？」侍婢說：「我們郡主從小喜歡練武，一向是隨身不離兵器。」劉備說：「今夜是洞房花燭的好日子，還是將這些暫時拿開的好。」孫夫人撇嘴說：「你打打殺殺了大半生，難道還怕兵器麼？」但還是照做了。

劉備一連在東吳住一個多月後，才從溫柔鄉中醒過來，想起了荊州的部下。他對孫權說，曹操眈視荊州不能不回去，孫權不好說不放的話，況且劉備早將吳國太哄得團團轉，另外，他也想讓劉備在荊州作爲曹魏和東吳之間的緩衝。等到劉備攜孫夫人回到了荊州後，周瑜從江陵來見孫權，給孫權分析了形勢，孫權也很後悔，真是「賠了夫人又折兵」。

孫尙香雖然也有溫存的一面，但經常仗著哥哥孫權的勢力嬌縱蠻橫，不僅左右大將都怕她三分，劉備也不敢違拂。劉備每天不僅得對付政敵，回家後，還必須小心著孫尙香手中的刀劍。孫尙香只與劉備過了三年的夫妻生活，就被哥哥孫權騙回東吳，還差點把阿斗給偷走。劉備回想起的只有那些提心吊膽的感覺，所以也不派使者去東吳迎接孫尙香。

劉備最後一位夫人姓吳名莧，是蜀漢大將吳懿的妹妹。建安十九年（二一四年）夏天，劉備取得益州城，群臣勸劉備聘娶已經寡居多年的吳氏。吳氏雖然寡居再嫁，但風采不減當年，劉備重新領略了空曠已久的溫柔滋味。建安二十四年（二一九年），劉備稱漢中王，立吳夫人爲漢中王后。章武元年（二二一年）五月，劉備稱帝，立吳后爲皇后。

劉備爲關羽報仇，進攻東吳。孫權提出「歸還荊州，送還夫人」的講和條件，孫尙香也附密札，敘述夫妻之情與相思之苦，都被報仇心切的劉備回絕了。結果劉備被

陸遜火燒連營，逃回白帝城。孫尚香誤信傳言，以為劉備已死，就投江殉情。今天繡林鎮北郊長江南岸還有一座望夫台，據說是孫夫人曾在此遙望夫歸，望夫臺上的腳印至今仍然依稀可辨。

延熙八年（二四五年），吳后去世。起初甘夫人去世後葬在南郡。章武二年（二二二年）追諡為皇思夫人，遷葬於蜀國，靈柩還沒有到，劉備已經在白帝城去世。彌留之際，劉備曾命人從成都召來丞相諸葛亮，以後事、孤兒托之。言訖即逝，終年六十三歲。這就是有名的「白帝城托孤」。諸葛亮上表後主劉禪，追諡甘夫人為昭烈皇后，與劉備合葬在一起。

＊微歷史大事記＊

中平元年（一八四年）：劉備應徵入伍，討伐黃巾起義軍，立下戰功，被任為安喜尉。

初平元年（一九〇年）：加入討伐董卓戰役被賊兵打敗，投奔公孫瓚，與田楷一同防禦袁紹，因功被封為平原縣令，後領平原國相。

興平元年（一九四年）：曹操攻打陶謙，田楷帶同劉備一起前往相救並擊退曹軍。陶謙死後，劉備入主徐州，不久又被前來投靠的呂布打敗，屯於小沛。

建安元年（一九六年）：袁術攻打劉備，劉備迎擊，但呂布乘機偷襲下邳，劉備改駐海西。

建安三年（一九八年）：劉備跟隨曹操成功消滅呂布。後還許昌，劉備被表為左將軍。

建安四年（一九九年）：借兵滅袁術、占徐州、反曹操。

建安五年（二〇〇年）：投靠袁紹，後逃亡。
建安六年（二〇一年）：投靠劉表，但不為信任。
建安十二年（二〇七年）：三顧茅廬，請出諸葛亮。
建安十三年（二〇八年）：結盟孫權，赤壁之戰中大敗曹操。
建安十四年（二〇九年）：任荊州牧，與孫權聯姻。
建安十六年（二一一年）：自與副軍師龐統等入川。
建安十九年（二一四年）：勸降劉璋，奪取益州，領益州牧。
建安二十年（二一五年）：孫權派兵攻打荊州，後劉、孫議和，分占荊州。
建安二十四年（二一九年）：攻陷漢中，進位漢中王。
章武元年（二二一年）：稱帝，國號漢，史稱蜀漢或蜀，年號章武，任諸葛亮為丞相。
章武二年（二二二年）：為奪回荊州，興兵伐吳，兵敗。
章武三年（二二三年）：死於白帝城永安宮，享年六十三歲，謚號昭烈帝，史稱為先主。

第五章

世家英雄：
孫權無顏見江東父老？

當曹操在中原開疆拓土的時候，孫權父子也在江東建立了他們的基業。如果我們打開地圖，就會發現長江的走向是由西向東，唯有在蕪湖和南京這一段向北偏了偏，這一偏就偏出了江東和江西，而江東就是孫氏父子的地盤。江東集團的創始人是孫堅，奠基者是孫策，使它發展壯大成爲一個獨立國家的則是孫權。

孫權小時候，跟其他紈褲子弟一樣，身邊不乏架鷹牽狗的心腹，整天跟著他變著法兒玩樂。如此天天吃喝玩樂，家裏給的零花錢自然不夠。沒有錢，這遊蕩的生活也就失去了支撐。手下們就給孫權出主意：「爲什麼不去找管財政的大臣借點錢花啊，只要您金口一開，他們還不乖乖地把銀子孝敬出來。」孫權聽了，掉轉馬頭就奔「財政部」去了。

呂範，是掌管東吳財政大權的大臣，孫權找他要錢時，他禮貌地說：「錢是有的，您要花沒問題，但必須按程序來。你先寫一份報告，然後找你哥哥批一下，到時候，您要多少，我給多少！」找哥哥孫策要錢，不是自找罵挨嗎？孫權碰了個軟釘子，怒道：等我掌權後，一定殺了呂範！呂範聽說後，淡定一笑，繼續我行我素。

孫權在小時候便跟著哥哥轉戰各地，見過世面，而且他又很愛讀書，歷史、文學各方面都廣泛涉獵，這使得孫權初步具備了文韜武略。在老爸孫堅死後，孫權有時還給哥哥出謀劃策，這讓孫策很吃驚，也很欣慰，他在設宴招待賓客時，總對孫權說：

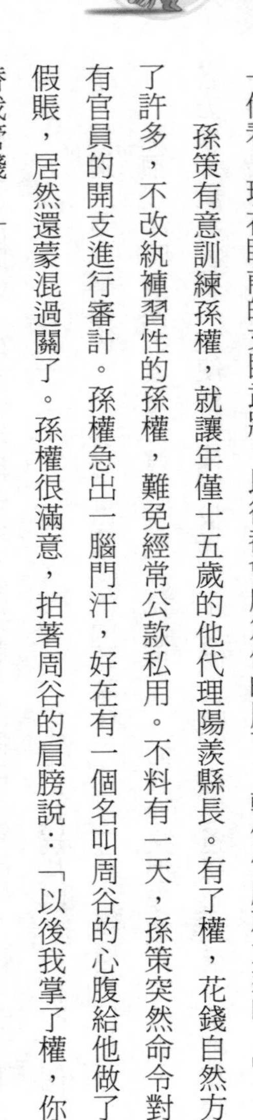

「你看，現在眼前的文臣武將，以後都會成爲你的屬下，輔佐你成就大業的。」

孫策有意訓練孫權，就讓年僅十五歲的他代理陽羨縣長。有了權，花錢自然方便了許多，不改紈褲習性的孫權，難免經常公款私用。不料有一天，孫策突然命令對所有官員的開支進行審計。孫權急出一腦門汗，好在有一個名叫周谷的心腹給他做了份假賬，居然還蒙混過關了。孫權很滿意，拍著周谷的肩膀說：「以後我掌了權，你就替我管錢！」

孫策死後，孫權就做了江東的老大。俗話說：「站的角度不同，看到的事物就有所不同。」孫權上任新崗位後，也有了認識問題的新視角。他發現，那個曾拒絕過自己的「鐵公雞」呂範，更讓人覺得他爲人忠誠、可靠。而曾經表現得忠心耿耿的周谷，卻讓自己很不放心。還算有點頭腦的孫權最終重用了呂範，而辭退了周谷。

蘇軾的《江城子．密州出獵》中有一句「親射虎，看孫郎」，這裏的「孫郎」指的就是孫權。孫權喜歡打獵，特別是騎馬射虎，有時候猛虎撲到身前，虎爪都攀到馬鞍上了。張昭聽說後，就冷著臉教育他說：「爲人君者應該駕馭英雄而不是駿馬，應該對付敵人而不是野獸。」孫權也很乖，趕緊認錯說：「對不起！是我考慮得不周到了！」

孫權的優點是勇於認錯，缺點是堅決不改。張昭不讓他騎馬打虎，他就坐車打虎。他發明了一輛射虎車，車上不設車蓋，自己坐在車子裏，用箭射老虎，時不時有老虎或者別的猛獸撲到車子上，孫權就坐在裏面用手擊打猛獸，邊打邊狂笑，開心得不得了。張昭知道後，又去嘮叨他，但他總是笑笑，既不頂嘴，也不改正。

孫權繼承了孫家人驍勇彪悍的性格，但相比孫堅和孫策的剛直霸氣，孫權還多了一些委婉和韜略。所以，孫策臨死時，沒有將地位傳給酷似自己的孫翊，而是傳給了剛中有柔的孫權，還對他說：「舉江東之眾，決戰於兩陣之間，與天下英雄爭衡，你比不上我；但舉賢任能，使將士盡力，確保江東穩固，我卻比不上你。」

建安五年（二〇〇年），廿六歲的孫策遇刺身亡，臨終把軍國大事託付十八歲的孫權。古人以二十歲為弱冠之年，此時的孫權只是一個尚未成年的少年。孫策交給他的任務雖然光榮，但也足夠艱鉅。他要以十八歲的年齡和資歷，鎮住那些吃的鹽比他吃的飯都多的舊臣老將，發展好父兄的基業。所以，無論多麼艱辛，孫權都必須扛起這個大梁！

有些人認為，孫權接手就是現成的基業，不像曹操和劉備那樣需要白手起家，他的處境在三國之主中應該最為容易。情況也不盡然，孫權接班的時候，面臨著內憂外患諸多困難。《三國志》中曾借孫盛之口這樣形容孫策的基業：「業非積德之基，邦無磐石之固」，就是說孫策創下的這個基業不是積德的基業，所以是不穩固的。

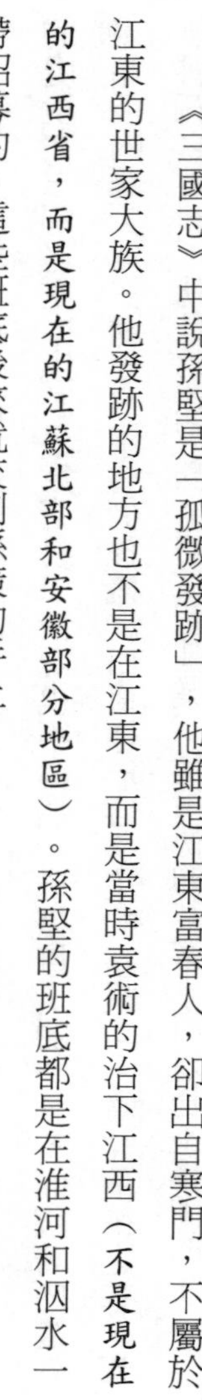

《三國志》中說孫堅是「孤微發跡」，他雖是江東富春人，卻出自寒門，不屬於江東的世家大族。他發跡的地方也不是在江東，而是當時袁術的治下江西（不是現在的江西省，而是現在的江蘇北部和安徽部分地區）。孫堅的班底都是在淮河和泗水一帶招募的，這些班底後來就交到孫策的手上。

孫策帶著老爹給自己的班底回到江東的時候，江東的世家大族一致認爲，孫策這不是回家，而是入侵，都對他採取抵抗的態度。孫策知道跟這種人講道理是沒用的，只有一個辦法：順我者昌，逆我者亡！靠這種暴力的方式建立起的政權，肯定不如以德服人來得穩固，但比它快速。孫策要的就是這個效果，婆婆媽媽的事情，他孫策幹不來！

孫策屍骨未寒，廬江太守李術就造反了，他宣布不再聽從孫權的命令，還明目張膽地收留反叛孫權的人。孫權讓他交出叛逆之人，李術卻說：「如果你有德有才，那大家一定會聽從你的調遣；如果你沒有，那麼大家一定會離開你另投別處，我現在不能交人。」李術這樣赤裸裸的反抗，幾乎讓孫權發飆，但他必須忍，因爲他現在沒有實力！

孫權接班的時候，東吳邊遠地區的人們還沒有臣服，山越的少數民族也不服。山越人是秦漢時期百越的後代，他們生活在江南、華南，以及西南的廣西和雲南，「越南」就因爲在百越之南而得名。山越暴亂在孫策死後，也像摁下葫蘆起來瓢一樣剿滅不淨，他們爲逃避賦稅，逃到山裏，他們自成一體，拒絕向孫權繳稅。

一天，張昭對正在偷偷掉眼淚的孫權勸道，現在我們四周到處都是豺狼，小將軍如果一直哭下去，那就是開門揖盜了。你要堅強起來，把你父兄的基業發展壯大，而不是躲在牆角哭個沒完。說完就督促孫權換上衣服，騎上馬，帶著儀仗隊出去巡視三軍，向人們顯示江東有了新的主人，張昭本人則率領所有的手下立孫權爲主。

曲有誤、周郎顧

周瑜，字公瑾，盧江舒縣人，就是今天安徽盧江縣人，堂祖父周景、堂叔周忠，皆爲漢太尉，爸爸周異曾出任洛陽令。史書記載，周家子弟出遊時，動輒有一百多乘車隨從，排場很大。在這樣一個富貴顯赫的家庭裏長大，周瑜從小受到了極好的教育，文才武藝都很出色。他不僅沒有富家子弟的紈褲風氣，而且志向遠大。

《三國志》中說周瑜「長壯有姿貌」，身材高大、相貌俊美，是個無死角帥哥。周瑜不僅外表出眾，更兼氣質脫俗、氣度恢弘。他從小精研音樂，有著很高的音樂修養，即使酒過三巡、醉意醺然之中，也能聽出樂隊的演奏是否有誤。所以當時就流傳著「曲有誤，周郎顧」的說法。

周瑜與孫策同年出生，當年孫堅兵討董卓時，將全家老小移居到了舒縣，孫策和周瑜得以相識，遂後來這倆小孩是越聊越投機，慢慢就成了一對好哥們兒，世稱爲「總角之好」。周瑜還讓出自己家在路南的一套大宅院供孫家居住，且登堂拜見孫策的母親，兩家有無共通。周瑜和孫策在此廣交江南名士，很有聲譽。

據說周瑜和孫策有一次去拜訪喬玄，順便還蹭了頓飯，他命自己的女兒大喬和小喬在內室彈琴助興。小喬早就聽過周瑜的名號，於是故意在彈奏時彈出一個不協調的音符，逗引周瑜回頭，周瑜果然上當。小喬一看，周瑜果然英俊瀟灑，就故意頻頻出錯，周瑜就頻頻回頭。喬玄知道女兒的心意，就讓兩個女兒出來見客。於是，不獨小喬和周瑜一見鍾情，大喬和孫策也一見傾心，這「曲有誤、周郎顧」便成全了兩對神仙眷侶。

孫堅去世後，孫策去江北繼承父親遺志，周瑜留在江淮。袁術聽說周瑜大名，要拜他爲將，周瑜知道他不得人心，成不了氣候，就要求做居巢的縣長，和袁術保持一定距離。孫策脫離袁術，渡江作戰時，周瑜隨即回應，從居巢帶來大部人馬和孫策並肩作戰。此後，周瑜成爲孫策、孫權兄弟最忠實的擁護者，至死不渝。

周瑜不獨對朋友滿腔誠摯，對一般人也友善溫厚，他與東吳所有的人相處得都很融洽，除了程普。程普曾經追隨孫堅破黃巾、討董卓，他自恃資格老，不願意位居周瑜之下，多次羞辱周瑜，但是周瑜一再退讓，不與程普計較。程普慢慢地被感動，進而敬佩、親近周瑜。他對別人說，和周公瑾交往，就像飲一杯醇香的酒，不知不覺就陶醉了。

建安三年（一九八年），周瑜經居巢回到吳郡。孫策聽說周瑜歸來，親自出迎，不僅封官賜房，還給了他一個鼓吹樂隊，孫策曾說：「周公瑾雄姿英發，才能絕倫，和我有總角之好，骨肉之情。在丹陽時，他率領兵眾，調發船糧相助於我，使我能成就大事，論功酬德，多少賞賜也比不過他在關鍵時刻給我的支持！」周瑜時年廿四歲，吳郡人皆稱之爲周郎。

孫策臨終時曾交代孫權：「內事不決問張昭，外事不決問周瑜。」周瑜從外地帶兵前來奔喪，留在孫權的身邊輔助他。當時江東賓客對待孫權的禮節還很簡慢，依然把他當做一個將軍來看待，周瑜手握重兵，並帶頭行臣子之禮，將孫權看做君主，其他人這才上行下效起來，之後，周瑜和張昭共同掌管軍政大事。

和蜀漢一樣，東吳政權也由三股政治力量組成。第一股是孫堅、孫策留下的班底，也就是來自淮河、泗水的人，周瑜就屬於這股力量；第二股是從北方避亂來到江

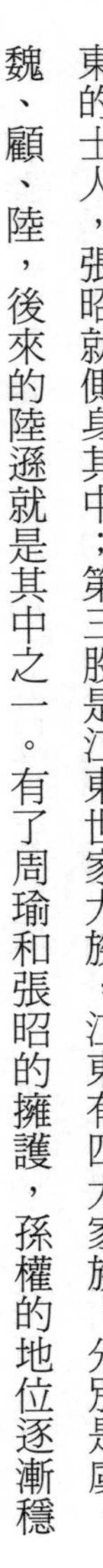

東的士人，張昭就側身其中；第三股是江東世家大族，江東有四大家族，分別是虞、魏、顧、陸，後來的陸遜就是其中之一。有了周瑜和張昭的擁護，孫權的地位逐漸穩固。

新官上任三把火，孫權的第一把火燒的就是李術。他預料到李術有可能會向曹操求救，就先給曹操寫了封信，先說了李術曾殺死曹操部下嚴象的事讓曹操惱火，然後說我現在要興兵討伐他，請別插手。孫權把李術的後路堵死後，帶兵將李術圍在皖城，來了個關門打狗。李術果然向曹操求救，遭到拒絕，於是做了孫權的刀下鬼。

孫權調集重兵對山越人形成合圍，將領袖擒住，把青年人充軍，對老人、婦女統一管理，讓他們從事農業生產，就此徹底解決了山越之憂。

劉表的荊州緊挨著江東，孫權的父親孫堅就是被劉表的大將江夏太守黃祖殺死的，孫權自然是要替老爹報仇。黃祖沒想到沒爹沒哥的孫權還敢這麼囂張，他見孫權率軍而來，輕蔑一笑：「你老子都死在我手上了，殺你自然也不在話下！」他先將兩艘大船並排列於江面，又用巨石繫船，兩艘大船如同水上城牆堅不可摧，船上近千士兵引弓以待。

自古虎父無犬子，孫權組建了一支驍勇至極的敢死隊，讓他們每人穿上相當於現在防彈衣的雙層甲冑，在將軍董襲的帶領下，奮勇衝到大船旁邊，砍斷拴住巨石的繩索，破了黃祖的城牆陣。之後，東吳大部隊蜂擁而上，大敗黃軍，殺死黃祖。孫權報了殺父之仇，還將夏口納入自己的版圖。

建安十二年（二〇七年），不獨孫權坐穩了江山，曹操更擊敗袁紹，平定了北方。建安十三年（二〇八年），躊躇滿志的曹操揮兵直撲荊州，來勢洶洶如泰山壓頂，直接就把劉表給壓死了。荊州的劇變使江東集團也深受震動，但張昭仍堅守「保江東，觀成敗」的原則，勸孫權安分守己，不要惹事生非。

孫堅和孫策的勇武韜略都不在孫權之下，但二人的性格都過於剛硬，以至於最後都死在這一點上。孫權之所以將江東基業維持多年，正是因爲他剛柔相濟、靈活處事、能屈能伸。

魯肅，字子敬，臨淮東城人。魯肅幼年失父，在祖母和母親的撫養下成人。史書說他「家富於財」，家裏可能是大地主，非常有錢。年少時的魯肅體格魁偉，氣度恢弘，喜歡擊劍騎射，也愛好詩詞歌賦。

受《三國演義》影響，人們多以爲魯肅是一個忠厚老實以至接近迂腐的人。事實上並非如此，魯肅是一個很俠義、豪爽的人，而且他目光長遠，具有遠見卓識，在三國諸雄中很少有人能與之相比。黃巾起義後，天下大亂，魯肅的家鄉也未能免難，土地荒蕪，餓殍遍野。魯肅見此情景，就賣掉自己的田產，用來賑濟窮人。

一九八年，周瑜去居巢當縣長，帶著幾百號人經過魯肅的家鄉時，已經是彈盡糧絕了。他聽說魯肅仁厚豪爽、樂善好施，就厚著臉皮去借糧。沒想到，在當時糧食貴如金的年代，魯肅竟然指著家裏僅有的兩囷糧說：「這一囷你拿去吧！」這就是「指囷相贈」，魯肅出人意料的豪爽讓周瑜大爲嘆服，從此倆人成了公孫僑和季札那樣的鐵哥們兒。

袁術聽說魯肅的大名後，任命魯肅做東城縣長。魯肅瞧不起袁術，帶著一百多號人去居巢投奔周瑜了。袁術知道後，趕緊攔截。魯肅對追兵說：「你們都是男子漢，應該明白大勢。方今天下紛紛離亂，有功，得不到賞賜，無功也受不到責罰，爲何要逼迫我呢？」追兵一方面覺得魯肅的話有道理，一方面估計憑自己的力量也奈何不了他，只好退回。

周瑜東渡長江，要去投奔孫策，於是魯肅和周瑜一起去了江東。孫策見到魯肅後，對他的才華很是欣賞，給他的待遇也不錯。魯肅把一家人也接到了吳郡安居，只有年邁的祖母留戀故土，堅持在老家居住。後來，魯肅的祖母去世，他就回老家去辦理喪事了。

劉曄和魯肅是好朋友，他勸魯肅和他一起去投奔鄭寶，魯肅同意了。後來劉曄又輾轉到了曹操的軍中，並得到曹操的重用，更加堅定了魯肅要走的決心。因爲他知道，與久經沙場的曹操相比，孫權只是一個乳臭未乾的小毛孩，一個浪頭就能將他掀翻。魯肅把自己的想法告訴了周瑜，並勸他與自己一起離開。

周瑜給魯肅講了一個本朝的典故：「兩漢之間，馬援對光武帝劉秀說：『當今之世，非但君擇臣，臣亦擇君』。當今亂世，群雄逐鹿，不知道誰是最終的勝者，所以，不但君主挑選臣子，臣子也要挑選一個有前途並適合自己的君主。孫權素有英才，而且能夠親賢用能，將來一定能成大氣候，還是留下來輔佐孫權吧！」

周瑜問魯肅：「曹操現在旗下有無數謀士，你進去之後，很難顯現出來。誠然，如果你有過人一等的才智，想要脫穎而出也不是不可能的事。但是，你敢說自己的才智高出荀彧、郭嘉、鍾繇、陳群等人一大截麼？」魯肅想了想，老實搖頭：「別說一大截，一小截也沒有！」周瑜得逞地一笑：「既然如此，兄弟，你還瞎折騰啥呀！」於是，魯肅乖乖留下了。

很多人都對孫權的能力產生質疑，最讓他傷心的是，竟然連他的媽媽吳夫人也曾在私底下問張昭和董襲：「仲謀能保得住江東平安麼？」董襲說：「您放心，江東地勢險要，孫策的恩德還在，張昭等又忠心輔佐，一定沒問題。」吳夫人一聽，講了三條，卻沒一條是關於孫權本人的，說到底，還是對孫權沒信心呀！

魯肅在周瑜的引薦下，被孫權接見，兩人「合榻而飲」，即把兩個飯桌拼在一起，面對面地邊喝酒邊談話。喝著喝著，孫權就提出一個問題，他說，當今天下大亂，我繼承了父兄的事業，也想有所作爲，也想做齊桓公、晉文公那樣的人物，維護天子，稱霸一方，足下既然來幫助我，請問你可有什麼辦法？魯肅心想，要考我啊！

魯肅當場就給孫權潑了一瓢涼水，他說，以我愚見，將軍您當不成齊桓公、晉文公。想想秦末大亂，我們高皇帝也想當齊桓公、晉文公，就沒當成，因爲有個項羽爲害天下。當今之世，曹操就是項羽，所以您是當不成齊桓公、晉文公了。現在大漢王朝是扶不起來了，您應該守牢江東的地盤，等待天下發生變化。

魯肅曾對孫權說：「曹操的勢力很大，一時半會兒也除不掉，那麼您現在應該怎麼辦呢？『鼎足江東，以觀天下之釁。』一旦北方有事，將軍您就西進滅掉黃祖，進攻益州，和曹操隔江相峙。那時候，你就可以建號稱帝，尋找機會北上統一中國。」這番謀劃，儼然是江東版的《隆中對》，而且提出的比孔明還早幾年。魯肅，誰說你鼠目寸光了！

張昭那一幫主張固守的人，一心想守著江東一畝三分地，哪裡知道孫權有稱霸天下之心，所以他們提出的少管閒事、關門度日的意見自然不合孫權之意。要說孫權也確實有幹大事的胸襟，孫堅與黃祖的死讓江東集團和荊州集團成爲世仇，但他卻能放下私人恩怨而意欲和荊州集團合作，果然是一位胸懷天下的政治家。

曹操給孫權寫了封恐嚇信：「近來我奉皇帝命令討伐有罪的人，軍旗指向南方，劉琮投降。現在訓練了水軍八十萬之多，正要同將軍在東吳會戰（會獵於吳）。」曹操不愧是學文章的好手，這封信頗有點黑色幽默，竟然把打仗說成是打獵，看似從容隨意，實則卻如一顆手榴彈，頓時炸毀了孫權剛穩定下來的局面。

張昭認爲魯肅不夠謙虛，多次非議、詆毀他，說他年少粗疏，不可重用。孫權卻對魯肅另眼相看，非常器重。他厚賜魯肅，使魯家的富有程度達到了舊時的水準。魯肅也盡力輔佐孫權，每當遇到大事，他都參贊謀劃，且思深慮遠，有過人之明。

孫權得知曹操準備渡江東侵，召集眾位將領商議，將領們都勸孫權降曹，只有魯肅不發一言。孫權藉口去廁所暫停會議，魯肅也跟著走了出去。孫權知他要單獨表述意見，就拉著他的手說：「你有何高見？」魯肅說：「我們這些做臣子的投降曹操，仍可謀得一官半職，你若投降可就沒有安身之地了。」

在促成赤壁大戰的過程中，如果說魯肅起到的作用是說服孫權「不要退」，那麼周瑜起到的作用就是鼓勵孫權「迎上去」。魯肅的剖析，讓孫權意識到，投降曹操是沒有好下場的。而周瑜從外地回來後的第一句話就是，曹操雖然托名漢相，其實是漢賊，我們要齊心協力，爲漢家除汙去穢。孫權強烈的正義感和責任感被成功喚醒，曹操，非打不可！

赤壁之戰勝利後，魯肅先回來報喜，孫權竟然率領文武群臣前往迎接，禮遇之隆重，還沒有過先例。孫權笑著說，子敬，我持鞍下馬相迎，給足你面子了吧？魯肅說，沒有。眾人都覺愕然。魯肅接著說，若您有朝一日統一四海，總攬九州，成就了帝王之業，然後公車徵我上朝，那才是給足了我面子。孫權聽後，更加倚重魯肅，把他稱作自己的鄧禹。

劉備前來借荊州，包括周瑜在內的大多數人都積極反對，只有魯肅從全局出發，對孫權說道，您固然神武蓋世，但曹操的勢力太大了，孫劉的聯盟還得繼續下去，這樣，曹操就多了一個敵人，我們則多了一個朋友。孫權同意了魯肅的主張。曹操聽到孫權借荊州給劉備的消息時，正在寫信，震驚之下，連手中的筆都掉到地上了。

周瑜去世後，孫權採納周瑜生前建議，讓魯肅接替他統領部隊。周瑜私屬部隊四千多人，以及原來的奉邑四縣，全都轉歸魯肅所有。因魯肅治軍有方，軍隊很快發展到萬餘人。孫權根據當時政治軍事形勢需要，又任命魯肅爲漢昌太守，授偏將軍；魯肅隨從孫權破皖城後，又被授爲橫江將軍。魯肅也成爲繼周瑜之後，吳國最重要的名臣名將。

建安二十二年（二一七年），魯肅病逝於岳陽，享年四十六歲。

在曹、劉、孫三足鼎立的局勢中，唯有魯肅和諸葛亮始終不渝地堅持孫劉聯盟。

因為他們看到了聯盟的維持與鞏固，關係到孫劉生死存亡的長遠利益。魯肅死後，孫權派呂蒙襲取荊州，孫劉聯盟完全破裂，而吳、蜀也最終被各個擊破，隨之滅亡。魯肅一生的活動，證明了他是江東最傑出的政治家、軍事家和外交家，也只有魯肅才配稱得上戰略家。

赤壁之戰

周瑜豪氣干雲地說，只要將軍給我五萬精兵，我就能大破曹軍。經周瑜這麼一分析，孫權感覺曹操似乎沒有想像中那麼可怕，當即吃了一顆定心丸，猛地站起來，「刷」地一下拔出佩刀，眾人大驚，這小子想啥誰？孫權不想殺人，他一刀劈落在案上，粗著脖子喊道：「誰再敢說投降曹操，下場和這桌案一樣！」眾人倒抽一口冷氣，乖乖閉上了嘴巴。

孫權親切地撫著周瑜的背說，公瑾兄，謝謝你啊。子布（張昭的字）這些人只考慮自己的榮華富貴，他們的話讓孤很是失望，只有你和子敬主張抗戰，這是上天把你們兩個人賜給孤啊。五萬精兵我一時半會兒湊不起來，孤已經給你備好了三萬精兵，連帶船艦、裝備、武器都準備好了。

孫權於是任命周瑜爲前線總指揮，程普爲副總指揮，魯肅爲參謀長，溯江而上迎戰曹操。周瑜逆江而上，曹操從江陵順江而下，兩軍在赤壁開火。曹操的軍隊已經染上疫病，兩軍乍一交戰，曹軍就潰敗了，曹操退到長江北岸。風大浪高，舟船顛簸，曹軍多是北方人，不習慣坐船，在船上嘔吐不止，曹操就想了個辦法，把船艦連在一起，這樣就不顛簸了。

黃蓋，字公覆，據說是後漢南陽太守黃子廉之後。不過家道中落，到了黃蓋的童年已經是「少孤，嬰丁凶難，辛苦備嘗」，成爲一個寒門子弟。雖然環境艱苦，但是黃蓋卻沒有自甘貧賤，他「常以負薪餘閒，學書疏，講兵事」，一面學習文化知識，一面鑽研兵事，爲日後成爲一代智勇雙全的名將打下了基礎。

東漢末年，天下大亂，有識之士紛紛投身於亂世之中一顯身手，黃蓋也不例外。一開始，黃蓋擔任了地方郡吏，又被舉薦爲孝廉，徵召至公府，成爲一個地方行政官員。黃蓋不但被世人評價爲「當官決斷，事無留滯，國人思之」，更被喻爲「江表虎臣」，是後漢三國時期智勇雙全的名將。

董卓亂政，關東聯軍舉兵征討，孫堅也是積極參與。黃蓋就是在這個時候參加了孫堅的隊伍。孫堅「南破山賊，北走董卓」之時，黃蓋一直隨之左右並立下戰功，因此被任命爲別部司馬，成爲其手下得力戰將之一。不過，一年後，孫堅就在與荊州牧劉表的一場戰鬥中身亡，黃蓋只得與孫策一起依附於袁術。

孫策後來藉口協助袁術佔據江東，脫離袁術，向江東地區發展自己的勢力，黃蓋又跟隨孫策參與了一連串的戰鬥。黃蓋在孫策的手下，官職逐漸由之前的別部司馬提升爲代理武鋒校尉，再加上戰鬥中的英勇，孫策對黃蓋是很欣賞的。也正因爲這樣，孫策經常把黃蓋帶在身邊，「太史慈酣鬥小霸王」的時候，黃蓋就在場。

孫權佔據江東初期，各地山越民族多有不服，經常發生叛亂。黃蓋到任之後，決定來個欲擒故縱。他先選定當地的兩名官員做助理，說自己是一介武夫，不通文職，讓他們放手去幹。這倆小白瞬間上當，在黃蓋面前裝模作樣幾天後就原形畢露，帶頭犯法，黃蓋收集到兩人的罪證後，來了個殺雞儆猴，當地人一看這人不好惹，再也不敢鬧事了。

赤壁之戰中，面對來勢洶洶的曹操，黃蓋審時度勢，向周瑜提出了「火燒赤壁」的奇策，黃蓋的正確主張得到了周瑜的全力支持。爲了麻痹曹操，黃蓋寫下詐降書給曹操，誘使曹操上當，並不惜下了血本，與周瑜演繹了一場「周瑜打黃蓋——一個願打，一個願挨」的「苦肉計」。縱然曹操是個多疑哥，也上了當，最終搞得一敗塗地。

赤壁之戰是中國戰爭史上著名的以少勝多之戰。在這場戰爭中，周瑜的軍事才華得到了全景式的展示：對天下大勢的了然於胸，軍事預測、臨陣指揮能力出眾，還有博採眾議、果斷決策的胸懷魄力。憑著這場戰爭，周瑜美名遠揚，蘇軾更是在《念奴嬌·赤壁懷古》中將他刻劃爲「雄姿英發、羽扇綸巾」的千古風流人物。

孫劉聯軍攻打荊州，在爲時一年有餘的「江陵會戰」中，周瑜所表現出來的軍事才能不亞於赤壁之戰中顯露的才能。在進軍荊州的過程中，有一次周瑜親自騎馬掠陣，被流矢射中右肋，身負重傷，不得不臥床靜養。曹仁借機進攻，周瑜不顧傷痛，強撐病體來到軍營，激勵將士奮勇殺敵，曹仁這才率部退去。

劉備借荊州時，周瑜認爲「劉備寄寓，有似養虎」，他建議孫權趁機軟禁劉備，再由他來節制關羽、張飛，但孫權沒有採納他的建議。之後，周瑜又向孫權建議討伐劉璋，襲取益州。這個計畫非常有戰略眼光，孫權當即表示同意。周瑜便趕回江陵，去做出征的準備工作，未料半途染病，死於巴丘（今湖南岳陽），時年三十六歲，一曲人間絕唱就此戛然而止。

劉備曾私下挑撥周瑜和孫權的關係。一次，孫權、張昭等人爲劉備送行，劉備私下對孫權說：「公瑾文武籌略，萬人之英。只是他器量太大，恐非久居人下者！」曹操則有意貶低周瑜在赤壁之戰中的作用，他寫信給孫權說：「赤壁之戰，正趕上我的將士們染病，於是，我自己燒船退卻，沒想到，這下倒使周瑜成了名。」

對周瑜的才幹，劉備、曹操都非常清楚，孫權視之更是重之又重。因此，不論別人怎樣說周瑜的壞話，孫權都不予理睬。周瑜去世時，他痛哭流涕，說：「公瑾有王佐之才，如今短命而死，叫我以後依賴誰呢？」他稱帝後，仍念念不忘周瑜，曾對公卿們說：「沒有周公瑾，我哪能稱尊稱帝呢？」

《三國演義》中，「三氣周瑜」的故事人盡皆知，但在歷史上，諸葛亮與周瑜兩人其實並無過節，也無正面交鋒。從赤壁之戰結束到周瑜病逝的兩年間，諸葛亮的主要工作是在零陵、桂陽、長沙三郡徵調賦稅以充軍實，是否與周瑜見過面尚未可知。而周瑜病逝後，爲他奔喪至吳的是周瑜的功曹龐統，也不是諸葛亮。

世有伯樂，然後有千里馬。魯肅和周瑜之所以能將他們的才華淋漓盡致地發揮出來，多虧有這樣一個伯樂——孫權。孫權還常給魯肅的母親送衣服，送被子，送蚊帳，送家裏的日常用品，非常體貼。至於周瑜，更不一般。孫權的媽媽吳夫人曾特別交代過孫權，要把周瑜當做哥哥看待。孫權也確實是這麼做的，私下總是稱呼周瑜爲公瑾兄。

赤壁之戰，曹操吃了大虧，但他也發現周瑜是一個難得的人才，就思謀著怎麼挖孫權的牆角，讓周瑜跳槽過來爲他效力。曹操的帳下有一個叫蔣幹的。蔣幹，字子翼，是九江郡人，而周瑜是廬江郡人，九江和廬江同屬揚州，所以蔣幹和周瑜算是同鄉，曹操就派蔣幹到周瑜那裏做說客。

蔣幹去找周瑜，周瑜一見到他就笑著說：「子翼兄，你遠道而來，怕是給曹孟德來當說客的吧？」蔣幹愣了一下，打哈哈說自己是來跟他閒嗑牙的。周瑜也不拆穿他，只和他喝酒吃飯。接著周瑜藉口公務繁忙，便晾了蔣幹三天。三天後，周瑜帶著蔣幹在軍營裏轉了一圈，然後大擺筵席款待蔣幹。

席間，周瑜說道，大丈夫處世，最得意的莫過於遇到一位好君主，表面上看起來是君臣，實際上卻有骨肉之恩，言聽計從，共度福禍，果真遇到這樣的君主，就算是蘇秦、張儀再生來做說客，我周瑜都會撫著他的背，拒絕他的好意。蔣幹不是笨人，他但笑不語，吃完這頓飯就走了。蔣幹回去後對曹操說，周瑜雅量高致，認準了孫權，是不會背棄他的。

如果說曹操依靠智慧聚人，劉備依靠義氣用人，那麼孫權就是依靠情感感人。曹操自己就是聰明人，他唯才是舉，容納手下人的短處，運用他們的長處，所以天下聰明人大部分都投奔曹操去了；劉備講義氣，動不動就食則同器、寢則同床，凡是跟了他的人自始至終不離不棄；孫權則憑藉一腔真摯情誼感動周圍的人，讓他們心甘情願地爲自己出力。

費禕，字文偉。他少時喪父，跟隨族父費伯仁生活。伯仁之姑，正是益州牧劉璋之母。劉璋遣使迎接費伯仁，費伯仁便帶著費禕遊學入蜀。後來劉備平定蜀中，費禕便留在益土，並與汝南人許叔龍、南郡人董允齊名。

許靖喪子，董允與費禕要去奔喪。董允想讓老爸董和給他派輛車，結果董和弄了輛鹿車。董允臉上立刻掛不住，費禕卻從容上了鹿車。到了地方後，董允發現乘車來的人很少，頓時感覺不好意思，而費禕卻晏然自若。駕車人回來後，董和問他事情經過，董和聽後對董允說：「我曾以爲你跟費禕差不多，但從今以後，我對這個問題不再有疑惑了。」

費禕和諸葛亮、蔣琬、董允並稱爲蜀漢四大名相，他爲人寬和，聰明通達。費禕能夠一邊談笑一邊高效率地處理公事。後來董永拜相後，也模仿他，一邊談笑一邊處理公事，結果沒過幾天，公文就堆積得像一座小山。董永無奈，只好承認人與人是有差別的，從此處理公事的時候，專心致志，不敢分神。

劉備去世後，諸葛亮就恢復了吳蜀兩國的聯盟，派費禕出使吳國。費禕來到吳國的時候，孫權照例大擺筵席，招待來使。宴席擺好之後，孫權偷偷通知大家，待會等費禕進來的時候，你們只管吃你們的，不要理他。結果，當費禕進門後，看到的不是熱情的笑臉，而是一群餓死鬼，只有孫權站起來給他打了聲招呼。

作爲恢復蜀吳建交後的第一位外交官，費禕相當淡定。被孫權耍了後，他也不惱火，當場賦詩一首：「鳳凰來翔，麒麟吐哺，驢騾無知，伏食如故。」大意是說，鳳凰來了以後，麒麟馬上不吃東西了，出來迎接，只有那些無知的驢子啊騾子啊，還繼續低頭在那兒吃東西。孫權本來是想捉弄一下費禕的，沒想到費禕把自己的手下給罵了。

諸葛恪的口才在東吳也是出了名的，自然不能丟了東吳的面子，聽了費禕的嘲諷後，他便回道：「我們種植梧桐，本欲等待鳳凰，現在卻來了一些燕雀，竟然也自稱來翔？我們何不彈而射之，讓牠返回故鄉！」費禕停食餅，索筆而作一篇麥賦，諸葛恪亦請筆作磨賦，切磋起來。

費禕出使吳國，處處都表現得從容自若，智慧過人。臨走時，孫權依依不捨地說，先生德高望重，德才兼備，是個優秀的人才，一定能夠成爲蜀國的頂梁柱，這次分別，怕是再難見面了。於是，孫權取下自己隨身佩戴的寶刀，贈送給費禕。古人有「寶刀贈英雄」一說，孫權借此表達他對費禕的敬重、仰慕之情。

建興八年（二三〇年），費禕爲中護軍，後又升爲司馬。當時軍師魏延與長史楊儀互相憎惡對方，兩人只要一碰面就開始爭吵，魏延還常常舉刀刃指向楊儀威嚇他，楊儀則開始哭著喊魏延欺負他。費禕就經常坐在兩人中間，給他們勸架，講道理。因此，全賴費禕從中斡旋，諸葛亮才能充分利用魏延、楊儀的才能，更好地爲蜀國效力。

從某種意義上來說，三國時代就是一個爭奪人才的時代，三國之間的戰爭也就是爭奪人才的戰爭。所以，善於用人的曹操、孫權、劉備成爲屹立到最後的三國之雄，不善於用人的袁紹、袁術終究成爲歷史潮流中的被淘汰者。孫權也曾說過：「能用眾力，則無敵於天下矣；能用眾智，則無畏於聖人矣！」

不要小看吳下阿蒙

赤壁之戰後，劉備向孫權借取荊州，後來劉備攻佔益州，有了自己的地盤，孫權就理所當然地向劉備討還荊州，然而他派的人幾次向劉備催討，都無功而返。荊州是兵家必爭之地，曹操、孫權和劉備都想據爲己有。劉備不肯歸還，孫權也絕不會放棄，於是主導了「白衣過江」的江陵之戰，奪回劉備借去的荊州南部三郡。

呂蒙，字子明，汝南富陂人，也就是今天安徽阜南人。他從小就喜歡習武，拳腳功夫很是了得。爸爸去世後，他就和媽媽一起投靠姐夫鄧當。鄧當是孫策帳下的一名將領，呂蒙跟隨他，正是適得其所。不過，鄧當擔心十六歲的弟弟有什麼閃失，打仗

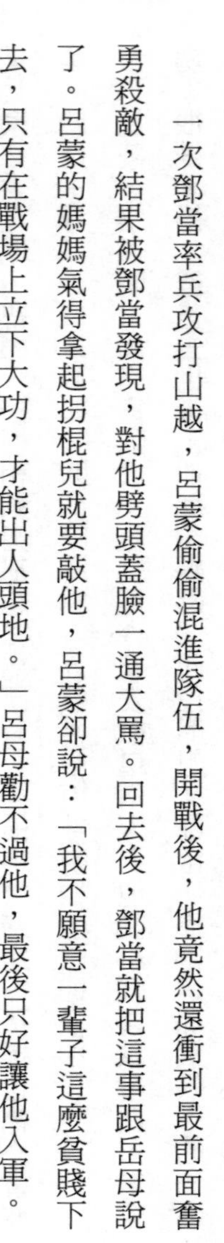

的時候向來不讓他出戰。

一次鄧當率兵攻打山越，呂蒙偷偷混進隊伍，開戰後，他竟然還衝到最前面奮勇殺敵，結果被鄧當發現，對他劈頭蓋臉一通大罵。回去後，鄧當就把這事跟岳母說了。呂蒙的媽媽氣得拿起拐棍兒就要敲他，呂蒙卻說：「我不願意一輩子這麼貧賤下去，只有在戰場上立下大功，才能出人頭地。」呂母勸不過他，最後只好讓他入軍。

鄧當手下的一個武將，很是瞧不起呂蒙這個娃娃兵，就當眾嘲笑他說：「你個小屁孩還敢來參軍，不過是拿肉餵老虎罷了！」呂蒙年輕氣盛，哪能受得了這氣。一怒之下，抽刀就把這個武將給砍了。呂蒙因殺人，被鄧當偷藏在老鄉鄭長家裏。不久，呂蒙自首，袁雄在孫策面前爲他求情，孫策召見呂蒙後，很是欣賞這個英姿颯爽的少年，就讓他做了自己的親兵。

呂蒙也確實是塊當兵的料，在孫策身邊幹了幾年後，能力被不斷挖掘，不僅孫策滿意，連一向以嚴厲著稱的張昭都對他讚譽有加。鄧當死後，張昭就向孫權推薦，讓呂蒙接替了鄧當的位置。於是，呂蒙被任命爲別部司馬，成爲領兵作戰的將領。

孫策死後，孫權上臺，打算將那些人數不多的隊伍合併在一起，呂蒙的部隊也在合併的計畫中。呂蒙知道，一旦隊伍合併，自己想有所作爲就更難了，他便借了點兒錢，爲自己的士兵趕製了深紅色的服裝，並加緊操練。孫權來檢閱的時候，看到呂蒙的隊伍朝氣蓬勃，動作整齊，非常高興，不僅沒有合併呂蒙的隊伍，反而增加了呂蒙的兵員。

建安十三年（二〇八年），孫權征討黃祖，呂蒙作爲前鋒，率軍攻打黃祖的水軍都督陳就。開戰的鑼鼓一響，呂蒙就孤身衝向敵軍，陳就還沒反應過來這猛人是誰，就被呂蒙砍下了腦袋。都督被殺，黃軍頓時大亂，黃祖被逮。戰後，呂蒙因立下戰功被孫權任命爲橫野中郎將，賜錢千萬，呂蒙自此進入江東重要將領的行列。

赤壁戰後，夷陵的甘寧被曹仁大軍圍攻，甘寧向周瑜求援。大家因怕兵力分散不想救援，呂蒙卻對周瑜說，解夷陵之圍不需要太久，讓凌統留下駐守，他倆一起去救援，還讓人在夷陵附近擔柴塞道，說到時候有用。周瑜當即和呂蒙等人前往夷陵，很快就逼走曹仁。曹軍在撤退時，被柴草擋路，只得棄馬逃走。周瑜不僅大獲全勝，還白得了三百匹戰馬。

呂蒙雖然有勇有謀，可到底是個文盲，大字不識幾個。一次，孫權對呂蒙說，你現在是做長官的人了，得學點知識充實自己。呂蒙大手一揮說，整天行軍打仗忙得要死，哪有時間看書啊！孫權就說，我並不是讓你成爲大文學家，只是讓你瞭解一些過去的歷史。想當年光武帝南征北戰，還手不釋卷；曹操現在轉戰南北，還書不離身呢！

孫權給了呂蒙一個書單，什麼《孫子兵法》、《六韜》、《左傳》、《國語》、《史記》、《漢書》、《東觀漢紀》等，列了滿滿一張紙。呂蒙回去就開始讀書。讀書不在於讀了多少，而在於領悟了多少，窮首皓經不見得管用，學以致用才能真正發揮書的作用。呂蒙本來腦瓜子就好使，很快就將書中的知識融會貫通，內涵大大提升。

建安十五年（二一〇年），周瑜病故，魯肅接任。魯肅去陸口上任，路過呂蒙的防地。當時的魯肅還不大看得起呂蒙，礙於面子，就順便去看看他。呂蒙很熱情地接待了魯肅，並問他上任後打算怎樣對付關羽。魯肅在心裏很不屑地說了句：「你懂什麼?!」但表面上卻隨口說，到時候隨機應變。

呂蒙向魯肅提出了許多對付關羽的計策，開始魯肅並沒有當回事，但聽著聽著就感覺這些計策不凡。他本來是和呂蒙席地而坐，中間隔著一些距離的，慢慢的，魯肅的身子就挪過去了，用手撫著呂蒙的背說：「子明啊，真沒想到，你現在這麼有學問了。」呂蒙也不謙虛，回答說：「士別三日，當刮目相看啊！」這就是成語「士別三日，當刮目相看」的來歷。

魯肅進入呂蒙家的內室，拜見了呂蒙的母親，算是與呂蒙結為了兄弟。不過，魯肅雖然欣賞呂蒙，卻沒有用他那一套計策，因為魯肅和呂蒙在對待劉備上的政見是不同的。魯肅一貫維護孫劉聯盟，而呂蒙卻主張奪回荊州。然而儘管政見不同，鑒於呂蒙的才幹，魯肅臨死的時候，還是向孫權推薦了呂蒙。

呂蒙是個典型的主戰分子，雖然讀了不少書，但還是喜歡用拳頭解決問題。魯肅去世，他接替魯肅的位子，建議孫權奪取荊州，孫權本來就有這方面的意思，倆人一拍即合。呂蒙先裝病忽悠關羽，等關羽把荊州的隊伍也派到前線去打仗的時候，他就開始在人家背後下黑手，把人家的老窩給端了。

呂蒙讓自己的士兵都穿上白衣服，裝扮成商人，沿著長江向江陵進發，沿途碰見關羽的崗哨，就假稱做生意，笑咪咪地靠近，不動聲色地幹掉崗哨，神不知鬼不覺地一路來到南郡。江陵和公安的守軍見東吳兵從天降，就不戰而降。呂蒙還把關羽逼得敗走麥城，關羽最終死在了他的手中。由此看來，老人們有句話說得很對：「有借有還，再借不難」！

有人說，裝什麼都不能裝病，因為那樣很快自己就會真的生病。江陵之戰獲勝後，呂蒙真的病倒了。孫權很關心呂蒙，但又怕打擾他休息，於是就讓人在牆上鑿了一個洞偷偷探視。呂蒙吃點東西，孫權就喜笑顏開；呂蒙無法進食，孫權就眉頭緊皺。後來呂蒙病情加重，孫權還命道士為他祈禱。孫權的臉色，直播著呂蒙的病情。但呂蒙終究沒熬過，還是駕鶴西去了。

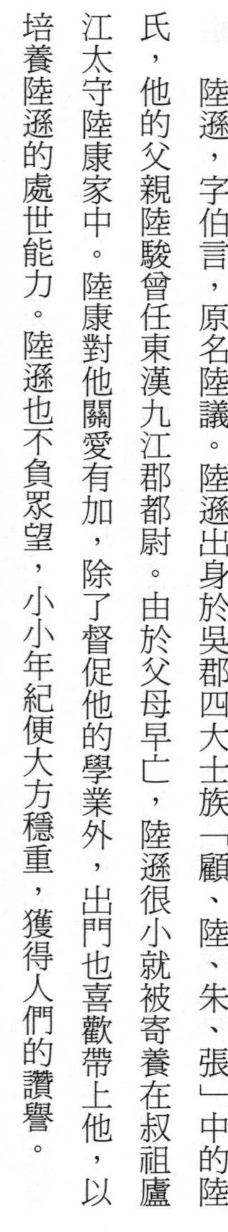

陸遜，字伯言，原名陸議。陸遜出身於吳郡四大士族「顧、陸、朱、張」中的陸氏，他的父親陸駿曾任東漢九江郡都尉。由於父母早亡，陸遜很小就被寄養在叔祖廬江太守陸康家中。陸康對他關愛有加，除了督促他的學業外，出門也喜歡帶上他，以培養陸遜的處世能力。陸遜也不負眾望，小小年紀便大方穩重，獲得人們的讚譽。

吳郡陸氏是江東儒學大族，從東漢初期便已登上政治舞臺，到孫吳時期家族勢力已經相當龐大，歷經兩晉南北朝維繫不衰。作爲這個家族的一員，陸遜深受儒學影響，秉持正統的「仁」政觀念，治國理念的核心是勸農固本，惜養民力。

建安八年（二〇三年），二十歲的陸遜經過舉薦，進入孫權幕府。當時孫策剛死，孫權既要培養心腹力量，又要拉攏江東大族，自然對陸遜也很重視，讓他出任東西曹令史。陸遜建議孫權征討地方勢力，這樣既可以將地方的精銳力量吸收到軍隊中來，又能夠安排農民從事生產，從而發展經濟，積蓄國力。孫權欣然採納。

海昌境內連年遭受旱災，百姓生活苦不堪言，孫權任命陸遜爲海昌屯田都尉，兼領海昌縣令。陸遜上任的第一件事情就是打開穀倉，賑濟貧民，又組織農民進行生產自救，從而緩和了災情。陸遜一心爲民，很得老百姓的尊重與愛戴，以至於很多外地人民都「有感慕相攜而歸」。

東漢末年，許多農民為逃避賦稅而投靠豪強大族，淪為依附民。豪強大族為了反抗政府，維護自己的利益，便把依附民組成武裝隊伍，自成一體，被官府稱為「山賊」。當時孫權的地盤上就有兩支這樣的武裝力量，一支是會稽的潘臨，一支是丹陽的費棧。陸遜向孫權建議滅了這兩個禍患，於是，孫權任命他為帳下右都督，前去平亂。

潘臨、費棧各自帶著一幫人馬占山為王，橫行鄉里。潘臨見陸遜年紀輕輕，手裏又沒有多少人馬，就沒有把他放在眼裏，繼續猖狂。陸遜利用他的這種心理，一面暗地招募人馬，一面加緊偵察兩股力量。他瞭解到潘臨的嘍囉不多，就親自率兵深入山林，來了個突然襲擊，剿滅了潘臨的力量。

費棧的後臺是曹操，兵力不少，又與山越人聯合，陸遜決定採用智取。他先探明地形，深夜帶兵潛入費棧的根據地，在四周又是擊鼓又是吶喊又是揮舞旗幟，製造出千軍萬馬的陣勢。費棧不知道這是陸遜的障眼法，頓時慌了手腳，趕緊分兵出來迎戰，陸遜沒有和來軍糾纏，而是率先攻佔了費棧的山寨，失去老窩的費棧自殺身亡。

陸遜勒令山越居民遷到平原地區，讓他們種田納賦，並把身體強壯的人拉去充軍。會稽太守淳于式就告陸遜「枉取民人，愁擾所在」。陸遜知道後，反而為淳于式說好話，他對孫權說：「淳于式是為當地人民好，才告我的，我怎麼能再詆毀他呢？」這番話讓孫權頓時對他心生敬仰，還將哥哥孫策的女兒嫁給了他。

陸遜在三國的歷史舞臺上正式亮相是在建安末年，孫權與劉備爭奪荊州的江陵之戰中。當初呂蒙對孫權說，陸遜思慮深遠，足以擔當這個重任。果然，陸遜到任後就充分發揮他的文采，給關羽寫了一封極盡示弱之能事的信，把關羽的最後一點戒心盡數打消，將後方守軍派上前線，使江陵一片空虛，給東吳以可乘之機。

夷陵戰役之初，陸遜還不是太有名，所以有些老將就不是太聽他。一次，陸遜召開軍事會議，他手按寶劍說，劉備是天下有名的梟雄，連曹操都忌憚他，現在主公把如此重任交給我們，我們就要齊心對敵。主公派我擔當主帥，並不是我有多大能耐，而是因為我能忍辱負重。「忍辱負重」的成語也是由此而來，而這四個字也是陸遜一生鞠躬盡瘁的真實寫照。

從夷陵回師後，孫權就拜陸遜為輔國將軍，領荊州牧，封江陵侯。後來，陸遜在宛城大破曹休，孫權又大加賞賜，贈予他大量奇珍異寶。吳黃龍元年（二二九年），陸遜又受拜為大將軍、右都護；吳赤烏七年（二四四年），陸遜升為丞相。

陸遜雖然以軍事才華著稱，但他更是一位儒生，他每每以書生自稱，政治方針也以儒家仁義思想為出發點，但是，這與推行申韓之術的孫權顯然不合拍。陸遜認為當時的法律太過嚴峻，賦稅太過沉重，就上疏勸說孫權輕徭薄賦，寬刑施德。建議提得很好，但孫權看完就把它放一邊了，後來並沒有採用。

吳嘉禾二年（二三三年）三月春，遼東公孫淵向孫權奉表稱臣，孫權大悅。三月，孫權派使者帶著一大堆金寶珍貨，去遼東封公孫淵為燕王。結果公孫淵認為吳國遙遠，難以長期依靠，就把使者給殺了，後來卻接受魏明帝曹睿的封賞。孫權知道後很惱火，當即就準備親自帶兵去征討公孫淵，後來被陸遜勸止。

孫權晚年昏聵，聽信讒言，極力扶持四子魯王孫霸，有廢黜太子孫和之意。陸遜三番五次地上疏，苦諫孫權不要廢長立幼，造成國家不穩定。他還請求回到建康，當面向孫權陳述自己的觀點。然而，孫權不但拒絕陸遜回京的請求，還將陸遜的外甥顧譚、顧承、姚信三人以「親附太子」之罪，發配流放。

在與孫權存在嚴重治國理念分歧的情況下，陸遜屢次選擇了堅決抗爭，以至於最終付出了生命的代價。吳赤烏八年（二四五年）二月，一生忍辱負重的陸遜，在一連串政治打擊面前，終於沒能挺住，最終憂憤成疾，含恨吐血而亡，時年六十三歲。史載，陸遜死時和諸葛亮一樣，家無餘財。人的悲哀是，人死了，錢沒花完，陸遜避免了這一悲劇。

吳赤烏十三年（二五〇年），將近七十歲的孫權做了一個很二百五的巨鼎，改

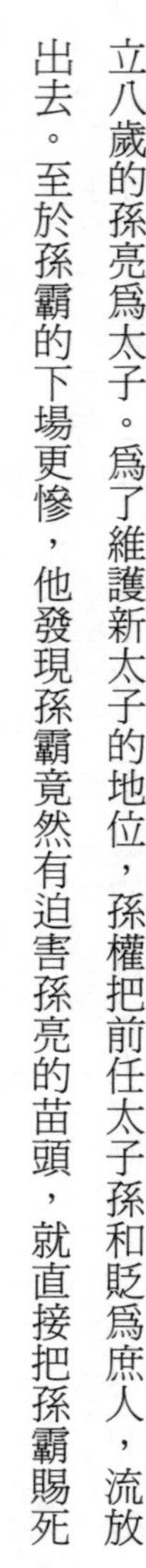

立八歲的孫亮爲太子。爲了維護新太子的地位，孫權把前任太子孫和貶爲庶人，流放出去。至於孫霸的下場更慘，他發現孫霸竟然有迫害孫亮的苗頭，就直接把孫霸賜死了。

孫亮，字子明，是孫權最小的兒子。孫權的長子孫登、次子孫慮早逝，老三孫和被立爲太子後，因被意圖爭奪太子之位的四子魯王孫霸和孫權長女全公主陷害，而被廢去太子之位，孫霸也被孫權逼迫自盡。最後孫權決定立幼子孫亮爲太子。孫權於吳太和二年（二五二年）去世，孫亮繼位，改元建興，時年十歲。

孫亮即位時，由太子太傅諸葛恪、太常滕胤、侍中武衛將軍孫峻等人輔政。諸葛恪在孫亮繼位後便出兵北伐，進攻魏國，但最後吳軍戰敗，傷亡慘重，朝野對諸葛恪怨聲載道。建興二年（二五三年），孫峻在得到孫亮的同意後，發動政變，殺死諸葛恪。其後孫峻出任丞相大將軍。

孫峻的地位並不穩定。在他殺諸葛恪後，有多人想暗殺孫峻，但最後均事敗被迫令自殺或處死。吳五鳳二年（二五五年），孫峻帶兵與魏國於淮河一帶交戰獲勝，魏將文欽投降。次年，孫峻派遣呂據等將領進攻魏國，但孫峻在戰爭期間病逝，由從弟孫綝接掌權力。大司馬呂岱也在這一年去世。

驃騎將軍呂據等人不滿孫綝的繼任，要求封滕胤爲丞相。孫綝沒有理會他們的訴求，轉封滕胤爲大司馬，呂據遂與滕胤密謀推翻孫綝，但最終失敗被殺。另一位將領王惇也密謀殺死孫綝，亦事敗被殺。太平二年（二五七年），孫亮親政，但施政常被孫綝掣肘。孫亮對孫綝的獨斷專行甚爲不滿，於是暗中與全公主、太常全尙、將軍劉承謀劃準備誅殺孫綝。

吳太平三年（二五八年），孫綝發覺孫亮想殺死自己，便發動政變，廢孫亮爲會稽王，改立孫權六子琅琊王孫休爲帝。吳永安三年（二六〇年），孫亮的封地會稽傳出謠言，說孫亮將返回建業復辟，而孫亮的侍從也聲稱孫亮在祭祀時口出惡言。經審判後，孫亮再度被貶，不久孫亮就死了。據記載，孫亮可能是自殺，也可能是被孫休派人毒死的，年僅十七歲。

建安二十五年（二二〇年），曹丕稱帝，改元黃初；次年，劉備也稱帝，改元章武。但是孫權那邊卻沒有動靜。二二二年正月，孫權稱王建國（稱王不是稱帝），建元黃武。當時曹丕的年號爲黃初，劉備的年號爲章武，孫權從他們兩家的年號裏面各取一個字，組成自己的年號，看起來是想吞併魏蜀，唯我獨尊啊！

黃武二年（二二三年），東吳的群臣勸孫權稱帝，但孫權仍不同意，自從陸遜在夷陵大敗劉備，孫權就不怎麼搭理曹丕了，連人家派來的使者都不接見。曹丕大怒，

領兵來打孫權，雖然後來曹丕撤軍了，但兩家的梁子已經結下。而蜀漢那邊，劉備剛死，吳蜀的疙瘩還沒有解開。孫權現在已經將兩邊都得罪了，哪裡還敢稱帝出風頭啊！

魏黃初七年（二二六年）五月，曹丕病逝，傳位於平原王曹睿。孫權最怕曹操，也很忌憚曹丕，但卻不怎麼把曹睿放在眼裏。而蜀漢那邊，掌權的人換上了諸葛亮，諸葛亮一接班就派遣使者到吳國，恢復了吳蜀聯盟。孫權終於安心了，他甚至還和諸葛亮派來的使者商量：要不咱們再次聯手，把曹魏的地盤給分了?!

東吳從黃武五年（二二六年）就開始出現關於鳳凰、蒼龍的傳言，是真是假，沒有人追究，只知道，這是吉兆。二二九年，孫權在各位大臣的一次次強諫下，終於在武昌稱帝，改元黃龍。黃武變成黃龍，忽悠黃初、章武兩家的時代已經結束了，現在孫權已經翻身飛躍龍門，成爲真龍天子。

孫權追尊父親破虜將軍孫堅爲武烈皇帝，母親吳氏爲武烈皇后，哥哥孫策爲長沙桓王。孫登爲皇太子，顧雍爲丞相，陸遜爲上將軍，諸葛謹爲大將軍。隨後，東吳蜀漢再度聯盟滅魏，三分天下，豫州、青州、徐州和幽州歸吳，兗州、冀州、並州、涼州歸蜀，還剩下個司州，吳蜀平分了。二二九年九月，孫權遷都建業。

孫權雖沒有明確的政治主張，也沒有曹魏的霸氣和蜀漢的志氣，但他有的是對自己的瞭解，對當時情勢的瞭解。他知道自己首先得是守成之君，然後才能成爲開創之帝。無論是左挪右動也好，徘徊觀望也好，他都明白，一個有自知之明的人，也許不是成功者，但也不會是失敗者，這也許是東吳比蜀漢多存在十幾年的原因之一吧。

＊微歷史大事記＊

建安元年（一九六年），孫權十五歲被舉為孝廉、秀才，任陽羨長。

建安五年（二〇〇年），孫策逝世，孫權繼位。

建安十三年（二〇八年）春，孫權征討黃祖，黃祖死。

建安十六年（二一一年），孫權移治於秣陵。

建安十七年（二一二年），孫權改秣陵為建業（今南京市），作濡須塢。

建安十八年（二一三年）正月，曹操攻打濡須，遠望孫權軍，讚嘆孫權軍容齊肅，於是退軍。

建安二十四年（二一九年），孫權斬殺關羽，平定荊州，免荊州民租稅。

吳黃武元年（二二二年）正月，孫權被冊封為吳王，正式稱王建國，建元黃武。九月，魏攻吳，曹丕大敗。

吳黃武三年（二二四年）九月，曹丕出廣陵，望長江，感嘆東吳有孫權，無法侵佔，返回北方。

吳黃武五年（二二六年）七月，孫權聽聞曹丕去世，征討魏國，得江夏，蒼梧傳言鳳凰現世。

吳黃龍元年（二二九年），孫權稱帝，改年號黃龍，國號大吳。

吳嘉禾二年（二三三年），孫權討伐曹魏合肥等地，均無功而返。次年五月，孫權率大軍圍攻合肥新城，最終再次無功而返。

吳赤烏元年（二三八年）八月，武昌傳言麒麟現世。孫權改年號為赤烏。

吳赤烏四年（二四一年）五月，太子孫登夭亡。

吳赤烏五年（二四二年），立孫和為太子，孫霸為魯王。

吳赤烏十三年（二五〇年），孫權廢太子孫和，賜死魯王孫霸，立孫亮為太子。

吳太元元年（二五一年），孫權立潘氏為皇后，改年太元。

吳太元二年、神鳳元年（二五二年）正月，孫權立孫和為南陽王，孫奮為齊王，孫休為琅瑚邪王。二月，孫權大赦，改元為神鳳。四月，孫權逝世，時年七十一歲，謚大皇帝，廟號太祖。在位共廿四年。

第六章

天下事，合久必分，分久必合

扶不起的阿斗？

蜀章武三年（二二三年），劉備病危，召諸葛亮到永安宮安排後事，他躺在病榻上對諸葛亮說：「您的才能十倍於曹丕，一定可以安邦定國，完成我們的大業。如果我的這個兒子可以輔佐，請您輔佐他；如果他不中用，請您自行其是。」諸葛亮淚流滿面地說：「臣一定爲陛下鞠躬盡瘁，死而後已。」這就是歷史上有名的「永安托孤」。

關於永安托孤，有些人認爲劉備完全信賴諸葛亮，這種境界是古今君臣關係的最高典範。也有人質疑說，劉備的「如其不才，君可自取」這句話並非出自真心，劉備對諸葛亮心懷猜忌，但又不得不托孤於他，於是說出這樣的話，把諸葛亮逼到沒有迴旋的餘地，不得不至死效忠。但不管怎樣，諸葛亮的一片忠心，可昭日月。

蜀章武三年（二二三年）四月，劉備去世。五月，十七歲的劉禪即位，史稱劉備爲先主，劉禪爲後主。劉禪登基後，改元建興，加封諸葛亮爲武鄉侯，領益州牧，准許他開府治事。由於蜀漢的地盤基本上以益州爲主，讓諸葛亮領益州牧，其實也就是將全國行政權交給了他。所謂開府就是由諸葛亮建立自己的一套辦事機構，擁有相對

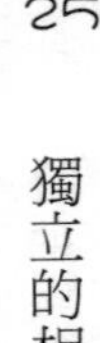

獨立的相權。

劉禪，字公嗣，又字升之，劉備的長子。據傳劉禪的媽媽甘夫人因夢到自己仰吞北斗而懷孕，所以劉禪的小名叫做「阿斗」。劉備駕崩前一再叮囑阿斗：以後不要再貪玩，有啥事多與諸葛亮商量，「勿以惡小而爲之，勿以善小而不爲」。劉禪也一直將諸葛亮當做父親來對待。

爲了穩定政局，發展生產，恢復經濟，全力對付曹魏，諸葛亮輔政後的第一件大事就是恢復和東吳的聯盟。他於二二三年派鄧芝出使孫吳，經過談判，孫權斷絕了同曹魏的關係，重新與蜀漢結盟。此後，吳蜀雙方使臣來往不斷。減輕了東顧之憂，諸葛亮得以集中精力整頓內政。

魏太和四年（二三〇年），曹真發兵三路伐蜀，諸葛亮準備派軍西入隴右武威擊退曹魏偏師。爲加強漢中防務，他要求李嚴率二萬人趕赴漢中阻擊敵軍。李嚴不滿被調離江州，在私下傳言，說司馬懿等已經設置了官署職位來誘降他，諸葛亮冷笑：不就是想升官麼！於是，就升李嚴爲驃騎將軍，李嚴這才願意北上漢中。

諸葛亮第四次北伐，李嚴因耽誤運糧的時間，諸葛亮只好退兵。李嚴又趕緊裝模作樣地說：「軍糧充足，你怎麼退兵了？」諸葛亮腹誹：「再足你不運過來，我也吃不到啊！」最終，諸葛亮對李嚴的一連串小人行爲實在是忍無可忍，就把他貶爲平民。諸葛亮死後，李嚴認爲以後再也不會有人起用自己了，於是，心懷激憤而病死。

蜀漢的三股力量形成的政權結構當然不會安定，尤其下兩層是不服氣的。劉備兵敗病死白帝城，現在由一個丞相來代行君權，各個階層都各懷心思，眼睜睜地盯著諸葛亮的一舉一動。在這種情況下，諸葛亮只有採取依法治國的原則，法律面前，人人平等，只有用公平公正的法律手段解決問題，才能讓不同階層的人心服口服。

諸葛亮很重視部隊的法紀嚴明，他說：「有制之兵，無能之將，不可以敗；無制之兵，有能之將，不可以勝。」據《三國志》記載，諸葛亮「科教嚴明，賞罰必信」，使部隊「戎陣整齊，賞罰肅而號令明」。在諸葛亮的調教下，蜀軍以弱抗強，在崇山峻嶺之中來去自如，「進退如風」，高度的機動力使蜀軍屢屢掌握戰役的主動權。

由於蜀國多山，軍隊習慣在山林中作戰，一旦北上中原，就很難與魏國的騎兵抗衡。爲了提高蜀軍的戰鬥力，諸葛亮將《孫子兵法》中的八陣加以變化，做成了「八陣圖」。八陣圖縱橫各八行，以輜車作爲主要掩體，以鼓聲和旗幟指揮軍隊，可以變化許多陣法。它的出現使中國古代陣法達到了最高峰，遺憾的是，現在已經失傳。

諸葛亮在《隆中對》中曾設想「南撫夷越」，把這裏建成劉備集團的統治後方。所以，當劉備佔領益州後，諸葛亮就選派善於處理民族關係的將軍鄧芝治理南中，並

取得了不錯的效果。可惜，劉備東征失敗後，益州郡的土皇帝雍闓殺死太守投靠了東吳，並煽動牂柯太守朱褒、越巂夷王高定等人反叛了蜀漢。

蜀建興三年（二二五年），諸葛亮南征。臨行前，馬謖對他說：「南中的人依仗地形險惡，早已心懷不滿，他們今天被打敗，明天還會反叛，將來您一旦北伐強敵，這些人都將是不安分子。如果將他們趕盡殺絕，既不仁慈，又無法在一時半會兒做到。因此，希望您這次出兵能使他們心服口服，即攻心爲上，攻城爲下，心戰爲上，兵戰爲下」。

諸葛亮的軍隊一到南中，就順利斬殺了雍闓、高定，但孟獲帶領餘部繼續對抗諸葛亮。孟獲在南中很有名望，諸葛亮便決定讓他從心裏歸順自己。他生擒孟獲後，知道他心高氣傲，現在肯定不願服輸。於是，就跟他玩了個遊戲，抓了他七次，放了他七次。在第七次被放的時候，孟獲一屁股坐在了地上，對諸葛亮說：「我服你了！從今天起就跟著你混了！」

諸葛亮只用了兩個月的時間就平定了南中，還順便降服了孟獲這員猛將，也算是賺到了。在離開南中時，他沒有留下一兵一卒，而是由當地人治理當地。大家問起原因，諸葛亮解釋道：「如果留下我們的人治理，就必須留兵，那麼糧草就成了負擔；如果留官不留兵，他們必定會忌憚我們的官員，就還會作亂。因此，我不留兵不運糧，雙方便可相安無事。」

為了改變南中的落後面貌，諸葛亮派人在這裏推廣漢族的先進農業生產技術，興修水利，發展生產，南中後來發展成為蜀漢穩定的後方和財政來源。那裏的金、銀、丹漆、耕牛、戰馬以及其他物資，補充了蜀漢政權的財政和軍事之需。諸葛亮在世時，南中地區一直都很穩定。直到現在，南中少數民族還去廟裏拜祭諸葛亮。

歷史上，與諸葛亮能力相當的人不在少數。然而，唯有諸葛亮能夠高居於歷史神聖的巔峰，成為超凡人聖的典範，接受人們的千古膜拜，其原因就在於諸葛亮是中國傳統理想人格的真正化身。首倡起義的曹操成了「亂臣賊子」，孫權的牆頭草也站不住腳，以仁義著稱的劉備，也終因意氣用事含恨而終，只有諸葛亮，將匡世濟民的理想貫徹始終。

蜀建興四年（二二六年），曹丕病死，曹睿即位。諸葛亮認為這是北伐的好時機。於是，次年春，諸葛亮領兵二十萬進駐漢中，準備攻魏，臨行前，諸葛亮雖然對政府人員作了細緻的調整安排，但對庸碌無能的阿斗還是不放心，於是，他就向劉禪上了一道堪稱千古奇文的《出師表》，表達了統一天下、恢復漢朝的願望。

諸葛亮北伐的目的地是隴右，隴右遠離漢中，在中國戰爭史上有著相當重要的地位，因為這裏人種彪悍，馬匹強壯。戰國時，秦國騎兵的戰馬有五分之一出自隴右，秦帝國正是有了隴右騎兵，才能輕鬆向西拓展領地。西楚霸王項羽得到精銳的隴右騎兵，創下了三萬人馬殺退幾十萬漢軍聯軍的奇蹟。大漢帝國也從這裏出征西域，征服國家無數。

在冷兵器時代，掌握隴右，就代表掌握了強大的戰鬥力，擁有無限的發展可能。不過，諸葛亮沒有將矛頭直指隴右，他先派趙雲、鄧芝為疑兵，虛張聲勢要從斜谷攻打長安。曹睿果然中計，調派大將軍曹真率兵進駐郿縣，抵抗蜀軍。將魏國部隊調開後，諸葛亮親自率領主力出了祁山。

魏國只知道蜀國有個劉備，自從劉備去世後，就認為蜀漢無人，所以關隴一帶兵力薄弱，防範不嚴。諸葛亮的十萬精銳部隊像下山的猛虎一樣，氣勢逼人，天水、南安、安定三郡不戰而降。魏國上下驚動，這才明白諸葛亮的真實意圖，火速派出名震天下的大將張郃直撲隴右。就連曹睿也移駕長安，一副兵來將擋、水來土掩的拚命三郎樣。

諸葛亮來到隴西城下，隴西太守放出話：「你們如果能夠阻住援軍，斷絕隴道一個月，那麼就可以兵不血刃地拿下這裏。否則，別看你們來勢洶洶，最終也只能勞民傷財，前功盡棄。」的確，此處城牆堅固，不易攻破，唯一的方法就是截住魏國援軍，斷絕隴西糧道。街亭（今甘肅）是魏軍增援的必經之路，蜀魏PK賽的第一槍將在這裏打響。

諸葛亮揮淚斬馬謖

馬良，字季常，家中兄弟五人，都很有才能、名氣，而馬良又在五人中最爲出色，因他眉中有白毛，所以就有了「馬氏五常，白眉最良」的讚譽。馬良與諸葛亮的關係很好。諸葛亮隨劉備入蜀，馬良給諸葛亮寫信說，雒城已攻下，吾兄應大展宏圖，乘勝前進。據此，人們推測，他與諸葛亮或結爲兄弟，或者有親戚關係。諸葛亮年長，故他稱亮爲兄。

馬良奉命出使東吳，他請諸葛亮給孫權寫引薦信，諸葛亮很信任他，就讓馬良自己起草，他簽個名就行了。最後兩句是希望孫權「降心存納，以慰將命」。孫權看了信後，對馬良十分尊敬。蜀章武元年（二二一年），劉備出兵攻吳，派馬良到武陵招降五溪蠻夷，蠻夷全部順從蜀漢，劉備對他更加器重。可惜，馬良在夷陵之戰中遇害。

馬謖，字幼常，是馬良的弟弟。馬謖和馬良曾同爲荆州從事，劉備入川時，馬謖跟隨大軍同行。馬謖歷任綿竹令、成都令、越巂太守，由於才華橫溢得到諸葛亮的賞識。馬謖才氣過人，熟讀兵書，好論軍計。諸葛亮對他很是器重，常常把他叫過來談話，一談就是一整天。諸葛亮南征時，也正是馬謖「攻心爲上，攻城爲下」的建議，才收服了孟獲這一大將。

劉備臨終前叮囑諸葛亮「馬謖言過其實，不可大用，君其察之」。也就是說，馬謖雖然有才，但大多是紙上談兵，幹不了大事，但諸葛亮並未聽取。蜀軍都認爲應該派魏延或吳懿這樣有經驗的大將出戰街亭。魏延是劉備看好的戰將，吳懿是當時的國舅，但諸葛亮排除眾議，選擇了馬謖。看來，智聖也是人，也會犯錯。

諸葛亮任命馬謖爲前鋒，鎭守街亭，臨行前，諸葛亮再三囑咐馬謖：「街亭雖小，關係重大。它是通往漢中的咽喉。如果失掉街亭，我軍必敗。」並具體指示讓他「靠山近水安營紮寨，謹愼小心，不得有誤」。

馬謖到達街亭後，不按諸葛亮的指令，依山傍水部署兵力，卻驕傲輕敵，自作主張地想將大軍部署在遠離水源的街亭山上。當時，副將王平勸他這樣布兵危險，馬謖卻說：「我通曉兵法，就連丞相有時還得請教我呢，而你連大字都不識幾個，懂什麼！」王平再勸他，他就怒道：「我是主將就得聽我的！萬一兵敗，就自願革職斬首，與你無關！」

魏明帝曹睿得知蜀將馬謖佔領街亭，立即派驍勇善戰，曾多次與蜀軍交鋒的名將張郃領兵抗擊，張郃進軍街亭，一聽說馬謖捨水上山，頓時咧嘴笑了。他立即派兵切斷水源，掐斷糧道，將馬謖部圍困於山上，然後縱火燒山。蜀軍饑渴難忍，軍心渙散，不戰自亂。張郃命令乘勢進攻，結果蜀軍大敗。馬謖失守街亭，倉皇而逃。

馬謖見街亭失守，知道闖了大禍，不敢回去見諸葛亮，連夜逃回成都。諸葛亮聽說街亭失守後，眼前一黑，差點暈倒，幸虧邊上眼疾手快的屬下給扶住了。諸葛亮知道，失去這麼個屏障和前鋒部隊，自己已經不是張郃五萬精兵的對手，而魏國的援軍正在源源不絕地趕來。無奈之下，他只好遷了隴西城附近一千多戶百姓退回了漢中。

諸葛亮總結失街亭的原因，痛心地說：「用馬謖錯矣。」為了嚴肅軍紀，諸葛亮下令將馬謖革職入獄，斬首示眾。臨刑前，馬謖哭著說：「我辜負您的期盼，驕傲輕敵，罪有應得，死而無怨，我死後，您請照顧好我的妻兒！」諸葛亮看著自己平時器重的大將，也是老淚縱橫，但卻必須依法行事。他點頭應允後，揮淚斬馬謖。

馬謖被殺之後，蔣琬到了漢中，蔣琬對諸葛亮說：「天下還沒有安定，現在正是用人才的時候，把這樣一個難得的人才殺了，難道不可惜嗎？」諸葛亮眼圈一紅，心想，幹嘛專揭我傷疤，他哭著說：「現在天下大亂，四海分裂，戰爭才剛剛開始，在這種情況下如果廢棄軍法，我們又憑藉什麼去戰勝敵人呢？」

殺馬謖絕不是諸葛亮的本意。馬謖既是人才，又有威望，馬謖被斬的時候，十萬將士為之流淚。但他雖然熟讀兵書，卻僅限於紙上談兵，說得頭頭是道，一旦真的打起仗來，就不靈了。正所謂「光說不練假把式」，馬謖沒有做到學以致用，因地制宜，而是生搬書本上的死道理，這是他失敗的一大原因。

諸葛亮並非哭馬謖，而是哭自己沒瞭解馬謖的性格，而劉備的臨終遺言被自己拋諸腦後，還有馬謖街亭失守使得北伐失敗，才是他痛哭的原因。善於自省的諸葛亮斬馬謖，升王平之後，多次以用人不當為由，請求自貶三等，一品丞相為三品右將軍，仍盡心竭力輔佐後主劉禪，欲圖中原，成就大業。

王平，字子均。王平最初投奔曹操，在漢中之戰時，與徐晃不和而投降於劉備。諸葛亮第一次北伐時，王平隨馬謖防守街亭，馬謖街亭失守後，蜀軍散亂，只有王平率領本部千餘人虛張聲勢斷後，收拾敗軍徐徐而退，因此被諸葛亮賞識，升為討寇將軍。王平是蜀漢後期功不可沒的一員大將，事實上也是諸葛亮第一軍事接班人。

蜀建興九年（二三一年）蜀軍北伐，諸葛亮再出祁山，王平駐守南圍。魏將張郃引軍進攻。王平因兵力不濟，堅守不動，張郃不能取勝。建興十二年（二三四年）蜀軍再次北伐，八月，諸葛亮因病，乃喚楊儀吩咐：「王平、廖化等皆為忠義之士，久經戰場，多負勤勞，堪可重用。」中秋之即，便病故於軍中，蜀軍緩緩退兵。

蜀建興十五年（二三七年），王平進封安漢侯，代替吳壹督漢中。在漢中駐守期間，那時軍民歡慶，漢中平原一帶民豐物厚，商貿興隆，管理有序，因他深得軍師在世時的教誨，依法而治郡，所以有平安三侯之稱。大將軍蔣琬駐沔陽時，王平改任前將軍，處理大將軍府中事務。後來，蔣琬病重，王平被任命為前將軍和鎮北大將軍，統領漢中。

蜀延熙七年（二四四年），魏帝命大將軍曹爽率步騎十餘萬從洛口進攻漢中，當時漢中守軍不滿三萬，蜀軍頓時亂作一團，將領們都不主張出戰。只有王平力排眾議，提出了防禦計畫，並主動出擊佔據興勢山，最終擊退魏軍，此時，漢中在王平治理下，已經從軍事無人區達到蜀漢時代的鼎盛時期。

五次北伐

在諸葛亮的歷次北伐中，第一次是最有可能成功的一次。劉備去世後，魏國對蜀漢疏於防守，隴右一帶沒有戰備，諸葛亮出祁山，曹魏舉國震驚，三郡不戰而降就是證據。就連魏國隴西太守都認為，如果一個月內援軍不來，用不著諸葛亮來打，城內人餓也餓死了。遺憾的是，在這麼有利的情況下，勝利卻與蜀漢擦身而過。此後，更

是漸行漸遠。

蜀魏第一次PK賽，蜀敗。魏國驚異地發現，他們向來輕視的蜀漢居然還有如此大的野心和能力，從此便派大將軍曹真常駐長安，專門對付西蜀部隊。曹真認為諸葛亮此次受挫於祁山，下次必定會從散關攻打陳倉，於是命令將軍郝昭進駐陳倉。從此，雍涼從軟豆腐變成了硬骨頭，諸葛亮的後幾次北伐都被硬生生地擋了回來。

蜀建興六年（二二八年）冬，心煩意亂的諸葛亮沒有準備過春節的年貨，而是在準備第二次北伐，馬謖是死了，但北伐尚未成功，同志仍須努力。恰逢當時魏國與吳國在石亭交戰，魏軍主力都被派到東邊，關中兵力薄弱，此時不打，更待何時。諸葛亮出散關，圍陳倉。然而陳倉地勢險要，易守難攻，這，仍是一場硬仗！

諸葛亮用雲梯、沖車攻打陳倉，魏軍用火箭射雲梯，用繩子連著石磨砸擊沖車，雲梯和沖車都被燒毀擊壞。諸葛亮又構築了百尺高的木樓，讓士兵登上木樓向城中射箭，以掩護以土填壕、直接攀城的士兵，然而魏軍在城內又構築了一層城牆，這次攻擊又失敗了。諸葛亮想用地道戰術，魏軍以地道反地道，在城內橫向挖掘地道，堵住蜀軍。

諸葛亮以十萬兵馬對陣郝昭的三千人，二十多天後，攻城不下的諸葛亮在軍糧告急的情況下，只好無奈退軍。魏將王雙見蜀軍退兵，就率騎兵追擊。諸葛亮攻不了城，卻不代表作戰能力弱，回轉身來與王雙交戰，輕輕鬆鬆就打敗了魏軍，殺了王雙，就趕回蜀國了。曹睿爲了嘉獎郝昭的忠心就賜爵關內侯，可惜，郝昭沒有享福的命，沒多久就死了。

蜀建興七年（二二九年）春，諸葛亮第三次北伐。這次爲了鞏固漢中，開拓疆域，諸葛亮派遣陳式進攻第一次北伐降蜀、街亭之戰後，又被魏軍收復的武都和陰平兩郡。魏國雍州刺史郭淮派兵前來救援，諸葛亮親自率領主力到建威阻擊，郭淮被迫撤退。武都、陰平兩郡回到蜀軍手中，諸葛亮留兵駐守，自己回到漢中，劉禪重下詔書，恢復了他的丞相地位。

武都、陰平被蜀軍所占，魏明帝曹睿自然不情願，二三〇年，他決定興師伐蜀。魏軍兵分三路，曹真率主力從長安入子午谷，張郃出斜谷，司馬懿從荊州出西城合攻漢中。諸葛亮也不示弱，他自率部隊到城固、赤阪，命李嚴率兩萬增援漢中，又派魏延和吳懿率輕騎出祁山、入羌中，聯合羌人擾亂魏軍後方，以牽制魏軍。

在陽溪，蜀軍和魏軍遭遇，蜀軍擊敗魏將費曜及雍州刺史郭淮部。魏將繼續進軍，途中大雨連降三十多天，山洪四起，道路阻絕，兵士傷亡嚴重，輜重大量耗損。謀臣華歆、楊阜、王肅就向曹睿上書，建議他不要強進，知難而退。留著青山在，不怕沒柴燒嘛！曹睿一聽，有理。於是，就下詔讓軍隊回去了，伐蜀之役暫時中止。

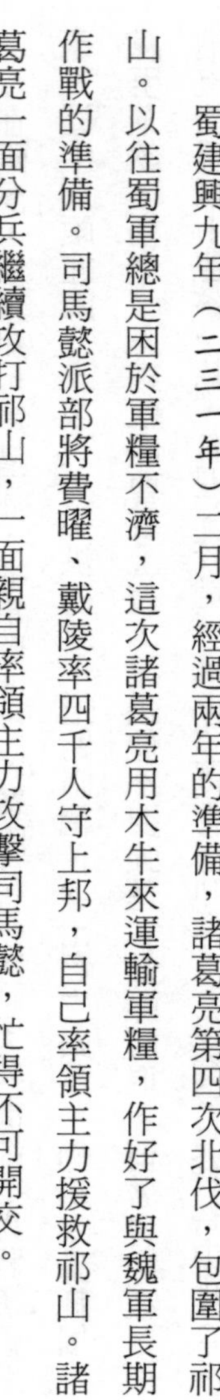

蜀建興九年（二三一年）二月，經過兩年的準備，諸葛亮第四次北伐，包圍了祁山。以往蜀軍總是困於軍糧不濟，這次諸葛亮用木牛來運輸軍糧，作好了與魏軍長期作戰的準備。司馬懿派部將費曜、戴陵率四千人守上邽，自己率領主力援救祁山。諸葛亮一面分兵繼續攻打祁山，一面親自率領主力攻擊司馬懿，忙得不可開交。

郭淮和費曜率部襲擊蜀軍，被諸葛亮打敗，蜀軍趁勢收割了當地的熟麥，作爲軍糧。司馬懿據險防守，任憑蜀軍如何挑戰，就是死活不出戰，諸葛亮只好退兵。這時，司馬懿卻又屁顛屁顛地領著人，跟著諸葛亮的軍隊到達鹵城，然後繼續依山築營，只與蜀軍相峙，仍不出擊。司馬懿想效仿陸遜，搞心理戰術，可惜，諸葛亮不是劉備，當然不會上當。

司馬懿的耐性好，不見得他的屬下耐性也好。終於，軍中竊竊私語，莫不是咱們的大將軍怕了諸葛亮吧？司馬懿一聽，惱火了，怎麼可能！於是，他命張郃包圍祁山的蜀軍，卻很快就被打了回來。司馬懿一甩鞭子，親自上陣，結果被諸葛亮派出的魏延等人打得落花流水，司馬懿一邊委屈地撤軍，一邊怒罵諸葛亮太不給他面子，把他揍得這麼慘。

諸葛亮命李嚴向前線運輸軍糧，卻下起了連天大雨，山路垮塌，根本沒法運過去。李嚴便給諸葛亮寫信說明了情況。諸葛亮正打得過癮，可是看軍糧不濟，就只好撤軍。司馬懿趕緊派張郃追擊，追到木門時，諸葛亮早已在高處設下埋伏，萬箭齊發，張郃等人眨眼就被射成了刺蝟。諸葛亮大笑，好，這次北伐總算沒白來，回家！

蜀建興十二年（二三四年）二月，沉寂了三年的關隴再起硝煙，諸葛亮率十萬軍隊進行第五次，也是最後一次北伐。這次北伐，諸葛亮同時派出使者到東吳請求孫權同時出兵，兩面夾擊曹魏。諸葛亮本人一反從祁山進兵的老套路，入斜谷出隴東。諸葛亮進入五丈原後，擔心軍糧運輸問題再一次拖後腿，就分兵屯田，作好了長久屯駐的準備。

孫權配合諸葛亮的攻勢，親自率領十萬大軍攻打合肥，同時又命陸遜、諸葛瑾率兵攻打襄陽，孫韶、張承攻擊廣陵、淮陽。曹睿非常生氣，老虎不發威，你當我是病貓啊！於是，他派秦朗率兩萬人馬援助司馬懿，自己親率主力軍阻擊孫權。孫權還沒怎麼跟曹睿打呢，他的士兵們就先因水土不服蔫了，孫權一看情況不妙，趕緊領兵回東吳去了。

司馬懿遵照曹睿「堅壁拒守，以逸待勞」的命令，無論諸葛亮如何挑戰，反正就是堅決不理睬、不出戰。不知不覺間，一百多天過去了，來的時候還是夏天，現在已經是涼風習習的秋天了，長期的操勞讓諸葛亮身心俱疲，身體狀況也越來越差。不過，沒關係，山不就我我就山，我諸葛亮的耐心再好，那也是有底線的呀。

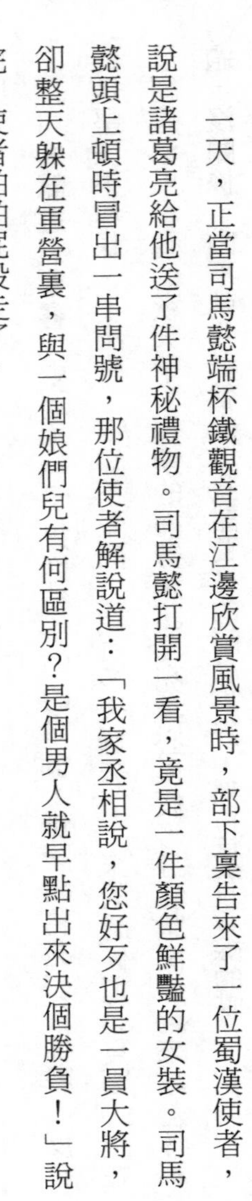

一天，正當司馬懿端杯鐵觀音在江邊欣賞風景時，部下稟告來了一位蜀漢使者，說是諸葛亮給他送了件神秘禮物。司馬懿打開一看，竟是一件顏色鮮豔的女裝。司馬懿頭上頓時冒出一串問號，那位使者解說道：「我家丞相說，您好歹也是一員大將，卻整天躲在軍營裏，與一個娘們兒有何區別？是個男人就早點出來決個勝負！」說完，使者拍拍屁股走了。

司馬懿自然知道諸葛亮給他送女裝是激將法，他本人倒是無所謂，就是怕軍中的將士咽不下這口氣。於是，他就裝作很惱火地給曹睿寫了份求戰的申請書。曹睿糊塗了，將在外，君命有所不受，幹嘛還大老遠地請旨呢？辛毗卻笑著說，仲達根本就不想出戰，他這是請您下道詔書來應付那些求戰的部下呢！於是，曹睿就派辛毗帶著杖節去給司馬懿當軍師了。

諸葛亮不斷向魏軍挑釁，司馬懿就裝著要帶兵出戰，辛毗就拿著杖節攔在營帳門口，司馬懿便不出兵。姜維聽說後，就對諸葛亮說：「辛毗帶著杖節來了，魏軍不會出戰了。」諸葛亮當然清楚魏人演的是什麼戲，嘆了口氣說：「司馬懿根本就不想打，所以才會千里請戰，以此堵住三軍之口。他若真能打贏我們，就不會回去請戰了。」

諸葛亮又派使者前去魏營打探消息，司馬懿仍舊一臉和氣地熱情招待來者，卻

隻字不提軍事，他還問起了諸葛亮的飲食起居。使者答道：「我家丞相每日為公事操勞，凡是杖責二十以上的刑罰都要親自過問，每天吃的也很少。」司馬懿一聽，點頭讚許：「真是令人感動。」使者一走，他就對部下搖頭說：「諸葛亮這麼操勞，命不久矣。」

諸葛亮終於在起早貪黑，廢寢忘食的過勞工作狀態下病倒了，後主劉禪趕緊派尚書僕射李福探望諸葛亮的病情，幾天後，李福去而復返，這時，諸葛亮的病情已經惡化。他知道李福此來的意思，便說：「我死之後，軍政大事可交給蔣琬，蔣琬之後，可交給費禕。」李福又問：「那費禕之後呢？」諸葛亮默默無語，不再回答。

蜀建興十二年（二三四年）八月，五丈原上秋色蕭索，諸葛亮知道他將要在這裏告別人世。從廿七歲那年跟隨劉備離開隆中，又一個廿七年就這樣過去了。他半生殫精竭慮、戎馬倥傯，竭盡全力地實現安邦治國的理想，奈何理想還未實現，自己卻先倒下了。諸葛亮在無盡的遺憾中離開了人世，終年五十四歲，歷時七年的諸葛亮伐魏之戰至此結束。

諸葛亮在臨終前留下遺言：在他死後，蜀軍撤回漢中。魏延因不願撤退發動叛亂，被楊儀殺死。司馬懿見蜀軍撤退就率兵追擊，姜維命令蜀軍回頭，作出決戰的架勢，司馬懿以為這是蜀軍的誘敵之計，就又領著人回去了。後來他仔細查看了諸葛亮留下的營壘，忍不住讚嘆說：「諸葛亮真是天下奇才啊！」這就是「死諸葛嚇走活仲達」說法的由來。

回看北伐，第一次如果街亭不丟，諸葛亮就可以實現對關中的緩圖；第二次李嚴糧草得運，就可以憑藉戰後優勢挫敗司馬懿；最後一次跨渭河登北原成功，就可以動搖魏國的西方利益。每一次皆有勝的可能，但每一次諸葛亮都與勝利失之交臂，最後飲恨渭水。由此看來，要想成大事，除了自身的智慧與實力外，運氣也是相當重要的。

蜀國的國力與魏國相差數倍，根本無法與魏國抗衡。何況蜀國又佔有險要地形，易守難攻，蜀國何不守住地盤，休養生息，積蓄國力呢？這是很多人不解的問題，還有人因此詬病諸葛亮的軍事謀略。事實上，諸葛亮北伐的真正目的，並非與魏國決戰，而是得到民風彪悍、多出戰馬的西涼。

諸葛亮認識到荆州不可復得，益州不足以制天下，而一旦控制雍涼，既能夠斬斷魏國右臂，又可積蓄自身力量，困擾諸葛亮的兵員、糧運，甚至人才問題都可以迎刃而解。而且，背後還沒有一個隨時會背棄盟約的東吳，從而就可以從全局上實現對《隆中對》的修正，一步步實現恢復漢朝的大業。

亮哥接班人

姜維，字伯約，號幼麒。他自幼喪父，和媽媽一起生活。他喜好鄭玄的經學，在郡中做上計掾，不久，出任州中從事。姜維的爸爸姜冏曾爲郡中功曹，羌族、戎族叛亂時，他親自保護郡太守，戰死在疆場。而姜維家本衣冠，不願爲將，所以漢朝賜姜維中郎，命他參與管理本郡的軍事。

蜀建興六年（二二八年）春，諸葛亮第一次兵出祁山，當時天水太守馬遵正帶姜維和功曹梁緒、主簿尹賞、主記梁虔等人隨雍州刺史郭淮在各地視察。馬遵聽說蜀軍至祁山後，諸縣回應，郭淮決定東行，回上邽守備。馬遵懷疑姜維等人有異心，於是，乘夜隨郭淮至上邽。姜維發現馬遵也溜走後，心中雖然氣憤，但也無可奈何。

姜維回到冀縣後，冀縣吏民大喜，推舉姜維去見諸葛亮，從此成爲蜀軍一員。當時馬謖喪失街亭，使諸葛亮整個作戰計畫遭到破壞。諸葛亮只好攻克西縣，率千餘戶和姜維等人班師。姜維之後與母親失散。不久，姜維接到母親的書信，讓他回魏。姜維說：「良田百頃，不在一畝；但有遠志，不在當歸。」於是，繼續留在諸葛亮身邊。

諸葛亮見姜維「心存漢室」，且膽識智謀過人，對他很是欣賞。諸葛亮給蔣琬、費禕寫信時，對姜維讚賞不已，信中說：「姜伯約忠勤時事，思慮精密，考其所有，永南（李邵）、季常（馬良）諸人不如也。其人，涼州上士也。」建興八年（二三〇年）春，姜維就升任中監軍、征西將軍。

諸葛亮給蔣琬的信中還說：「須先教中虎步兵五六千人。姜伯約甚敏於軍事，既有膽義，深解兵意。此人心存漢室而才兼於人，畢教軍事，當遣詣宮，覲見主上。」虎步軍是蜀漢的精銳部隊之一，後來用來抵擋司馬懿步騎大軍的進攻，可見諸葛亮對姜維的器重，也反映了姜維的勇武。

蜀建興十二年（二三四年）二月，諸葛亮率軍十萬出斜谷攻魏時，姜維亦同行。八月，諸葛亮病故於五丈原軍中，生前令魏延斷後，姜維次之。但魏延擅自據南谷口逆擊楊儀，斷後的任務落在了姜維身上。蜀將秘不發喪，整軍後退。姜維回成都後，任右監軍、輔漢將軍，統率諸軍，進封平襄侯，成爲諸葛亮死後，蜀漢軍隊的直接統帥者。

蜀延熙元年（二三八年），姜維隨大將軍蔣琬駐紮漢中。蔣琬升大司馬後，任命姜維爲司馬，多次率領偏師西進。蔣琬曾經建議從上庸方向北伐魏國，但眾人以爲一旦不勝，退軍很難。於是延熙四年（二四一年）十月，後主劉禪派費禕、姜維前往，向蔣琬傳旨暫緩伐魏。姜維隨蔣琬偏軍西征時，曾經擊敗郭淮，表現了過人的軍事才能。

蜀延熙六年（二四四年），魏大將軍曹爽、夏侯玄等向漢中，鎮北大將軍王平拒興勢圍，由於當時蔣琬病重，費禕遠在成都，姜維就統帥諸軍在費禕趕來前先去援救漢中，在費禕到漢中，姜維與費禕一併出三嶺截攔曹爽、夏侯玄、司馬昭等魏軍，並把這三支魏軍打得稀哩嘩啦，落荒而逃，魏軍軍資損失慘重。

蜀延熙十年（二四七年），姜維升任衛將軍，與大將軍費禕共錄尚書事。同年，汶山郡平康縣的夷族起事，姜維率兵討平。不久，雍州、涼州等地區的羌胡族人背魏降蜀。姜維率兵出隴右接應，與魏雍州刺史郭淮、討蜀護軍夏侯霸戰於洮西，並打敗了他們。胡族首領白虎文、治無戴等率部降蜀，姜維將其遷到了蜀境。

戰鬥過程：姜繼出石營，從強川，乃西迎治無戴，留陰平太守廖化於成重山築城，斂破羌保質。郭淮分兵取之。郭淮派遣夏侯霸等追維於遝中，淮自串諸軍就攻化等。然而事情並不像郭淮預料的那樣，姜維擊敗了夏侯霸，接應了羌胡，又回過頭來打敗了郭淮，成功救出了廖化。

諸葛亮在世時，不斷出兵伐魏，諸葛亮死後，蜀漢還有二十九年的命運。這二十九年中，前十二年主事的是蔣琬，中間七年是費禕，後十年是姜維。蔣琬和費禕都沒有出兵伐魏，姜維屢屢主張大舉伐魏，都被費禕節制，頂多有時候撥給他一萬多人馬，費禕說：「我們都遠遠不如諸葛丞相，他都不能平定中原，何況我們呢！不如保國治民，謹守社稷。」

蜀延熙十六年（二五三年），費禕去世，姜維接手，成為諸葛亮北伐事業的繼承者。三月，吳國舉兵伐魏。姜維也趁機率數萬人出石營，經董亭，包圍南安。可惜，後來因為久攻不下，軍糧殆盡，姜維這才不得已撤圍退走。

蜀延熙十七年（二五四年），魏國中書令李豐、光祿大夫張緝密謀以太常夏侯玄取代司馬師為大將軍，結果保密工作沒做好，被司馬師知道後，直接被先下手為強給滅了，魏國頓時陷於混亂。六月，姜維乘機率軍攻魏，攻佔狄道。十月，攻破襄武，乘勝前進，破河關、臨洮等縣，並遷河關、臨洮、狄道三縣民入川，姜維率軍撤回。

蜀延熙十八年（二五五年），魏國大將軍司馬師病亡。姜維又率數萬人攻魏，先在故關大敗魏將王經，後來又被魏將鄧艾、陳泰合力擊退。次年，姜維又出兵祁山，渡過渭水，在段谷與魏將鄧艾遭遇。蜀軍交戰不利，死傷甚多，隴山以西的地方也趁機叛亂。姜維失敗而歸，上表自請貶為後將軍，行大將軍事。

蜀延熙二十年（二五七年）五月，魏國討伐吳國，姜維又趁機進攻魏國。直到聽說吳國兵敗，姜維才領軍撤退。蜀景耀五年（二六二年）十月，姜維再度起兵攻魏，攻入洮陽。魏將鄧艾搶佔有利地形，在洮陽以東的侯和設陣，以逸待勞阻擊蜀軍。蜀軍大敗，姜維只好退往遝中。此後，蜀軍實力大減，轉爲被動防禦的態勢。

姜維在掌管蜀國軍權的十年中，共八次出兵伐魏，再加上費禕時代，姜維平定汶山平康叛亂和安撫涼州胡王的軍事行動，姜維共出兵十次之多，足見其「心存漢室」的執著赤誠。姜維十次出兵中，不克而還的有五次，雖然沒有取得卓越的成績，但這種一比一的得分對於地盤只有魏國七分之一的蜀國來說，已經是很不錯的成績了。

阿斗劉禪當時寵信宦官黃皓，黃皓恃寵而驕，專權恣肆。丞相董允在世時，他還有所收斂，董允死後，他就徹底無法無天了。右大將軍閻宇巴結黃皓，黃皓就打算廢姜維立閻宇。姜維知道後，曾上書劉禪，請求殺掉黃皓，劉禪不答應。姜維怕回成都後遭到黃皓的報復，就對劉禪說自己到遝中種麥，補充軍需，以此躲避黃皓。

蜀景耀六年（二六三年），魏國決定進兵滅蜀。姜維發現了曹魏的動向，立即上表劉禪，要求增兵防守。劉禪看到表章，先問黃皓，黃皓迷信鬼神，就跑到巫師那裏，問魏國會不會打過來，巫師就說放心吧，不會打來的。黃皓就跟劉禪這麼說了，劉禪便把這事壓下來，整個朝廷都蒙在鼓裏，不知大禍即將臨頭。

魏軍兵分三路，發動了對蜀國的大規模進攻。鄧艾率三萬人進攻西路遝中，纏住蜀漢大將姜維。諸葛緒率三萬人進攻中路陰平橋頭，封住姜維增援漢中的道路。鍾會率領十二萬人直取漢中。魏軍共有十八萬人，而蜀軍兵力大約九萬。以少勝多的仗姜維不是沒打過，但只怪他的老大劉禪太不給他力，所以，這一仗，姜維打得必定是相當吃力！

姜維在連年征戰無果的情況下，曾研究蜀中形勢，制訂了一個「斂兵聚谷」的策略，就是在敵人來襲的時候，集中兵力退守漢、樂兩城和陽平關，只要將這些關隘守住，整個蜀國就安全了。

九月初，面對魏國三路大軍，蜀軍就按這個策略放棄漢中各個險要，退守二城一關。

鍾毓，字稚叔，爲人機敏，有他的爸爸鍾繇的遺風。太和年間，由於洛陽在施工，所以曹睿以及群臣暫且居住於許昌。許昌狹小，曹睿爲滿足自己的起居和遊玩又大興土木，百姓苦不堪言。鍾毓就說：「近年來水災旱災頻繁，國庫空虛，休閒娛樂活動還是等到豐收之年再做不遲。現在應當開墾荒地，讓百姓們耕種。」這些建議都被曹睿採納。

鍾毓作爲鍾會的親哥哥，對自己的弟弟自然是知根知底，他曾私下告誡司馬昭：

「我弟弟才智過人，但野心不小，恐怕有不臣之心，不可不提防。」司馬昭聽後哈哈大笑：「若將來真是如此，那麼我一定只治鍾會的罪而不累及鍾氏一門。」後來，鍾會果然謀反，兵敗後鍾會被殺，鍾氏依律當誅九族，但司馬昭遵守與鍾毓的諾言而放過了鍾氏一族。

鍾會，字士季，鍾繇之子，鍾毓之弟。他自幼才華橫溢，上至皇帝、下至群臣都對他非常賞識。鍾會小的時候就很聰明，當時著名的大臣蔣濟到鍾繇家做客，看到了鍾會就非常吃驚，對鍾繇說：「這個孩子可不是一般的人啊，你看看他的眼睛就知道了，一點兒也不怯場，這是個膽大如斗的奇才！」

鍾繇引見鍾毓與鍾會去見曹丕，鍾毓頭一次見皇帝，嚇得全身是汗，鍾會則好像沒事兒一樣，從容得很。曹丕就問鍾毓：「你怎麼出了那麼多汗？」鍾毓說：「皇上天威，臣感到害怕，所以汗如雨下。」曹丕又問鍾會：「那你怎麼不出汗呢？」鍾會學著他大哥的口氣說：「皇上天威，臣感到害怕，所以不敢出汗。」曹丕聽了哈哈大笑：「你們兄弟倆真逗！」

鍾會能夠識人於微，慧眼識人。他曾評論安豐侯王戎說：「阿戎聰明伶俐，懂得別人的心意。」又評論裴楷說：「裴公善於與人交談，一整天也談不完。」吏部郎這個職位空出來了，晉文帝司馬昭問鍾會誰是適當的人選，鍾會回答說：「裴楷清廉通達，王戎能掌握要領而處事簡約，都是適當的人選。」於是委任裴楷。

鍾會與荀勖的感情不和，荀勖有一把約值一百萬的寶劍，放在他媽媽那裏。鍾會擅長書法，就模仿荀勖筆跡寫了一封信問他媽媽要走了寶劍。荀勖知道是鍾會幹的事，可又要不回來，就想法報復他。鍾家兄弟花了一千萬建了一所住宅，剛落成還沒搬進去，荀勖就偷偷到新房子去畫上鍾繇的畫像，鍾家兄弟進門看見大為傷心，就不願再進去住，房子從此就空了下來。

鍾會在征討毌丘儉、諸葛誕期間，鍾會屢出奇謀，被人比作西漢謀士張良，又曾為司馬昭獻策，阻止了曹髦的奪權企圖，鍾會因此成為司馬氏的親信。景元年間，鍾會獨力支持司馬昭的伐蜀計畫，從而發動伐蜀之戰，終於滅蜀。之後，鍾會大力結交西蜀名士，打算自立政權。但由於手下官兵不支持鍾會的行動而發動兵變，鍾會與姜維等人皆死於兵亂之中。

魏軍也採取了相當高明的對策，東路統帥鍾會各派一萬人馬圍住漢、樂兩城，兩城各有五千蜀兵，魏軍依仗兩倍的兵力將兩城團團圍住，卻不攻擊，僅僅限制住不讓他們出來搗亂。然後，鍾會又派其餘的十萬大軍越過兩城直撲漢中咽喉陽平關，陽平關下魏軍十倍於蜀軍。姜維精心部署的策略，就此被人海戰術輕鬆破解。

陽平關的蜀軍由傅僉和蔣舒統領。蔣舒原是別處守將，由於不稱職，被撤換到陽平關給傅僉當副手，他本來就心懷不滿，這時就假稱出城迎戰，投降了魏軍。魏軍在蔣舒這個「嚮導」的帶領下突襲陽平關，傅僉戰死，陽平關失陷。

陽平關的陷落標誌著漢中的失守。姜維聽說後，急忙從遝中撤兵救援漢中，負責纏住姜維的鄧艾如影隨形地尾隨而來。到漢中要經過陰平，陰平已被魏軍中路諸葛緒控制，姜維無法通過，他便向北佯動，作勢攻擊魏軍後方。諸葛緒上當，連忙回師防備，姜維趁機突擊，進入陰平。等諸葛緒明白真相回到陰平橋頭，姜維已經離開一整天了。

姜維見陽平關失守，便轉向了白水關。遇到張翼率領的成都部隊，兩下一商量，決定合兵一處，退守劍閣。劍閣素有「一夫當關，萬夫莫開」的美稱，雖然漢、樂和陽平關失守，蜀軍仍有抗拒魏軍的最後機會。蜀軍兵力接近五萬，魏軍西、中、東三路合於一處，除漢、樂留守的數萬部隊外，還有十五萬大軍，蜀魏雙方以一比三的懸殊兵力對峙於劍閣。

鍾會雖然人多勢眾，卻也拿天險劍閣無可奈何，倒是十五萬張嘴的伙食讓他相當揪心。看著成堆的糧山轉眼間就快變為平地，鍾會就有了退兵的打算。老將鄧艾卻建議不要退兵，由他率領一部分兵力偷越陰平小道，奇襲涪城。若劍閣蜀軍回師攻打，鍾會便可趁機強攻劍閣；如果劍閣蜀軍不回師，則涪城方面兵力不足，鄧艾便可直入成都。

蜀景耀六年（二六三年）十月中旬，鄧艾帶著一萬精兵，自陰平沿景谷道向南轉進，南出劍閣兩百多里，又鑿山開路，修棧架橋，越過七百餘里無人煙的險域。部隊走到馬閣山，遇到了懸崖峭壁，能否成功在此一舉，前路卻隔絕阻斷，士兵們都大哭起來。鄧艾用毛氈裹著自己，率先滾下了山坡。士兵見狀，受到激勵，就裹著毯子，或者攀緣藤條，下到山底。

鄧艾率軍出其不意突降江油，蜀軍守將馬邈大吃一驚，驚慌失措，直接舉白旗投降了。江油失守的消息傳到成都，蜀漢震動。劉禪派諸葛瞻和黃崇率領成都全部兵力五千人抵擋鄧艾，也被鄧艾擊敗。此時鄧艾離成都只有一百五十里的路程了。劍閣守兵因為消息封鎖，還不知道後方已經被連鍋端了。

蜀漢朝野驚恐萬狀，老百姓都拋棄家園逃到深山老林裏去了。有人提議劉禪逃到東吳組織流亡政府，有人提議投靠南中少數民族，光祿大夫譙周卻力主投降。譙周說：自古以來，一個皇帝跑到了別人的國家只有稱臣的份，與其向孫吳稱臣，不如向曹魏稱臣，因為吳國早晚要被魏國吞併，何必到時候再跟著吳國去投降第二回？

劉禪問譙周為什麼不能去南中，譙周說：南中是丞相發兵壓下來的，他們本來就不服我們，跑到那裏去又要增加他們的負擔，他們願意嗎？當然不願意！劉禪雖不願投降，但見大勢已去，只好讓侍中張紹拿著玉璽去見鄧艾，並下令讓姜維停止抵抗。二六三年十一月，魏國全面征服蜀漢，立國四十二年的蜀國宣告滅亡。

蜀漢名臣郤正曾評價姜維，爲官清廉，身居高位卻生活簡樸，遠離聲色誘惑，好學不倦，堪稱一時楷模。他多次出兵伐魏，雖然招致「玩眾黷旅」的貶譏，卻也是效法諸葛亮六出祁山的忠貞。蜀國淪陷後，姜維仍不甘心，他使用了一生中最後的一個計謀，假降鍾會，鼓動鍾會反魏，後來卻因事敗身死，與諸葛亮一樣，抱著深深的遺憾離開了人世。

劉禪在人們的心目中成了庸主的典型，「扶不起的阿斗」也成了世人對庸人的戲稱。劉禪被俘虜到洛陽後，司馬昭爲了籠絡蜀漢的人心，以魏帝的名義封劉禪爲安樂公。劉禪雖多了一個賣國的罵名，卻保全了百姓的性命名財產，無論在當時老百姓來看，還是從當代歷史學的角度來看，都應該是一件好事。

劉禪亡國之後，作爲亡國之君，不僅自家生命，還有蜀地百姓的幸福都掌握在人家手裏。自己的態度，直接影響晉國對蜀地百姓政策的寬鬆程度。所以，劉禪必須裝憨賣傻，處處隱藏自己才能，才能瞞天過海，養晦自保。在劉禪麻木和愚懦的背後，

潛藏著過人的狡詐和機智。所以說，劉禪不失爲「通明智達」的一代君主。

一次，司馬昭大擺酒宴，還特地叫了一班歌女演出蜀地的歌舞。一些蜀漢的大臣看了這些歌舞，想起了亡國的痛苦，傷心地掉下了眼淚。只有劉禪看得喜笑顏開，就像在他自己的宮裏一樣。司馬昭在宴會後對賈充說：「劉禪這個人沒心沒肺到了這種地步，即使諸葛亮活到現在，恐怕也沒法使蜀漢維持下去，何況是姜維呢！」

司馬昭曾問劉禪：「您還想念蜀地嗎？」劉禪樂呵呵地回答說：「這兒挺快活，我不想念蜀地。」（「樂不思蜀」由此而來）郤正聽後，悄悄對劉禪說：「等會兒若司馬昭再問您，您就哭著說：『先人墳墓，遠在蜀地，我沒有一天不想念啊！』這樣，司馬昭就能讓陛下回蜀了。」

劉禪一直將郤正的話記在心中，後來司馬昭果然又發問，劉禪趕忙把郤正教他的話學了一遍，只是欲哭無淚。司馬昭聽了，說：「咦！這話怎麼像是郤正說的？」劉禪驚奇道：「哎，你怎麼知道？就是他教我這麼說的呀！」司馬昭和魏臣們全都捂著肚子狂笑。司馬昭從此認爲劉禪是個不求上進的人，不會對自己造成威脅，就斷了殺他的念頭。

劉禪於二二三年登基，至二六三年降魏下臺，稱帝在位四十一年，是在三國時期所有國君中在位時間最長的一位。在那種群雄割據、兵連禍結的動亂年頭，能執政這麼久，沒有相當的才智是不行的。有人把劉禪安穩地做皇帝歸因於諸葛亮的輔佐。其實，諸葛亮死於二三四年，他死後，劉禪還做了廿九年的皇帝，很難說全是諸葛亮的輔佐之功。

爲了讓劉禪見多識廣，掌握治國本領，劉備讓其多學《申子》、《韓非子》、《管子》、《六韜》等書，並由諸葛亮親自抄寫這些書讓他讀；又讓他拜伊籍爲師學習《左傳》。不僅如此，還令其學武。《寰宇記》有記載：「射山，在成都縣北十五裏，劉主禪學射於此。」

對於劉禪的表現，諸葛亮是很滿意的。諸葛亮在《與杜微書》中評價劉禪說：「朝廷年方十八，天資仁敏，愛德下士。」這個敏字可說明阿斗並非愚蠢之人，不然諸葛亮豈不是有心諷刺了？《晉書．李密傳》中也記載，李密認爲劉禪作爲國君，可與春秋首霸齊桓公相比，齊桓公得管仲而成霸業，劉禪得諸葛亮而與強魏抗衡。

劉備與諸葛亮的君臣關係之「和諧和美妙」（**相對的**），爲歷代有識之士讚不絕口，被視爲封建社會中最理想、最完美的君臣關係的典範。作爲接任者，劉禪能從父親那裏完整地承續到這種「和諧和美妙」的君臣關係，且把這種關係發展成了「黃金搭檔」，這充分說明了劉禪的「大氣」。

諸葛亮急於北伐的時候，劉禪曾勸他：「相父南征，遠涉艱難；方始回都，坐未安席；今又欲北征，恐勞神思。」儘管諸葛亮置自己的規勸與不顧，但北伐決議一旦形成，劉禪還是全力支持諸葛亮的北伐。諸葛亮死後，劉禪馬上停止北伐，休養生息。司馬懿率大軍征伐遼東公孫淵時，劉禪怕蔣琬犯諸葛亮的老毛病，還專門下詔告誡蔣琬不要輕舉妄動。

儘管劉禪與諸葛亮君臣之間也存在著些許不諧音調，但劉禪卻一直保持克制的態度，顧全大局。諸葛亮因誤用馬謖失街亭請求降職時，劉禪安慰他說：「勝負乃兵家常事。」等諸葛亮打了勝仗後，劉禪適時恢復了諸葛亮的職務。諸葛亮死的消息傳來，劉禪連日傷感，不能上朝，竟哭倒於龍床之上。當靈柩運回時，劉禪率文武百官出城二十里相迎。

李邈為了迎合劉禪，就援引歷史上呂祿霍光等人的例子，詆毀諸葛亮「身仗強兵，狼傾虎視」，說諸葛亮之及時死去，使其「宗族得全，西戎靜息，大小為慶」，暗指諸葛亮如果不死，早晚會圖謀不軌。劉禪聽後大怒，將李邈下獄處死。這說明劉禪深知「君臣不和，必有內變」的道理，只要自己一時不清醒，內亂不可避免。

魏延造反，卻誣奏楊儀造反。劉禪聽完魏延的表奏，馬上提出疑問，說：「魏延你是個勇將，足以抵抗楊儀等人，可為什麼要燒絕棧道呢？」魏延頓時無言以對。魏延被殺後，劉禪也沒有對魏延一概否定，而是降旨曰：「既已名正其罪，仍念前功，賜棺槨葬之。」

為了防止權臣權力太重問題，劉禪以費禕為尚書令和大將軍，主管政務，以蔣琬為大司馬，主管軍事，兩人的權力相互交叉，相互牽制，但又各有側重。蔣琬死後，劉禪「乃自攝國事」，大權獨攬，徹底解決了蜀國多年「事無巨細，咸決於丞相」的政局。因此，從歷史的真相來看，劉禪絕不是個庸主。

在「成者王侯敗者寇」的主導文化氛圍裏，人們不願意接受失敗的英雄，似乎只有幹得轟轟烈烈的人才是英雄。劉禪投降後在洛陽的一段表演，為他博得了「全無心肝」的臭名，從此「扶不起的阿斗」的帽子就牢牢地扣在了他的頭上，可見世人對他的誤解之深了。

魏嘉平三年（二五一年）八月，司馬懿去世。他的兒子司馬師和司馬昭分別被封為大將軍和驃騎上將軍，總領尚書機密大事，權力比起司馬懿有增無減，同時他們篡位的野心也愈發明顯。曹操萬萬想不到，自己的後代竟然也會像曾經被自己操控的漢獻帝一樣，成為他人手中的傀儡。這正應了那句話：風水輪流轉！

司馬師，字子元，他是司馬懿的長子，司馬炎的伯父，西晉奠基人之一。司馬師沉著堅強，且有雄才大略，與夏侯玄、何晏齊名。司馬懿發動「高平陵事變」的前夜才把計畫告訴司馬師與司馬昭，之後司馬昭擔心得整晚都睡不著，而司馬師卻像平常一樣呼呼大睡。事後，司馬師論功封爲長平鄉侯，加衛將軍之職。

司馬兄弟非但不把曹芳放在眼裏，還打算將他廢黜，曹芳知道後想，與其等死，不如一拚。蜀國大將姜維進攻隴西，司馬昭從許昌回到京師，準備領兵抵抗姜維。依照慣例，在部隊開拔之前，司馬昭要向皇帝辭行。曹芳的親信就建議曹芳，趁司馬昭告別的時機，將司馬昭當場殺死，然後統領他的軍隊，再去討伐大將軍司馬師。曹芳點頭同意。

這天，司馬昭到御前辭行，曹芳正在吃栗子，優人雲午等人就高唱「青頭雞！青頭雞！」青頭雞是指鴨，鴨與「押」同音，這是在提醒曹芳，趕快向司馬昭下手。可是，曹芳從小就被司馬父兄打壓怕了，一時不敢動手。虎父無犬子，司馬昭很快就察覺到曹芳的意圖，趕緊跑了出去，隨後帶兵入城，和司馬師一起動手，廢掉曹芳，把他轟出了洛陽。

曹髦，字彥士，曹丕的孫子，東海定王曹霖之子。曹芳被趕下臺時，曹髦爲高貴鄉公，一個小諸侯，權力不大，名聲卻很好。那天，他正在家中哀嘆皇兄曹芳的不幸遭遇，忽然京師傳來命令，讓他趕赴洛陽城。曹髦心裏打起了鼓：曹芳被廢，先皇又沒有別的子嗣，難道是要立我當新皇帝？他願意賭一把，於是命侍從打點行裝，乘車進京。

曹髦剛到洛陽城門口，就見一班大臣恭恭敬敬地站在城門兩側等候，曹髦的猜想進一步得到了證實，心中暗喜。爲了表示對大臣們的尊重，他做出一副誠惶誠恐的樣子，下車向大臣們還禮。有人攔住了曹髦，說：「天子不用還禮。」曹髦一聽，哎呀，自己果真要當皇帝了！但他強抑制住喜悅，很謙虛地搖了搖頭，說：「我現在也是人臣啊！」

曹髦到了皇宮的止車門前，曹髦再次下車步行。有人對他說：「你有資格坐轎進去。」曹髦繼續裝糊塗，答道：「我受皇太后徵召而來，還不知要做什麼呢！」曹髦走到殿內，拜見太后，儀態端莊，大方得體。看到未來的新皇帝如此謙恭謹慎，如此大方穩重，大臣們都感覺非常欣慰。

曹髦拜見了皇太后，又被大臣們擁著來到大將軍司馬師面前，接受司馬師的「驗收」。司馬師用餘光一瞥曹髦：身材瘦小、乳臭未乾，不錯，是個當傀儡的樣。於是他袍袖一揮，將曹髦送上了皇位，成爲魏國的第四任皇帝。這一年，曹髦剛滿十四歲。

曹髦年紀雖小，對自己的處境卻有極爲清醒的認識。他明白，自己的皇位坐得不會穩固。「曹家班」日薄西山，司馬氏隨時可能篡魏奪權。他這個皇帝，只不過是司馬氏蒙蔽世人的一個幌子罷了。可是，他並不想就這樣接受自己的傀儡命運，他是一代梟雄曹操的後代，他的骨子裏，沒有自甘人下的基因！

曹髦爲了挽回頹勢，重振曹氏聲威，頗有心計地展開了一連串拉攏人心的工作。他派大臣到各地微服私訪，處罰行爲失職的地方官。他大力宣導節約意識，減少宮廷開支。還多次下詔，安撫戰死將士的家人。曹髦的這些舉動，引來「保魏派」一片歡呼。他們慶幸蒼天有眼，給了他們一位賢明有爲的君主。

忠於司馬氏的「倒魏派」看見曹髦在司馬氏的眼皮底下還敢玩這些小動作，他們憤怒，他們震驚，他們難以想像，司馬氏立的皇帝竟敢拆司馬氏的台！在替司馬氏家族「鳴不平」的同時，他們紛紛告誡司馬師：提防曹髦，千萬不能任由這個小皇帝胡作非爲。司馬師是何等人物，曹髦的花拳繡腿，只會讓他覺得可笑。

司馬師叫來自己的弟弟司馬昭，兩人一商議，決定給曹髦一點兒顏色看看。在司馬氏兄弟的暗示下，「倒魏派」聯名上書，提議讓「魏國功臣」司馬氏兄弟享受「入朝不趨，奏事不名，劍履上殿」的特殊待遇。曹髦羽翼未豐，不敢不從，很無奈地同意了「倒魏派」的提議。曹髦在心底吶喊，他渴望權力，迫切地渴望權力！

公孫氏敗亡後，遼東各郡盡入魏手。當時魏正忙於與吳、蜀的戰爭，內部司馬氏與曹氏又鬥得正歡，無暇回顧。高句麗故態復萌，東川王又開始頻頻入寇，攻打遼東幾個小城，獲得一些小勝，便自以為兵強馬壯，大吹大擂。大臣沛者得來以絕食死諫，勸東川王不要惹惱大魏，招來亡國之運，可此時的東川王哪裡聽得進去。

毌丘儉，字仲恭，是魏末的一員大將。他繼承爸爸毌丘興的爵位高陽鄉侯，任平原侯文學。曹睿即位後，他曾上疏勸曹睿停止加建皇宮的工程，被升為荊州刺史。二四六年，毌丘儉帶領魏軍步騎萬人，東出玄菟郡，向高句麗進發。東川王親率步騎兩萬餘人迎敵，結果被毌丘儉打得慘不忍睹，倉皇退守丸都城。

毌丘儉率兵丸都城，攻破城池後，採取了燒光殺光的策略，史載「屠丸都」。不久，毌丘儉再征高句麗，東川王被打得四處逃竄，不久抑鬱而死。整個征剿行動至二四五年初基本結束，並於當年五月凱旋回師。

毌丘儉東征，是中原王朝對東北地區有史以來最遠的一次征討，魏國的勢力更是到達了今天俄羅斯的濱海地區，原屬高句麗統轄的朝鮮半島嶺東濊貊地區，也歸入了樂浪、帶方二郡。高句麗幾乎遭受滅頂之災。以後四十餘年，高句麗不敢再向遼東入寇，並頻頻向魏、晉納表稱臣，這才過了一段太平的日子。

二五四年，李豐與夏侯玄及張緝等人意圖推翻司馬師，但計畫敗露，李豐、夏侯玄和張緝等全部被殺。李豐等人被誅殺和曹芳被廢，讓當時駐守壽春的毌丘儉和揚州刺史文欽非常不安，害怕會牽連到自己。而毌丘儉的兒子毌丘甸也勸他要舉兵保衛曹魏，二人於是決心要反抗司馬師，爲曹魏政權做最後一搏。

二五五年，毌丘儉與文欽在壽春舉兵，矛頭直指司馬氏兄弟。東吳知道毌丘儉叛亂後，由丞相孫峻率領呂據和留贊領兵到壽春支援毌丘儉。司馬師於是親自率軍討伐，並派遣荆州刺史王基率兵與叛軍對抗，搶先佔領南頓。最後司馬師率軍平定，毌丘儉被殺、文欽投降孫吳。「壽春三叛」的第二叛，司馬師繼續勝利！

當日，毌丘儉看文欽大勢已去時，自己棄城而逃，躲在河旁的草叢裏面，被老百姓射死。這個老百姓，姓張名屬。他本是一個碌碌無名的種田人，卻沒想到因自己的一射，也在歷史的舞臺上露了把臉。毌丘儉的弟弟毌丘秀，也逃去東吳。毌丘氏與文氏兩家的人，凡是留在魏國的，全被司馬師所屠殺。母族、妻族的人也連帶遭殃，即夷三族。

二五五年，文欽之子文鴦帶兵突襲魏營，司馬師驚嚇過度，再加上本來眼睛上就有瘤疾，經常流膿，致使眼睛震出眼眶。司馬師在臨死前，派人從洛陽叫來了司馬昭，對他說：「我大概快不行了，你接掌我的大將軍印，繼續爲咱司馬家謀福吧！」然後，便兩腿一蹬，走了。司馬炎稱帝後，尊司馬師爲晉景帝，陵曰峻平，廟號世宗。

曹髦意識到，司馬師的死是他奪權的最佳時機，於是，他一面下詔命司馬昭留守許昌，讓尙書傳詔「率六軍還京師」，一面著手籌劃宮廷政變。不料，還是被司馬昭識破了計策。司馬昭率領軍隊回到了洛陽，爲避免引起更嚴重的禍亂，曹髦只好封司馬昭爲大將軍。從此，司馬昭獨掌大權。唯一的翻身機會，就這樣與曹髦失之交臂。

司馬昭，字子上，這位仁兄比他的哥哥司馬師更霸道，他規定，朝中一切大事都必須經過他的審批。這讓曹髦十分憤慨：你什麼都決定了，還要我這個皇帝幹嘛？好你個司馬昭，也太不給朕面子了！

司馬昭坐上了大魏國一人之下萬人之上的位置，於是，就產生了大多數處於這個位置的人都會有的念頭——幹掉「上頭」的那個人，自己成爲終極Boss。於是，他開始不斷地剷除異己，屠殺曹氏皇室成員，爲自己的皇帝之路掃平障礙。內心鬱悶的曹髦寫了首《潛龍詩》，把自己比作受困的龍，說這條龍正受泥鰍、黃鱔的欺負。

二六〇年，司馬昭正準備出兵伐蜀，他的心腹賈充跑過來勸他：「您別伐蜀了，皇帝已經懷疑您了，他寫了一首詩，把您比作泥鰍、黃鱔，您要是離朝，他肯定會拆您的後臺的！」司馬昭一聽，嚇了一跳，小皇帝的翅膀是越來越硬了啊，難道他忘了當初是我把他推上皇位的嗎？於是，拿著劍就進宮找曹髦去了。

曹髦正坐在龍椅上苦思冥想如何除掉司馬昭，卻突然見司馬昭滿面怒色地拿著劍衝上了大殿，大臣們一看，趕緊拍馬屁：「大將軍功德顯赫，應該加封爲晉公。」曹

髦卻不吭聲。司馬昭就說：「我們司馬家有大功於魏，加封我爲晉公，難道你有意見不成？」曹髦從鼻子裏哼出一句話來：「大將軍開口，誰敢不從？」司馬昭就冷笑著走了。

面對越來越囂張的司馬昭，曹髦發飆了：必須跟司馬昭幹一仗，不是他死，就是我亡！他召來王沈、王經、王業等人，哭著說：「司馬昭之心，路人皆知。朕不能任他羞辱，你們要助我討伐這個奸賊。」王經勸他現在還不是動手的時機，再忍忍。曹髦吼道：「是可忍，孰不可忍！朕意已決，雖死何懼？」說完，就去請示皇太后。

王沈、王業見曹髦要動真格的，有些發慌，就對王經說：「皇帝發瘋了，咱們可不能跟隨他自取滅族之禍，還是趕快到司馬大將軍那兒自首，爭取寬大處理吧。」王經怒而不許，王沈、王業就自己飛奔至大將軍府，將皇帝要造反的消息告訴了司馬昭，司馬昭馬上就讓自己的黨羽賈充率兵攔截曹髦。

曹髦見自己得不到王沈等人的支持，決定單槍匹馬討伐司馬昭。於是，中國封建史上最慘烈、最令人目瞪口呆的一幕出現了：二十歲的青年皇帝，爲了捍衛自己的尊嚴，帶著三百多個太監、侍衛，鬧哄哄地踏上了討伐之路。而他的對手司馬昭，不僅吃的鹽比他吃的飯還多，而且手握千軍，曹髦的這次「造反」是注定要失敗了！

曹髦領著人還沒出宮，就被賈充率人截住了。曹髦怒喊：「我是天子，你們突入

宮廷，難道是想弒君嗎？」曹髦畢竟是皇帝，士兵們見他動怒了，一時也懵了。司馬昭的手下成濟問賈充：「充哥，怎麼辦？」賈充激他說：「司馬公養你何用？不就是爲了今天麼！」成濟一聽，就手持長矛，向曹髦衝去，曹髦被刺了個透心涼，當場斃命。

曹髦發動進攻的時機，肯定是有問題的。如果精心安排，或是等待一個「最佳時機」出現，那麼，他碰到的人就可能是司馬昭了，而不是賈充。當曹髦碰到賈充的時候，那根本就不存在殺掉司馬昭的偶然性。若是碰到司馬昭本人，運氣好的話，那或許還存在殺掉司馬昭的偶然性。

曹髦用壯烈的死亡，贏得了帝王的尊嚴，贏得了世人的尊重。更重要的是，他還給後人留下了一句警世恒言——「司馬昭之心，路人皆知」！與其苟且偷生，毋寧高貴赴死。曹髦沒有謚號，也許，他稱帝前的封號——高貴鄉公，就是最適合他的「謚號」，因爲，曹髦對得起「高貴」二字！

曹髦的處境其實就是漢獻帝的處境，從某些方面講，曹髦還不如漢獻帝。漢獻帝待在這個最倒楣的位置上，隱忍待時，反覆謀劃暗殺大臣案，至少存在三十年的翻本機會。儘管一次也沒有成功，但至少還落了個善終的結局。歷史的演變是多麼的奇妙：曹操從漢獻帝手裏奪得江山，結果，曹操的後代變成了漢獻帝。看來，出來混遲

早是要還的！

曹髦繼承了曹家的文學藝術素養，琴棋書畫無所不精，有《祖二疏圖》《盜蹠圖》《黃河流勢圖》《新豐雞犬圖》《放陵子黔婁夫妻圖》多幅史實畫傳世。曹髦的後代曹霸是唐玄宗時期的畫家，能文善畫，有「文如植武如操字畫抵丕風流」之美譽。曹霸官至左武衛將軍，杜甫還作過《丹青引》、《觀曹將軍畫馬圖》兩首詩，表達對其畫藝的讚嘆。

司馬昭聽到曹髦已死的消息後，趕緊趕到宮中，裝模作樣地對著曹髦的屍體哭了起來，那一把鼻涕一把淚的情景，幾乎讓天地差點動容，他邊哭邊說：「這下天下人該怎麼看我啊？」為了應對輿論危機，司馬昭決定丟卒保車。朝廷百官都建議殺死賈充，司馬昭卻捨不得這個心腹，於是決定殺死成濟。

司馬昭下令將弒君罪人成濟捉拿歸案，誅其九族。官兵到成濟家裏逮捕成濟，成濟知道自己是死路一條，就光著膀子跑到屋頂上大喊：「是司馬昭指示我殺皇上的，我奉命行事，罪不在我。」成濟自以為殺死皇帝，立了大功，卻沒想到招來滅門之禍。司馬昭想借殺戮來保全名聲，卻使弒君真相大白於天下。

賈充，字公閭，深受司馬氏統治者的信任，西晉開國元勳，在西晉代魏建國時多有出力。賈充的爸爸是魏豫州刺史、陽里亭侯賈逵。賈逵死後，賈充繼承了爸爸的爵位。二五五年，毌丘儉等人在壽春叛亂，賈充跟隨司馬師前去平叛，因功增邑三百五十戶。司馬師死後，賈充繼續在司馬昭手下效命。

諸葛誕，字公休，諸葛豐之後，諸葛亮的堂弟，官至征東大將軍，與夏侯玄、鄧颺、田疇四人爲四聰。諸葛誕見司馬昭一手遮天，就開始蓄養死士以作自保。司馬昭想陰謀代魏，但手握兵權的諸葛誕是個威脅。於是，他就派賈充去壽春探探諸葛誕的口風，看他是敵是友。

賈充裝作很隨意的樣子問諸葛誕：「天下人都希望看到推位讓國，您以爲如何？」諸葛誕聽了這話，不由火起，厲聲責備賈充說：「你難道不是賈豫州之子嗎？你們父子都受了魏君的大恩，你怎麼能想把社稷轉給別人呢？老實告訴你，要是誰膽敢在京師發動叛變，我就是拼著命也要去收拾他！」賈充趕緊笑說：「得，當我沒問。」

賈充對司馬昭說：「諸葛誕在揚州早就名望很大，威信很高，願爲他效死力的人很多。看樣子，他肯定是想謀反。所以，不如趕快把他調到京師裏來，咱們先發制人。」司馬昭擔心調不動諸葛誕，反而逼得他造反。賈充說：「早反禍小，遲反禍大！」司馬昭就讓曹髦下了道詔書，升諸葛誕爲司空，叫他速回京師上任，將兵符交

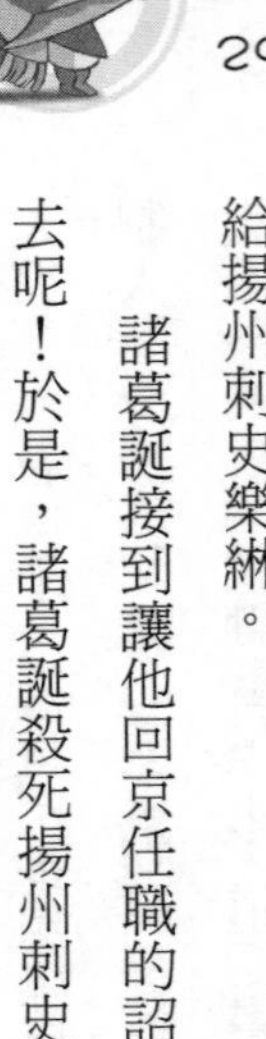

給揚州刺史樂綝。

諸葛誕接到讓他回京任職的詔書後，就知道這是司馬昭要對他動手了，傻子才回去呢！於是，諸葛誕殺死揚州刺史樂綝，據守壽春反叛司馬昭，並向吳求救。司馬昭親自督軍二十六萬南征，雙方打了幾仗，魏兵都占了上風。賈充向司馬昭獻計：「楚兵輕而銳，如果我們深溝高壘逼賊城，就可以不戰而克。」司馬昭欣然採納。

東吳派出三萬兵馬資助諸葛誕造反，壽春第二叛中的文欽也被派去。司馬昭派安東將軍陳騫四面合圍壽春。文欽等多次突圍，都被擋了回去。眼看城中快要彈盡糧絕，諸葛誕的心腹蔣班、焦彝就勸他不要再指望孫綝，趕緊速戰速決，突圍出去。哪知諸葛誕不但不聽，還想殺掉他們。蔣班、焦彝乾脆投降了司馬昭。

二五八年正月，諸葛誕、文欽、唐咨等正在大批生產軍需器械，大肆反攻城南魏軍，想要突圍。結果，被司馬昭用投石車和火箭又給打回城中。笑話，想當年，曹操就是用這投石車把袁紹的十幾萬大軍給砸了個稀哩嘩啦，你個諸葛誕怎麼可能擋得住！

壽春城中糧草告急，文欽就建議諸葛誕趕走北方人，只和東吳的士兵一起據守，諸葛誕就不樂意了：怎麼，對北方人有意見啊？我就是北方人！這樣，倆人的合作出現了危機。一天，諸葛誕裝作要與文欽商議軍事，把他喊來後一刀砍了。文欽的兒子文鴦、文虎知道後，趕緊出城投降了司馬昭。

司馬昭派文鴦、文虎率兵巡城，諸葛誕的士兵們看了更是鬱悶：咱這邊忍饑挨餓的，跑去投降的待遇比這都好。司馬昭看時機成熟，親自指揮攻城。諸葛誕想突圍出去，卻被司馬昭手下胡奮殺死，梟其首，夷三族。吳將唐咨、王祚等自動投降。賈充又因功增邑千戶，官遷廷尉。他雅長法理，在廷尉任上處理案件很有水準。

夏侯玄，字太初，夏侯尚之子，夏侯霸之侄，曹爽姑姑的兒子，是曹魏很有名望的大臣。據傳夏侯玄相貌英俊，與嵇康、潘岳等人同為魏晉時期的花美男，因為與李豐、張緝二人接受了曹芳的龍鳳衫血詔剿除司馬氏，最終敗露，雖然司馬師娶了夏侯玄的妹妹，但三人仍被司馬師所殺，夷三族。

夏侯玄在文學上頗有造詣，著有《樂毅論》，因後來被「書聖」王羲之所書寫而傳於天下。夏侯玄少時博學，才華出眾，尤其精通玄學，是有名的玄學家。他和何晏等人開創魏晉玄學的先河，是早期的玄學領袖。在政治上，他提出「審官擇人」、「除重官」、「改服制」等制度，司馬懿認為「皆大善」。

曹髦死後，司馬昭又立常道鄉公曹璜繼位。曹璜即位後改名為曹奐。曹奐是曹操的孫子，燕王曹宇的兒子。這個皇帝同樣有名無權，但他卻沒有曹髦的勇氣。整個曹

魏集團，再也沒有人敢公開和司馬氏作對。

魏景元四年（二六三年），被司馬昭派去伐蜀的鄧艾、鍾會，在滅蜀後，一個因功大驕矜不受節制，一個擁重兵圖謀割據。賈充奉司馬昭之命，帶領一萬步騎兵進入漢中，都督關中、隴右諸軍事，防備意外。在鍾會、鄧艾先後死去後，賈充又奉司馬昭之命，將蜀主劉禪和他的一家接到洛陽。

司馬昭自封為晉王，將他的兒子司馬炎立為太子，命賈充修訂法律。二六八年，賈充主持修訂的《晉律》完成。這部律令將漢律令和說解七百七十三萬字壓縮為十二萬字。這不僅在法律的編纂上是一大進步，而且也使人民多少減輕了動輒得罪、輕重無準的威脅，司馬炎為了嘉獎賈充修訂新律的功績，賜賈充子弟一人關內侯，絹五百匹。

司馬昭曾打算傳位給二兒子司馬攸。賈充勸司馬昭不應違禮而廢長立少，並說：「司馬炎為人寬仁，又是長子，有人君之德，宜奉社稷。」在賈充及其他大臣的勸阻下，司馬炎終於被立為世子。二六五年，司馬昭中風去世，司馬炎繼位為晉王。司馬昭臨終前，司馬炎請問後事，司馬昭說：「知汝者賈公閭也。」

司馬炎繼位做了晉王後，由衷感激賈充，封他為臨潁侯。司馬炎受禪即帝位後，又更封他為魯郡公。後來司馬炎聽信任愷、庾純的建議，讓賈充鎮守關中。賈充知道這是任庾二人的計謀，就立即將自己的女兒賈南風入配東宮（後來成為晉惠帝司馬衷的皇后）。司馬炎要給太子司馬衷完婚，就收回原來的成命，讓賈充留在朝廷裏任原職。

賈充的後妻郭氏是個妒婦。她的兒子黎民出生才滿一周歲時，賈充從外面回來，奶媽正抱著黎民在院子裏玩，黎民看見賈充，高興得歡蹦亂跳，賈充走過去在奶媽的手裏親了黎民一下。郭氏遠遠望見，便以爲賈充與奶媽有私情，把她殺了。小孩想念奶媽，不停地哭，不吃別人的奶，最終餓死，郭氏後來沒有再生兒子。這就是典故「郭女無嗣」的由來。

韓壽是個玉樹臨風的大帥哥，賈充聘他來做官。賈充宴請賓客時，他的小女兒就會從窗格子中偷看，對韓壽一見鍾情，就托婢女向韓壽表白。此後，韓壽就經常在晚上翻牆去找賈小姐。賈充聞到韓壽身上有股香味，正是皇上賜給自己和陳騫的，別人都沒有。於是，就發現了倆人的地下情，賈充只好把女兒嫁給了韓壽。「韓壽偷香」的典故就由此而來。

賈充攻東吳時，曾經屯兵於項城，軍營之中忽然就不見了他的影子。賈充帳下有個都督叫周勒，當時正在白天睡覺，夢見一百多人在追捕賈充，抓住之後把他押入一條小道。周勒驚醒了，就聽說了賈充失蹤這件事，便出去尋找線索。忽然，他發現了夢見的那條小道，就沿路去找賈充了。

周勒看見賈充走進一座官府，那裏侍衛很多，壁壘森然。只見府中的長官坐在南面，聲色俱厲地對賈充說：「你將壞了我們家的大事！你與荀勖勾結，既迷惑了我的兒子，又迷亂了我的孫子。我派任愷罷免你，你卻不走；又派庾純譴責你，你也不改。現在你又斬了張華。你若再不思悔改，早晚還會給你加刑！」賈充便連連磕頭，腦袋都磕出了血。

府中的長官又說：「之所以為你延長了陽壽並使你有如此地位和名氣，這都是因為你保衛朝廷有功。不過，你要記住，最後應當讓孫太子死於鍾山的兩側之間，讓你的大兒子死在藥酒毒下，讓你的小兒子被壓於枯木之下。尚書令荀勖也與你大致相同。但他有才華並積下陰德，死在你的後面。數年之後，就要改朝換代了。」說完，他就讓賈充走了。

賈充回到軍營，臉色憔悴，神志不清，整天恍恍惚惚，過了好幾天才恢復過來。後來，孫太子死於鍾山腳下，賈充的女兒齊王妃服鴆酒而亡，賈義（午考），太子被大棒杖斃。全跟那府中的長官說的一樣。

賈充在歷史上名聲不佳，可是他也沒有做過大奸大惡的事情。客觀地評價賈充的一生，他還是功大於過的。他主持了修訂《泰始律》，在法理上首次區分了律、令的概念。在統一中國的戰爭中，儘管站在反對立場上，但是應該看到當時朝廷中大多數人都反戰，而賈充在司馬炎的嚴厲要求下，被迫擔任統帥參加統一戰爭，對扭轉朝廷反對統一的輿論起了重要作用。

二六五年，司馬炎威逼魏帝曹奐讓位，曹奐被迫下詔：「晉王世代輔佐皇帝，功高恩厚，上天要我把皇帝之位讓給你，請順應天命，不要推辭。」司馬炎裝模作樣地推讓了幾回後，就接受了曹奐的禪讓。他舉行儀式，昭告天地，國號爲晉，定都洛陽，改年號爲「泰始」，司馬炎即晉武帝，這就是歷史上的西晉。

二六三年魏滅蜀，二六五年晉伐魏，二八〇年晉滅吳，三國就此降下帷幕，天下重新歸於一統。三國，這個中國歷史上罕見的三足鼎立、英雄輩出的舞臺漸漸消失在歷史的深處，然而迸發於那個特殊時代的英雄氣概、人性光輝、智慧結晶早已深埋在中國人的血脈之中。諸葛亮的長嘯、周瑜的雅曲，無數人以志氣和血性匯聚成的一曲千年絕唱，至今仍被人們傳唱。

在漢末大亂的舞臺上，曹操、劉備和孫權憑藉非凡的能力，超越群雄，各領一地，形成三足鼎立之勢。然而一番風雲變幻之後，魏、蜀、吳三國又共同歸於晉朝。在這些撲朔迷離的層層迷霧背後，潛藏著不可違逆的歷史規律——

「天下大勢，合久必分，分久必合。」

＊微歷史大事記＊

二二三年四月，劉備死於白帝城，劉禪繼帝位。

二二六年，曹丕病亡，曹睿繼位。

二三四年，諸葛亮六出祁山。八月，諸葛亮病逝於五丈原。

二三九年，曹睿亡，曹芳繼位。

二四八年，司馬懿封為丞相。

二四九年一月，司馬懿殺曹爽一夥。夏侯霸降蜀。姜維伐魏。

二五一年，魏太尉王淩陰謀叛變，被司馬懿平定。七月，司馬懿亡。

二五八年，魏軍破壽春，斬諸葛誕。孫綝廢吳帝孫亮為會稽王，立琅琊王孫休為帝。孫休與丁奉設計殺綝。

二六〇年五月，賈充、成濟弒曹髦。六月，曹奐繼位。

二六三年，司馬昭三路伐蜀，蜀亡。

二六四年，司馬昭稱晉王。孫休亡，孫皓繼位。

二六五年八月，司馬昭亡，其子司馬炎繼任晉王。十二月，司馬炎廢曹奐為陳留王，自稱晉武帝，建立西晉，魏亡。
二七九年，西晉出六路兵馬攻打吳。
二八〇年，西晉滅吳，吳皓降，吳亡。

三國其實很熱鬧

作者：丁振宇
出版者：風雲時代出版股份有限公司
出版所：風雲時代出版股份有限公司
地址：105台北市民生東路五段178號7樓之3
風雲書網：http://www.eastbooks.com.tw
官方部落格：http://eastbooks.pixnet.net/blog
Facebook：http://www.facebook.com/h7560949
信箱：h7560949@ms15.hinet.net
郵撥帳號：12043291
服務專線：(02)27560949
傳真專線：(02)27653799
執行主編：朱墨菲
美術編輯：許芷姍
法律顧問：永然法律事務所 李永然律師
北辰著作權事務所 蕭雄淋律師
版權授權：南京快樂文化傳播有限公司

初版日期：2013年6月
ISBN ：978-986-146-979-9

總經銷：富育國際股份有限公司
地　址：台北縣新店市中正路四維巷二弄2號4樓
電　話：(02)2219-2068

行政院新聞局局版台業字第3595號 營利事業統一編號22759935

國家圖書館出版品預行編目資料

三國其實很熱鬧 ／ 丁振宇著.-- 初版.
臺北市：風雲時代，2013.06 -- 面；公分

ISBN 978-986-146-979-9（平裝）

1. 三國史　2. 通俗史話

622.3　　102006277

原價：280元
限量特惠價：199元